Legal and Political Philosophy Review

法哲学与政治哲学评论

—— 第 1 辑 ——

主编 吴彦 黄涛

良好的政治秩序

华东师范大学出版社

目　录

经典文存

旧文重刊

卷首语

作为理性动物的人拥有诸多本能,其中有两种本能对我们讨论道德和政治现象尤为重要。一种是非社会性本能(unsocial instinct),另一种是社会本能(social instinct)。前一种本能驱使人远离群体而过一种富有个性的生活,它促生了人们对私人领域的追求,尤其是对独占式财产的追求。而后一种本能则驱使人生活到一起,不仅是因为要克服因单独生活而带来的生活物品的匮乏,而且更因为群体生活本身所富有的吸引力。婚姻、家庭、友谊、经济和政治活动,所有这些都使人的生活变得更加丰富,进而为其过一种幸福的生活提供了基本条件。政治秩序就是对所有这些人类活动的一种安排。诸如财产的归属、家庭的构成、经济活动的基本形态以及国家权力的限度等。好的政治秩序可以使生活在该秩序中的人过上一种好的生活,而不好的政治秩序则无法让他们过上好的生活。因此,对于良好政治秩序的追求一直是人类社会最核心的诉求。本辑所论之主题即"良好的政治秩序"。

就该主题的整体框架而言,大致可以在以下三个层面上予以考察。首先就该主题所预设的前提而言,主要有两个不可回避的问题:一是何谓国家,二是何谓政治。它们是我们谈论良好政治秩序的前提。在我们尚未对此有所理解并试图洞悉其中所含之意涵的情况下,我们无法对何谓良好作出正确与合理的判断。有关政治和国家的问题,不仅论及国家之内的问题,即作为国家学说(the theory of state/Staatslehre),还论及国家之间的问题,即作为国家间学说(the theory of inter-states)。而后者则不仅是一个国际政治问题,而且还涉及诸文化间的关系,以及作为"族类"(human race)和作为"人类"(human being)而存在的人所面临的基本生存状态。本辑的两篇论文——德国法学家康特洛维茨的"国家的概念"以及拉什论述施米特的政治概念的文章——便涉及这两个问题。

　　第二个层面的问题涉及基本的价值主张或根本性的政治原则。这包含了西方历史围绕着各式各样的"主义"而展开的激烈论争。本辑主题论文栏目收录的第三和第四篇论文便是在这个层面上展开的。第三篇论文(施莱格尔,"论康德的共和主义概念")所讨论的共和主义并非古希腊或古罗马意义上的古典式共和主义,也不是当代斯金纳、波考克等所倡导的共和主义,更不是卢梭所代表的那种共和主义,而是一种康德式的共和主义。康德的共和概念有其独有的品格,他对于共和的理解和论述构成了他的永久和平思想的基础,同时也构成了德国式自由主义的基础,对于它的理解和阐发可以澄清诸多我们现在可能尚未澄清的问题。第四篇论文(桑德尔,"程序共和国的宪法")讨论了一个非常重要的概念——"公民美德",其矛头直指自由主义,准确来说,是"现代"自由主义。对于人类心智的"放任"是现代自由主义最为核心的特征。它原本试图通过区分外在的交往世界[国家、法律与共同秩序]和完全内在的个人世界[信仰和内心自由]来消除因宗教教义之分歧而引发的战争,然而该原则的不断践行却引领着我们走向一个内心不断被虚无化的世界。内心秩序对于政治秩序到底有何意义?它是否应当被排除在政治考量之外?诸如此类的问题或许在某种程度理应再次被提上思考议程。

　　第三个层面的问题则涉及"制度"。这个"制度"是就最基本的制度设计而言的,我们也可以将其称为"政体"问题。当然,"政体"一词过于含混,有时,我们用"宪制"(constitution)来加以称呼或许更为妥帖。当然,任何一种宪制,或如英文原词 constitution 所表达的含义——"最基本的构成方式"——所表示的那样,它首先总是预设着一种基本的价值主张和政治原则(亦即在此我们所谓的第二个层面的问题),它塑造着某个特定的共同体的基本构成样式。所以,第二和第三个层面的问题是同一块硬币的两面,它们互为表里。前者更关乎"精神",后者则更关乎"制度"。在古代世界,这个最基本的构成样式——亦即基本制度构架——就是所谓的君主制、贵族制和民主制,当然还有围绕着它们的混合政体之论述。自现代民主观念盛行以来,这个宪制划分框架基本已经被废弃。然而,潜藏在上述划分、尤其是潜藏在混合政体论说中的基本思想所赖以为凭的并非以"自我统治"为核心的"合法性"观念,而是针对人类社会固有的统治现象而提出的"如何更好地来治理一个共同体"这一思想。在民主思想大潮席卷世界的 20 世纪乃至今天,这些已经被"废弃"的思考框架是否真的已经过时而不值得再去问津或许仍未有定论。主题栏目的第二篇文章(让·雅克·布拉马克,"论什么是最好的政府形式?")所论之主题便涉及这个层面。

在主题栏目之外,本辑还收录了郑琪博士对圣母大学教授赫斯勒的一篇访谈。这是赫斯勒来复旦讲学时本刊编辑做的专访,主要围绕着他的重要著作《道德与政治》展开,论题涉及政治、国家以及自然法。本辑还收录了维多利亚的一篇长文。维多利亚是16 世纪西班牙经院主义哲学的开创者,他的《论美洲印第安人》被誉为现代国际法的开山之作,在此收录的文章是他对阿奎那《神学大全》中"论法律"部分的一个讲解。同时,这也是他的著作第一次被译成中文。

国家的概念[*]

[德]赫尔曼·康特洛维茨^{**} 著

曹勉之 译 杨国栋 校^{***}

什么是国家的概念？这个问题有几重含义。我并不是指采用"国家"这一术语、为此必须在此位置安放一个概念加以阐释的不计其数的各国法规和其他法律条文。这个高度技术化的问题必须由各国的法学家各自加以解决，并不能由一位在英国公众面前讲演的德国法学家解决。我所试图解决的是一般法理学意义上的该问题的涵义，而且这是一个根本性的问题，因为"国家"是法理学的基础概念，并且它和法律科学上的最高概念（即法律自身的概念）紧密相关。我们的问题在国际法中也同样重要，因为，除了极少数例外，只有国家在其宪法意义上才能拥有国际的人格，尽管很多国家在宪法意义上并不具备这样的人格。

---

* 本文译自 Hermann Kantorowicz, "The Concept of the State" in *Econimica*, No. 35 (Feb., 1932), pp. 1-21. 本文系作者在 1931 年 10 月 12 日在伦敦大学所做的演讲。"State"一词在中文中有"国家"、"邦"和"州"三种对译，正文系循上下文语境译出，不统一规定。

** 赫尔曼·康特洛维茨(Hermann Kantorowicz)(1877—1940)，由刑法而入国家法、法哲学，曾先后在弗赖堡大学(1923—29)、基尔大学(1929—33)担任法学教授，因政治观点和犹太问题立场去职，后在纽约城市学院、伦敦经济学院、牛津万灵学院和剑桥大学任教，卒于剑桥。

*** 曹勉之：上海交通大学凯原法学院博士研究生；杨国栋：德国汉堡大学法学院欧盟公法博士候选人。

例如,美利坚合众国,在宪法和国际法上都是国家。纽约州只在宪法意义上是州(State),而纽约市在以上两个意义上都不是,尽管在其他每个方面,纽约市都比像哥斯达黎加这样在两个意义上都是国家的政治体重要得多。我现在仅仅是在宪法意义上去讨论国家。

但是即使加上这一限定,国家的概念的问题也不仅仅具有法学(juristic)上的重要性。其在政治上也是重要的,国家概念是政治宣传的一种重要方式。一个物理或者道德的实体会逐渐地在某一意义上实现自身(become perfect),除非这一倾向受到一些相反利益(interest)的制衡。一旦政治体被承认为国家,它将致力于成为国家的最高级形式:通常在假定其利益不与这一趋势相冲突的情况下,非主权国家将致力成为主权国家,复合国家将致力成为单一制国家。例如,如果德意志帝国(German Reich)的领土单元,比如,巴伐利亚,要被迫去理解它们在现行宪法上已经不再是独立的国家,由于国王预设了国家,那么南部德国的国家权利论者(State-righters)的理论基石将会丧失,行将末路的君主制狂热会消退,而最终建立一个具有财政、政治和心理上必要性的统一的德国的宣传将得到加强。另一方面,如果南非联邦的人民开始意识到现有的自治领的状态授予了他们国家资格(statehood),这将为国家主义政党提供另外一个主张确定和完全的主权的依据。最终,这些问题有着情感的价值。比如,一旦自治领不再仅仅被承认为各邦,而是主权国家,那么大英帝国就不再是一个国家;一个国家可能包括各个具有国家资格的领土单元,比如德意志帝国曾经的情况,以及美利坚合众国现在的情况,但在这个含混表述的最充分含义里,包含数个主权国家的一国的说法是自相矛盾的。在这一情况下,大英帝国就变成了一个主权国家的邦联(federation),而这样的变化——尽管基于所有实用的目的,帝国是要保存自身的联合性——不可能不深刻地改造英国的爱国主义的独特氛围和政治的气质。倘若美国人最终意识到国联绝不是一个国家,他们成为"超级国家"一分子的恐惧将明显地减弱。

我希望,为了邀请诸位花上不到一小时的时间聆听关于国家概念的讨论,上述理由能足够正当。当然,对于一个已经在由多种语言写就的浩繁卷帙的著作中讨论过的问题,在这么短的时间内,我们只可能做一些表面性的讨论;我希望能够解释我的观点,而不是证明他们进而说服一群挑剔的听众。更重要的是,我必须把自己的讨论限制在三个本主题的可能进路之一。我的哲学信条的一个基础是对任何思考的对象都应该在三个方面加以考察①:作为具有现实性的事物,不具有现实性但具有客观意义的事物,和作为具有积极或消极价值的事物。比如,以我演讲业已完成的部分为例。在真实存在的事物方面,它是一段与一系列英国单词相似的声响,它发生在伦敦奥德维奇豪顿街的 W. C.2 号,1931 年 10 月 12 日下午 5 点 10 分到 20 分。作为客观意义的事物,我的演讲和豪顿街道或者 10 月 12 日并无关系,而是它在各个时间、各处地方具有趋于相同的意义。最终,论及这一意义的价值,问题又一次变得迥异,即我所指的是否真实,或者至少有用。对主题的这种划分同时也是科学的一种划分;经验科学,包括法律史学和法社会学,讨论已经存在的主题,包括思想和其他心理事实;理性科学,包括数学和一般法理学,讨论规则、行为、符号的客观意义;批判和哲学科学,包括立法法理学和法哲学,讨论行为和事物的价值。在上述方面中,我只倾向于走理性科学的进路,这是唯一适合法理学方法的进路,而且也因此可以被标示为法律的或者法学的。

巧妙地区分三个方面及其对应的方法尤其重要,与此同时,也

---

① H. Kantorowicz, "Staatsauffassungen," in *Jahrbuch fur Soziologie I*, 1925, pp. 101 sqq.; "Legal Science — a Summary of its Methodology," in *Columbia Law Review*, XX-VIII, 1928, pp. 682 sqq.

要充分意识到,只有联系三者才能一窥全貌。但是,国家的科学却鲜有如此。比如,拉班德的德国古典学派和现代的凯尔森教授的维也纳学派就犯了错误,将国家的法学概念视为唯一的可行概念。另一方面,在英国、法国和美国思想中,存在着以经验的概念置换法学概念、或者混淆两者的趋势。戴雪教授指出甚至在奥斯丁那样理性分析的头脑中都有这种趋势,①或者,在现代的例子中,法国著名的权威学者狄骥教授理论的关键部分也混淆了国家和其组成部分——政府,即混淆了永久的实质和变化的形式。② 一个显而易见的结果就是,在任的法国政府能自由地免除前任的战时法国政府所欠英国的债务,理由是,为何一个国家应该偿付另一个国家的债务呢? 这足以证明,这样一个理论或标榜其现实主义特色,却不能解释和涵摄真实的国家的生活中哪怕最简单的事实。已故的哈佛教授约翰·齐普曼·格雷说得好,"创造规则的国家的抽象实体隐藏在仅仅是其组成部分的主权之后",而且,"为了提供其连续性和持久性,从而对统治者的成就加以人格化抽象,这近乎,抑或全然是人类生存的必要。"③但是在拉斯基教授杰出的《政治典范》中,我们读出了差不多类似的效果:"英国的统一系于历史传统之中,它将种种的个体意志引导向齐一的方向;它并不存在于民众的融合所构筑起的神秘的元意志(super will)中……实际上,可操作的国家理论必须被纳入行政的术语,国家的意志是被赋予做出决断的合法的权力的一小群人达成的决议。"④这或许是一个可操作的国家的历史和社会的理论,但是,定义那些由人所构成,并被视为通过重新运用他们合法的决策权以形成(form)国家

---

① A. V. Dicey, *Introduction to the Study of the Law of the Constitution*, eighth ed., 1923, pp. 72 sqq.

② J. Mattern, *Concepts of State, Sovereignty and International Law*, 1928, pp. 104 sqq.; cf. A. Ross, *Theorie der Rechtsquellen*, 1929, p. 71.

③ J. Ch. Cray, *The Nature and Sources of the Law*, second ed., 1927, pp. 67, 69.

④ H. J. Laski, *A Grammar of Politics*, 1925, pp. 32, 35.

的组织(body)有其必要性,它清晰展示了一点,即法律(legalistic)或法学(juristic)的国家概念甚至成为了经验主义或现实主义概念的基础(这一点,如上所述,此处不做讨论)。或许我们会说,统治者(the ruler)预设了统治规则(rules)的存在,或者,再次引用格雷的话,"设想这样的情况,国王、贵族和平民在同一个议事厅里聚会并投票,经他们通过的法令不为英国人所遵守。"①

还是这位英国权威,他试图通过攻击法学的国家概念来捍卫他现实主义的概念,并且表示:"但如此纯粹的法律观点对于政治哲学本身并无贡献。权利的法律理论会告诉我们国家实际上的特征是什么,它不会告诉我们……是否那些被承认的权利是需要被承认的权利。"②这当然不假,但我们在对国家和法律其自身是什么还一无所知的情况下,我们又如何期望自己能够理解良善的国家或正义的法律是什么呢?这样,国家的价值的政治哲学也必须奠基在国家的法律或者法学理论上,而这样的理论当然不能为经验理论所取代。经验理论可以展现出人们实际上做了什么,他们何时治理国家,在他们应当做什么的方面则当然无能为力。一个相应的谬误是,在其关于法理学的重要作品里,新西兰的已故法官约翰·萨尔蒙德爵士谈道,"国家必须被它的那些核心、独特的活动和目的所界定",而两个最为首要和核心的功能被他认为是"战争与司法"。③ 但是这样一个我们或许称之为"功能性的"概念对一般法理学并无助益,因为将特定功能归于国家,并非对国家本质的科学认知,而是对国家的功能应该为何的政治哲学上的确信。这样的确信因时代、国家和个人而不同。比如,就上述功能应当为何的问题,我就并不认为柯立芝总统和斯大林主席会能达成一致意见。我甚至大胆地猜测,萨尔蒙德法官更想要生活在一个这样

① J. Ch. Gray, op. cit., p. 76.

② H. J. Laski, op. cit., p. 91.

③ Sir J. Salmond, *Jurisprudence*, seventh ed., 1924, p. 139.

的国家,阻止战争而非组织战争属于其核心功能之一。因为我们开始意识到,如果国家不能阻止战争,战争就要终止国家。

请允许我再进一步,做出具有高度普遍性的讨论。我想要给出一个有用的,而非真实的国家的概念。只有命题才有真假之分,而且两者中必居其一;有用性则是完全不同的概念,无论实用主义者或者其他诡辩家们会如何表述。因此,不管黑格尔派或者其他哲学家怎么想,概念并非一个命题,而是一个命题的组成部分,既非真,又非假,它不能扩充我们的知识,但是或许在对知识分门别类时有所助益。在这个意义上,概念可以,也必须服务于简单和确定的区分。在我们的研究中,概念也必须能用来组成真实、重要的,事关被称之为国家的东西的性质和功能的命题,而这些命题自身必须在实证法中被证明有效。

当然,如果我们想要塑造国家的法学概念,我们必须将其视为权利与义务的主体,视为法律人格。这向我们指出,我们不能如众多前人所做的那样,将法律视为国家的创造,这一理论与习惯法、教会法和国际法的既成事实并不相容。相反,国家预设了法律的存在——国际法或国内法——这一观念为法理学的历史所证明,并且表明,在不蕴含法律要素的情况下,国家的概念甚至不能形成。它也为社会学所证明,在人类生活中,从未有一个阶段是前法律的,尽管我们要承认,我们经历过漫长的没有国家的历史时期,那时只有游牧民族和部落。国家的法律人格被精彩地描述成社团,其基础和实质并不随着其自然成员的变化而改变,而且尽管其自身并未被赋予不朽的形态,却能更久远地存在,但是,国家的法律人格又与其他社团相区别,它是一种领土性社团,自基尔克起即在德国法理学中被称为地方自治体(Gebietskörperschaft)。这种社团有权能对在给定的领土上定居的人民施加统治,也就是把自己的意志施加给人民(无论意志这个词汇在法理学中有何含义)。如果我们像许多法学家那样不指出地域性这一点,我们就无法把国家从教会等社团中区分出来。到此为止,我们是在遵循著名的国家资格的三要素说:也就是领土、人口和德国法学家所说的统治权(Herrschgewalt),意即统治权(imperium)或统治的权力,对此我们可以更好地表述为统治的权能、或者权利(而其他人会谈及团体权(Verbandgewalt),社团的权力)。但是,以上三要素是不能协调的,因为个人不能向领土施加意志,只能施加于拥有意志的人们自身。上述的人们,自然是构成领土上的人口的个人,或者说人民——这个概念此处不予讨论。但是我们必须对一个问题加以强调,即组织施加自身意志的权能,当然包括了实现其意志的权利,即使对于那些没有同意的成员们而言。这里,我们可以考察不同的方法与概念的差异。一旦我们认为没有受治人民的同意,一个国家长远来看不能保持,我们是在陈述一个心理的和经验而非法学的理论;如果我们认为国家应当建立在受治者的同意之上,那么,我们承认了一种当然的,实际上是国家的民主哲学,我们并未指出法理学所关心的其本质,而是指出了其价值。

但是,这绝不是说,国家的上述概念是自足的,即国家是被赋予了治理特定领土上所定居人群的权能的社团。这一说法同样适用于那些也具有这一权能的下位的政治和社会单位,但它们不被认为是国家,而仅仅被看做国家的行政管理单位,比如直辖市、郡、区、省及相若。他们或许拥有高度的自主或者自我治理的权限,而且行使诸多的政府职能,正如普鲁士省甚至可能在德意志国的联邦议会的票数胜过普鲁士政府。同样的,他们也能根据他们各自的宪法性法律,对该区域的居民施加其意志,而无需征得他们同意,甚至违背他们的意愿,以征取税收、科处罚款、签发法律与行政决定。但是没有人会称这些单元为国家,而且一旦有人这样做了,他会被立刻强迫去修正这一概念的边界,以免其在法律的用途上不堪使用。

因此,我们不得不发出疑问,国家和其他不具有主权资格的领

土性社团的区别应当被界定于何处？（在这一区别上，某些德国
法学家认为他们说的是国权（Staatsgewalt），国家的权力，并将其与
治权（Herrschgewalt），统治的权力相对，尽管这两个词汇往往被同
义使用）。[1] 这个问题难以回答并且在传统答案——例如以是否
具有主权来区分国家和行政单位——被废弃之后变成更加困难，
因为承认没有主权的国家已经被证明是必要的。当然，由于它时
而非常灵动的一面，主权变成了一个令人混淆的概念。但是我们
所关心的乃是主权在一个国家的内在、宪法意义上的特征，就此而
言，主权仅意指一个国家不会受到我们以主权称之的任何其他国
家统治权的约束。在这个意义上而言，联邦国家的各州，尽管自身
拥有国家的名字，却不能被称之为国家，因为联邦法高于州法乃是
联邦制的基础。北美洲的各共和国不是，且过去的德意志国的王
国和其他公国也不是主权国家，但很少有人在称呼他们上有所迟
疑。当然，巴伐利亚国王并非德意志帝国的一个省的第一公仆，而
是一个邦国的君主，尽管该邦国并非一个主权国家。自然，对于很
多作者，尤其是在这个国家的作者，没有人会被阻止去称呼这一治
理的权能为"主权"，在这种情况下去谈"非主权国家"就是一个矛
盾。然而，这将促使我们论及一些主权国家，他们是由其他几个主
权国家所组成的，我们在这个意义接上页受了未免尴尬的"可分
主权"的观念，即联邦国家的成员州有权能对特定事项实行统治，
而在其他情形下，他们自身处于其他国家，即联邦的统治之下。如
果我们将主权资格（statehood）的根本部分视为统治的权能，而且
如果我们保留主权的表述——常见于一国的内部、宪法的意义
上——以表述一种特定的国家的类型，这些复杂的理念就显得肤
浅了。这回应了现代欧陆哲学的术语。[2] 但是如果我们放弃主

---

[1]　Cf. M. Wenzel, *Juristische Grundprobleme*, 1920, pp. 218 sqq.

[2]　J. Mattern, *op. cit.*, pp. 145 sqq.; J. L. Kunz, *Die Staatenverbindungen*, 1929, pp. 48 sqq.

权,我们又该如何描述我们孜孜以求的,与行政单元截然相反的国家的特征呢? 美国的权威学者威洛比教授倾向于认为这个问题无解,因为他说,"从法学的立场上看,在联邦制国家的非主权成员与他们的行政单元之间,不能找到根本性的区别,"并且接下来建议我们"放弃为国家的术语做科学的精细化并且必要时候通过主权、非主权和相若形容词限定以获得精确性的努力。"①但是他并未告诉我们,尚不知国家为何时,如何可以将领土性的组织限定成非主权国家。我理解盎格鲁-撒克逊法学家不信任抽象的答案,那么,他们就应当憋着不问那些抽象的问题。当我看到下面这个来自著名的英国法学家的口头回答的时候,我自己难说满意,"当政治组织中的政府践行其内在于国王特权的权利时,这个组织就是国家,而不再只是行政单元。"这个答案的粗糙之处正是其不够抽象。它只适用于君主制国家,更精确些说,只适用于大英帝国国王陛下统治下的国家,即使如此,这也不让人满意,因为特权的边界尚存疑问,并且大半已经变化。

但是,对于这个问题,我也并不接受常见的德国式解答,比如,我们领军的权威学者安许茨教授给出的答案。在评注魏玛的新宪法时,他说,"将国家和非国家、尤其是市区别开来的不是主权,而是原初性(originality)和统治权能的非被授权特征,"借此,他做出了重要的区分,"根据新的,也包括旧的法律,德国各州并未以效忠德意志国而丧失其国家资格。"②其他法学家将国家权力视为"在其自身正当(right)中的权力","自我决定的权力","并非作为其他政治体的留置物而接受的","并非自其他权力发出的"。尽

---

① W. W. Willoughby, *The Fundamental Concepts of Public Law*, 1924, pp. 269 sq. Similar views in H. Kelson, *Allgemeine Staatslehre*, 1925, pp. 117 sq.

② G. Anschiitz, *Die Verfassurng des Deutschen Reichss vom 11. August 1919*, tenth ed., 1929, p. 37.

管并非完全一样,上述表述大多意思相同。① 很明显的是,这个我称之为原初性理论的法学理论和许多根本性的法学理论一样,有着一种神学的对应:②它回应了上帝造物主的观念——上帝自身并未被创造。无怪这个理论吸引了盛行国家崇拜的诸多地区,实际上,德国也是一样,在这里,拉班德和其他学者以此理论解释了俾斯麦宪法。这一理论不得不向他人阐明,为何德意志国的各邦成员和帝国自身都拥有国家资格,而为何"帝国省"(Reichsland)阿尔萨斯-洛林却只是一块没有国家资格的领土。原初性理论是不足以解释这个问题的。1871年的德意志国,或者其前身,1867年的北德意志邦联,是由德国北部的各邦所创建的,德国南部的各邦随后加入。假设规定国家资格何等条件下能够被传承的法律规则不存在,并且北方各邦并不以行动遵守这一规则,它们的做法显然不会有任何的法律效力。因此,德意志帝国的国家资格并非原初性和自我决定的,而是被其他各邦的法律行动所决定的。那么,很明显的是,根据这一标准衡量的话,尽管大多数德国法学家拒绝了这一归纳法,即德意志帝国并非一个国家,但是几乎所有人都正确地认为,德意志国的各邦成员保持了它们的国家资格,尽管没有保持主权。

阿尔萨斯-洛林的宪法问题再好不过地检验了这一标准。在合并后的第一阶段,它仅是帝国自动地治理的一片领土,但是在所谓给予"帝国省"以责任政府和在德意志国政府中的特定份额的1911宪法之后,它也没有成为一个国家。这一宪法不但得到了帝国的批准,而且总是可以在不征得阿尔萨斯-洛林的同意的情况下被变更,何况,如果势在必行,也没有法律或者惯例可以阻止"帝国省"被分割到普鲁士、巴伐利亚和巴登之间,那正是许多政客的期望所在。为此,阿尔萨斯-洛林的居民成为了德国的二等公民,

---

① Details in M. Wenzel, *op. cit.*, pp. 268 sqq.

② H. Kelsen, *op. cit.*, pp. 76 sqq.

具有暧昧的国籍身份,这为他们提供了足够的理由视自身为"法国之心",这种感情得以脉脉地反馈回法国。这是战争的起因之一,多说一句的话,这也表明,上述思考看似仅是理论问题,也有政治意义。为此,法国国内鼓吹谅解德国的人物经常专门敦促实现帝国省的国家资格,但是,德意志国自身只能通过影响阿尔萨斯-洛林宪法的修正案对此加以实现,要达到此效果,该宪法只能为阿尔萨斯-洛林自身所修订。即便如此,帝国省也还是一个经由另一国家的意志而成为自身的国家。这里,原初性的理论可以很好地解释为何帝国省不得不被仅仅视为一个省,但是,它不能解释帝国省要如何结束这一资格,从而成为一个合格的国家。

在许多其他案例中,国家资格原本不容置疑,但仍会根据其他国家的意志被赋予权力,成为行政单元。这一意志或体现为某国家的法案,该国家的一部分由某些单元所构成,或者是国际的条约。这一情况倒难说吊诡,尽管耶林内克等德国法学家认为,国家的起源不过是历史事实,他们断定这一事实不能被合乎法律地加以解释,因为法律本身是由国家生产的。① 这个观点并未反映出新生国家的法律基础,该基础既可能是国际法,也可能是母国的国内法。国际协议已成为许多国家的法律基础了,或许引用其中最晚近的阿尔巴尼亚(1912),波兰(1916)和但泽(1919)的例子就够了。国内法则以不同的方式创造了新的国家。这里,1857 年的墨西哥,1860 年的阿根廷,1891 年的巴西和 1920 年的奥地利,改变了它们宪法上的州的资格,通过制定新的国家宪法,从单一制国家成为了联邦制国家,各自有 28、14、20 和 9 个成员。另外一种通过中央立法机关法案创造国家的形式是美国的授权法案,借此,国家资格对领地(territories)予以开放,这一情况中,28 个州变成了今天的 48 个州。耶林内克试图通过这样的方式解释这一现象,即先

① G. Jellinek, *Allgemeine Staatslehre*, second ed., 1905, p. 269.

前统治这些领地的中央权力撤回自身的统治权,为各州的自我构建提供空间。"它并未创造各州,而是允许了各州的创造。"这很明显是半吊子神学的成见的产物,即一个全能国家可以创造,而且只能创造却不能被创造。授权法案确实在允许新的州存在之外毫无贡献,倘若新的州并未通过建立自己的宪法以表达对州资格的渴望,它也就没有存在的起点。但是这一事实不能阻止我们观察各州的真实的法律基础,其基础乃是联邦制国家的法案,其自身解释了新的州宪法的法律效力。① 进一步说也并非虚言,一个新的美国的州在给定的限制内也有权塑造自身的宪法和所谓的"宪法的自主",同样的,它经常被视为国家资格的标准和州权力"原初性"的真实含义;但是,如果这个含糊的词汇的其他含义被证明过于狭窄,此处的含义则过于宽泛:许多欧洲和美国的城镇都有一定权力来自主地改变自身的地方性宪章,无需进而成为国家。② 创造国家的第三种方式则是准许特定的英帝国的殖民地拥有责任制的政府或者自治领的资格,这种做法以帝国议会的法律议案生效。在众多类似的法律中,引用在 1840 年准许加拿大建立责任政府,1842 年准许新南威尔士(当时英属澳洲殖民地的总称——译者注),1872 年准许好望角的几个例子就足够了,而纽芬兰则是在1854 年被一纸措辞简单的特许状授予了自治资格。③ 爱尔兰自由邦的法律基础是一套复杂的混合物,既有英国政府与爱尔兰临时政府的国际条约,也有另外几份英国与爱尔兰的法案。④ 这一复杂状况是无可避免的,因为爱尔兰不会将自身的自由视为大英帝国的赠与,而大英帝国也不可能向非法暴力投降——这成了这一

---

① J. L. Kunz, *op. cit.*, pp. 219, 643.

② M. Wenzel, *op. cit.*, pp 255, 278.

③ J. L. Kunz, *op. cit.*, pp. 727 sqq.

④ K. Loewenstein, "Das heutige Verfassungsrecht des britischen Weltreichs," pp. 435 sqq. in *Jahrbuch des offentlichen Rechts*, XIII, 1925.

理论建构的政治重要性的新的实例。

所以,能够看到,国家资格原初性的通说不能解释上述诸多表述中的所有现象,我们必须寻找另一个国家资格的特征。我认为,这个特征已经被发现了。我称之为统治权能的非剥夺性(Unentziehbarkeit),这个德文词汇上可被原文翻译成不可剥夺性(indeprivablity)。我是说,一个政治体不能在不经过自身同意的情况下,由法律剥夺其统治的权能。我所指的这一统治的权能是一种不可侵犯的权能,而一旦统治一个领土性社团的权能具有这种不可剥夺性,我就称其为国家,无论这个权能是原初性的还是被授权的。在主权国家中,这种不可剥夺性是显然被默示的,但是在非主权的国家里,如果我们仍然要称之为国家,它就必须拥有之。另一方面,如果统治的权能在上述意义上是不可剥夺的,也就是说,一旦政治体不经其自身同意,而可以被通过法律剥夺其资格,那么它就不能成为一个非主权国家,而仅仅是一个行政性的单位。国家的概念因此可以做如下定义,被赋予不可剥夺的统治权能的领土性社团,或者更隐晦些说:有权将意志施加于特定领土之居民的法人,权力未经其同意,不能为法律所剥夺。这并非对国家资格的特征做出专断的选择,而罔顾其他可能的、且更重要的特征;尽管这再次表明,法律先于国家,同时这也表明,国家,即使是一个非主权国家,一旦被创造出来,就不能被它的创造者——法律——所逾越。正是这个特征给予了国家独特性,如果其他的法律现象中的危险的威严性与一个神学信条——灵魂尽管为上帝所创却不能为上帝所灭——有相似之处的话,那么就是前述特征使得国家更为独特。

我知道,国家资格的法律通说的一些追随者将原初性理解为和这种不可剥夺性相类似的东西,例如莱比锡的雅可比教授,①但

---

① E. Jacobi, *Der Rechtsbestatd der deutschen Bundesstaaten*, 1917, pp. 109 sq., and *Einheitsstaat oder Bundesstaat*, 1919, p. 16.

是他们并未展开这个概念的含义。当然,例如刚刚被塞尔维亚所吞并的黑山,或者部分为波兰所吞并的部分立陶宛领土,这些全部或者部分地被纯粹的暴力所毁灭的联邦,不能获得国家资格。但这并不是这个概念的结果,从没有一个国家,哪怕是主权国家,迄今能免于国际法所保护的"征服(debellatio)",即使是许诺对此给予保护的国联也可以被成功地违抗。我们所说的不可剥夺性,乃是不可由法律,而非伪装成法律的实力所剥夺;倘若在一场不幸的战争后,按照和平条约,一个联邦制国家被迫割让它的一个成员国给战争的胜者,而不经这个成员国同意,这倒符合所涉情况。根据我的定义,只要还持续地授予其成员国、最小范围的适当的权能,联邦制国家或依照法律削弱其成员国家的功能,或一个接一个地废止其功能,这些做法并非不符合要求——中央集权的趋势存在于之前的德意志帝国以及今天的美国,但并未影响其成员国的邦的资格。

在其他我没有时间列出的结果中,这个概念实际上所指出的乃是每一个具有国家资格的领土性社团必须被赋予领土高权(Gebietshoheit),即领土性的权能。但是,我仅是在最消极的意义上去应用这个表述,这个意义即是没有国家可以通过法律且不经自身同意就被纳入另外的国家中,或者与其他国家一起联合建立新的国家,或者被几个现存的国家所瓜分,或者或者被分裂开来,而每个部分都建立了一个新的国家,或者被剥夺了其一部分领土。这一领土的不可剥夺性有着决定性的重要作用,因为正是领土为一个个国家赋予了独立性,为此,在上述意义上,正是这方面的独立性是不可剥夺的。先前的德意志帝国的最小的邦,瑞士的地域最小的郡,都为此免于领土的变动,但是世界上最强大的城市,例如伦敦或者纽约,其地域可以有悖其独立的意志而被法律剥夺之,或者分裂成足够取悦威斯敏斯特或阿尔巴尼的议会的数量的城市)。当我们谈到伦敦说穿了只是一个城市、绝非国家时,这正是我们所指的——毋宁说,所感的。这里就有了所谓现代民族国家在放弃宗教之后对国家怀有的神秘情感。千百万人愿意为他们的城镇而求生,但是几乎没有人愿意为了他的"国度"(country)之外的任何事物赴死,而"国度"主要指的是国家的领土完整和外部边界的不受侵犯。

当然,对于复合国家的领土变动在法律上是否可能的疑问,只有实证法,只有此刻受到质疑的各个复合国家的成文或者不成文的宪法能给我们答案。正是这种诠释——作为分类的一种方式,一般法理学的概念必须经得起对其有用性的检验——决定了我们是将政治体整体当做一个国家,还只是国家的联盟,以及我们要把政治体的成员当做不同的邦,还只是行政单元。法律的术语,据以称呼整体的"帝国"或者"同盟(Bund)"或者"联盟(Union)"或者"合众国",据以称呼成员的"州""省""郡""邦(Länder)",并非毫不重要,但绝不是决定性的。我们必须研究宪法的制度,以此解答两个问题:整体能否合乎法律地免于其成员的分离,而其成员能否合乎法律地免于整体做出的领土侵占。①

现行的俄国宪法是唯一允许、而且是明确地允许它的七个成员共和国有退出权利的宪法(或许,这个权利并不被建议加以行使)。因此,俄国虽然拥有难以类比的法律优越资格,但是它不再是一个正常的国家,并且也确实称呼自己为"苏维埃社会主义共

---

① Cp. P. Posener, *Die Staatsverfassungen des Erdballs*, 1909; Dareste, *Les Constitutions modernes*, vol. 1, Europe, 1928; and H. E. Egerton, *Federations and Unions within the British Empire*, 1911, for the following Constitutions: Union of the Socialist Soviet Republics (1923), arts. 4, 6; Russian Socialist Federative Soviet Republic (1925), arts. 17b, 44, compared with art. 64d; United States (1787), art. IV, s. 3, § i; Mexico (1857), art. 110; Brazil (1891), art. 4; Venezuela (1904), art. 2, cf. arts. 52 (4), 103; Austria (1920), art. 3, but cf. art. 50 (2); British North America Act 1867, ss. 6, 7; Commonwealth of Australia Constituent Act, 1900, ss. 123, 124; Union of South Africa Act, 1909, s. 149.

和国联盟"(U.S.S.R.),而且平等承认它们的"潜在主权"。有趣的是,七个成员国被明确地授予了拒绝由联盟变更其边界的权利,而另一方面,这些成员国中最为重要的一个,"俄罗斯社会主义联邦苏维埃共和国",并未授予它的九个自主的成员共和国,毋宁说省,以分离的权利,也没有在领土变更的时候要求它们的同意,尽管这一宪法在各个方面都是日后苏联宪法的范本。

现在,让我们观察真正的联邦制国家的宪法。它们都承认它们最高单元的领土的不可剥夺性,或者通过种种方式明确地要求它们对全部或几乎全部的边界变更方式的同意,或者并不明示至高的国家做出这种变更的权能,即使他全部的权能都要被宪法明示列举。对领土权能的默示承认在瑞士宪法和德意志帝国宪法中都有体现,并在美国宪法、墨西哥宪法、巴西宪法、奥地利宪法和三个是联邦制国家的不列颠自治领宪法中有明确的体现。在三个自治领中,只有澳大利亚联邦以实名称呼其各州,而加拿大和南非联邦更愿意称呼各成员为"省",但这并不打紧。阿根廷一般被看做联邦制国家,却因为中央权力有权修改其实际被称之为"省"的行政单元的边界而貌似单一制,但即使这个宪法也未授予中央权力在所谓的未经各省同意的情况下分割或合并的权力,为此也授予各省一部分消极的领土权能,为此各省也获得了最小范围的国家资格。[①] (顺便说,这个现象表明,当其将领土高权的积极意义视为国家资格的特征时,日后将要成为德国新宪法之父的普鲁斯教授并未得到很好的建议,积极意义是指没有相关政治体的同意,国家有改变其单元的领土的权力,这个积极的标准将会否认美国的国家资格,而如果用我的消极的定义,就不会如此困惑(这一积极标准不该和我的消极标准混为一谈)。[②]

---

① *Constitution de la Nacion Argentina* (1860), art. 67(14), compared with art. 13.

② H. Preuss, *Geinieinde, Staat, Reich, als Gebietskdrperschaften*, 1889, pp. 406 sqq.; cp. M. Wenzel, *op. cit.*, pp. 260 sq., 285 sq.

总之,我要将这个标准应用到两个著名的,毋宁说臭名昭著的问题上。大英帝国的宪法特征是什么,而德意志帝国呢？这个答案一方面有赖于我们如何表示自治领的法律特征,①另一方面则事关如何处理德语的"邦"（Länder）,正是后者构成了德意志国。

以严格标准和详尽细节定义大英帝国的宪法已经成为了不可能的任务,这个尝试可能和"不英国"（un-British）一样危险,而一旦不英国,在本例子中,结果就必然不够科学,因为方法的气质必然与结果的气质相适应。很恰切的是,1926年的贝尔福报告这样描述大英帝国:"它拒绝被分门别类,也不与任何现存或既存的的政治组织在实际上类似"。但是,即使是外国人,也可以做出某些一般化的观察——当然不是为了给英国观众教授新知识,而仅仅是为了测试我们概念的应用状况。大英帝国不只是邦联,国家的同盟,如果它们喜欢的时候可以从帝国中脱离;甚至连爱尔兰议会的成员都必须向国王效忠,而这当然排除了退出的权利。因此,帝国是一个够格的国家——一个特别种类的国家,但是比任何其他类型的国家都接近于联邦制。作为国家,大英帝国在高度分化的程度上被赋予强大的统治权能,遍及它巨大的领土疆域:母国包括了联合王国和其他的英伦岛屿、王室殖民地、如南罗得西亚、印度和其他属地在内的半自主国家、保护国、托管领土,最后以及六个自治领,这些加上联合王国构成了大英帝国之内的不列颠联邦。尽管在其他领土性社团中或许是存疑的,但在大英帝国中,统治权能的不可剥夺性是毫无疑问的,因为它不容置疑地正是一个主权国家。其主权不可能被授予给多个成员国,而实际上被授予给了

---

① 对于这个问题的论述,晚近大陆的文献有:K. Loewenstein, *op. cit.*, pp. 407 sqq.; J. L. Kunz, *op. cit.*, pp. 810 sqq., K. Heck, *Der Aufbandes britischen Reiches*, 1927, pp. 17 sqq.; E.E. Buchet, *Le " Status " des Doininions britanniques*, 1928, pp. 110 sqq.; R. Giraud, *Les Domninions britanniques*, 1931, pp. 3 sqq. (with French and English bibliography)。

联合王国,更准确说就是国王和议会。因此,自治领不可能有主
权,这样,怀着极大的尊重,我们必须怀疑那个主宰了那份划时代
的1926年贝尔福报告的著名定义的宪法准确性,而正是它宣示了
大不列颠和自治领"在资格上平等,在其国内和外部事务上并不
彼此从属",此外,"帝国每一个自治成员现在都是它命运的主人。
实际上,即使形式上并非如此,但它也不会受制于任何义务。"①自
治领这种不受约束的独立性和它们与联合王国的绝对的协调性将
不能被保证———一旦国王在英国内阁、而非自治领内阁的建议下
宣战,而国王明显不能同时宣战或保持和平,帝国只能作为一个整
体步入战争,每一个自治领将被迫"事实上,不仅仅在形式上"成
为被动的交战国,由此而不再中立。② 即使在1922年爱尔兰自由
邦法案的宪法中,爱尔兰自由邦构成了最高形式的自治领资格,在
49条中,"未经爱尔兰国会(Oireachtas)的同意,爱尔兰自由州不
会承认任何积极的对战争的介入",国会指的乃是爱尔兰的议会。
这也表明,爱尔兰可能受到英国政府意志的强迫而成为被动的交
战国。同样的考量也适用于重建和平时。一旦枢密院的司法委员
会接受自治领法庭的上诉,③而法庭的复合性也会随着议会的法
案而变化时,自治领的这一不受约束的独立性和联合王国的完全
配合就不能被确认了。第三,爱尔兰宪法的那句广为人知的誓言
并非被过高地估量了,爱尔兰两院的议员要效忠"国王乔治五世
陛下,及其子嗣和合法继承人",这一法律并非爱尔兰法律,而是
英国法律,意即《王位继承法》和普通法,二者都能在未经自治领
同意的情况下得到变更。④ 一主权国家宪法的优越资格,即大不

① *Imperial Conference 1926, Summary of Proceedings*, Cmd. 2768.

② A. B. Keith, *The Sovereignty of the British Dominions*, 1929, pp. 462 sqq.

③ Details in K. Loewenstein, *op. cit.*, pp. 427 sqq.

④ This assent is however required by the Statute of Westminster which has meanwhile (No-
vember 1931) been passed by the House of Commons, cf. Report of Conference on the
Operation of Dominion Legislation and Merchant Shipping, Cmd. 3479, 1930, par. 60.

列颠,高于特定的非主权国家,即自治领,指出了两者的资格上,而不仅仅是功能上的差异性,甚至贝尔福报告都承认了这一点。[1]

尽管自治领不大可能被称为主权国家,但是它们当然是国家。它们适宜的领土权能在一个法案中被明确地承认了,这一方案表明,我们的国家资格的概念和英国的法律实现了完美的和谐。1895 年的殖民地边界法案表明,国王通过枢密令或者特许证书可以改变一个殖民地的边界,但是又补充,"考虑到自治的殖民地的同意在相关的边界的变动中不可或缺"。[2] 因此,大英帝国仍然不大可能未经其同意就放弃一整块自治领给别的国家,例如,放弃纽芬兰给加拿大。对自治领自身而言,同样的限制也是有效的:如我们先前所说,它们的组成法案承担了这一责任,极力明确否认这些自治领的相关权力,即这些联邦制的自治领未经其同意即改变自身成员国的边界的权力,在南非的状况中,甚至缺乏成员国的主动请愿都不可以。[3] 相反,缅甸乃是英属印度的自治省,如果英国政府想要把缅甸从印度中分离出来,它可以在未经缅甸同意的情况下做到这点,并且甚至未经印度同意,而印度尽管没有国家资格,但在大英帝国的法律上却是自治、独立的。因此,大英帝国更准确地应被称为复合的主权国家,包括单一制的主权国家联合王国,它和六个非主权国家一起构成了不列颠联邦;英国的自治领,包括三个联邦制的国家,有九个成员省的加拿大,有六个成员州的澳大利亚和有四个成员省的南非;以及一系列没有国家资格,却有不同程度的自主性的领土性实体,最著名的代表是印度,尽管整个印度都称不上一个国家,印度在众多的行政单元之中却包括了七百多个土邦。这个大英帝国是一个古怪而缺乏连续性的政治体——就像

---

[1]　But cf. Professor H. A. Smith's article on Dominion Status in *British Year Book of International Law*, 1930; pp. 251 sqq.

[2]　58 and 59 Vict., c. 34, S. 1(2).

[3]　See articles mentioned in footnote 22.

真的存活,并且真的有英国特点的所有事物一样:我们还能期待找到在不列颠尼亚之外更英国范的东西么?

现在,终于轮到德意志帝国了。[1] 通说认为,现在的德意志国是联邦制的国家,而先前的帝国曾经也是;一小部分法学家诸如雅各比教授和潘采-赫夫特教授以及我所赞成的这一边的学者,将德意志共和国视为单一制的国家。这将意味着,25 个王国和帝国的汉萨同盟城市将失去国家资格,并被转为 18 个(后来变成 17 个)共和国,它们是德意志国的自主和自治的省。旧宪法称呼它们为"Bundesstaaten"联邦的各国,魏玛的新宪法则使用了表述"邦"(Länder),土地,但也说到它们的"国家权力"(Staatsgewalt),各州的权力,(第五条)。因此,这一术语是矛盾的,并非是决定性的,这一阐释很大程度上依赖于我们所应用的国家的概念。"功能的"国家理论试图通过行使的功能定义国家资格,却得不到准确答案,因为如今的土地已经失去了在先前的国家里所担负的大多数职能,如今甚至不能在任何重要的方面改变自身的宪法(17条),尽管它们延续了适宜的国家的一些标准功能,比如司法(103条)。国家资格的原初性理论会导致荒谬的结果,即在所有德国的邦中,只有宪法资格和其他州都相同的图林根不是一个国家,因为它的国家资格依赖于 1920 年国家通过的一个法律议案,七个图林根的国家的联盟是有效的,只是没有得到承认。[2] 我这里深化的不可剥夺性的理论则能给出一个精确的结果,德国的"邦"已经不再是国家了。这从新宪法最有趣的创造中就能清晰的看到,即

---

[1] The German literature is given in G. Anschutz, *op. cit.*, p. 35, to which may now be added F. Giese, *Deutsches Staatsrecht*, 1930, pp. 80 sqq. As to Anglo-American literature, see e.g. J. Mattern, *Principles of the Constitutional Jurisprudence of the German National Republic*, 1928; and H. Oppenheimer, *The Constitution of the German Reputblic*, 1924 (with an English version).

[2] "Gesetz betreffend das Land Thiiringen," dated 30 April, 1920, § 1, *Reichsgesetzblatt*, p. 84.

第 18 条,在其具有决定性意义的第一段中,"德意志国区分各邦时,应考虑各地人民的意见,以使其经济和文化能力得到最大程度的发展为目的。德意志国之内变更各邦领土与组织新邦,应按照联邦的法律中修正宪法的手续加以实行"等。现在,德意志国的法律,即使那些修正宪法的法律,是由国会制定或全民公决产生(第 68,73 条)。那些变更案所针对的邦在国会决议或人民投票中已经没有了份额。公投是确定的;反对帝国议会决议,邦可以在各邦拥有代表的联邦委员会提出抗议(第 61 条)。但是即使联邦议会以多数同意反对国会通过的法律,其否决仍然可能为国会的三分之二多数所推翻(第 74 条)。为此,在宪法上就可能把巴伐利亚的普法尔茨分离出来,并且和普鲁士或者巴登联合在一起,或者一起压制巴伐利亚,将它在比如普鲁士和符腾堡两者间分成两半,或者把普鲁士分成一打的"邦",以上这些都可能通过国会的决议实现,无需相关政府和人民的同意。当然,在政治上,上述情况完全不可能出现,而且尽管第 18 条迄今只在五个案件中被运用,但多数情况下往往要依据这一条的第二段,即在所有利益相关各方的同意。① 因此,在这个词汇的政治含义上,德意志的"邦"或许可以确定地继续当做国家来解释,但是,在多年之前,在我还有从德国宪法实际运作的相同视角上加以解释的特权时,我提出来的这个问题并未成为被我们严肃对待的法学疑难。② 然而,必须要补充的是,那些中世纪的昂贵遗迹们——德意志诸邦国——看起来注定要被当下这场经济危机荡涤干净,德意志国总统正在以简单的紧急状态法令抢夺这个"邦"最后的独立政治存在的痕迹,

---

① See G. Anschütz, *op. cit.*, p. 141.

② "The New German Constitution in Theory and Practice," pp. 46 sqq., ECONOMICA, March 1927. I wish to correct on this occasion two mistakes of the translation: for "consultative" on p. 46, 1. 1 and p. 55, 1. 3 read "not decisive," and for "enacted" on p. 49, 1. 10 read "proposed."

到了将来,我们的法学的概念很可能会完美地和政治的概念结合在一起。

我必须在这里停下了,正像我在开头说的,分类和定义不能主张自身的真实性,为此也就不能证明任何事情为真,但是必须努力具备有用性,对事实、观念和规则的系统安排与科学理解有用,而且更重要的是,很多人有着自己独特的情绪和政治的价值观。当然,历史演进是由利益、激情和斗争所决定,但是理论能够帮我们铺好政治家的道路。如果我能将自己限定在我们两个国家间,在德意志国,我们的国家的概念倾向于指向更强的中央化,为此也就少了一点真正的民主;而在大英帝国,指向更强的去中央化,为此也就多了一点有效的民主。我相信,这是我们两者的命运之路。倘能大而化之,民主在德国已经被证明是失败的,在英国和她的殖民地则已成功了,这是基于两者不同的政治气质,如果我们想要用同样的政治体制感召具有相反的政治气质的民族的话,这种做法或许是无用的,而且或许还有巨大的害处。[①] 希望多数人意志产生决定性作用的民族,与把多数人的意志其实并不当回事的民族,不可能拥有同样的政治体制。秩序和自由必须兼而有之,但是对于德国人来说,动人的语调是关于秩序的,而英国人则偏爱自由。只要普鲁士精神的梦想,由无所不能的、高效的军民官僚所统治的单一制和中央集权的国家的梦想尚未实现,除了几个如本演讲人这样死不悔改的民主人士作为例外,德意志民族绝不会高兴和好整以暇。另一方面,不列颠联邦貌似决心在它遍及世界的或大或小的单元上践行日益增长的自治。我相信这种自信的慷慨将结下硕果,如图它迄今以来的成长。大英帝国的法律文本越是松散,它的政治团结就越强大,而即使在如此阴暗的日子里,我对此也怀有信心,作为一个民族福利和安全的堡垒,我自己的国家不会被排除在外。

[①]　Cf. H. Kantorowicz, *The Spirit of British Policy*, English Edition, 1931.

论什么是最好的政府形式？

[瑞士]让·雅克·布拉马克 著

陈浩宇* 译

[编者按]布拉马克(Jean-Jacques Burlamaqui,1694–1748)是日内瓦学院(the Academy of Geneva)的一名自然法教授。当时所谓的"自然法",类似于我们现在的道德哲学,其讨论之主题被看成是讨论法律和政治问题的基础。因为早年阅读巴比拉克(Jean Barbeyrac)从拉丁文转译为法文的普芬道夫的《自然法与万民法》(*Le droit de la nature et des gens*),而深受这两位自然法学家的影响。诸多论者就曾认为,布氏之学说基本沿袭着普芬道夫的路向,没有多少创见。然而,他对于最好政府形式的讨论,亦即本文节选部分①之论述,却与他的先辈有诸多歧见。代表着一位在日内瓦身居政治高位的思想家表现出的对于民主的批判、对于混合政体的赞誉、对于美德、精英的期许。当然其背后是他对于人类、社会乃至世界秩序之根本性质的理解。尤为重要的是,在一部分学者看来,他的思想曾为美国国父们所熟知,且对美国宪政体系产生了深

---

* 陈浩宇:北京大学政府管理学院硕士研究生。

① 本文节选自布氏所著之《自然法与政治法原理》(*The Principles of Natural and Politic Law*),此书是一个集结本,原为两本书,一本是《自然法原理》,这是布氏生前出版的著作。另一本是《政治法原理》,这是根据其学生笔记整理而成的书册。这里沿用英文本(1748年译本)的体例而沿用此名。

远的影响。① 从中,或许我们可以看到某种不同于洛克自然权利
学说(它同时也被认为对美国宪政产生了重要影响)的政治倾向。
它所着眼的不是"政治的合法性",而是"何为最好的政府形式"。
这种思考方式从亚里士多德开始一直到孟德斯鸠,而到了现代政
治哲学,则变得越来越不常见,并逐渐被遗忘。从中发生了什么或
许是我们值得深思的。

第一章　政府的不同形式

1. 各民族对于建立某种形式的政府向来非常明智,因为这对
他们的幸福和安全而言至关重要。他们一致同意如下观点,即建
立一种最高权力是必要的,并且一切事项应该最终服从于这一最
高权力的意志。

2. 但是,建立一种最高权力越是必要,选择何人寄予此项高
贵的权力也便越发重要。因而,正是在这一事项上各民族的做法
极不相同,他们根据对何种安排最有益于他们的安全和幸福的判
断,将最高权力委托给不同的人。他们在作出上述决定的同时,也
创设了各种可能极不相同的体系与限制措施。这便是不同政府形
式的起源。

3. 由于主权归属于不同的主体,便有不同形式的政府存在。
主权固然或者归属于单一的个人,或者归属于一个单一的、但或多
或少复合的议会。这便形成了国家的体制。

4. 这些不同的政府形式可以归结为两种一般性的类别,即简
单的形式和复合的或混合的形式。②

---

① 参见 Ray Forrest Harvey, *Jean-Jacques Burlamaqui: A Liberal Tradition in American Constitutionalism*, University of North Carolina Press, 1937。

② 这一区分在 DNG VII.5 §§12–13 得到了讨论,在那里普芬道夫解释　(转下页)

5. 存在三种简单的政府形式，即民主制，贵族制和君主制。

6. 一些相较其他民族更加缺乏自信的民族，将主权权力置于民众自身手中；也就是说，置于在议会中聚集的家庭的首脑那里，这样的政府被称为民众的或民主的。

7. 其他一些更为大胆的民族，则走向了另一个极端，建立了君主制，或者是一个人的政府。因此，君主制是这样一种国家，最高权力以及一切对其至关重要的权利，均归属于一个单一的个人。这个人被称作国王、君主或是君王。

8. 再有一些民族则在两种极端情形之间保持了一个应有的中道。他们将全部主权权威置于一个议会那里，而此议会则由挑选出来的成员构成。这被称作贵族制，或者贵族的政府。

9. 最后，其他一些民族被说服有必要通过混合各种简单形式，从而建立一个复合的政府；同时，对主权进行分割①，将不同的部分委托给不同的人。例如，调和君主制与贵族制，与此同时使人民分享主权。而这种混合可以以不同的方法实行。

10. 为了对这些不同形式政府的性质有更加专门的认识，我们必须观察到，例如在民主制下，主权者是一个道德人格，由全部家庭的首脑联合而形成一个单一的意志；对于这种政府形式的构成，有三件事情绝对必要。

（1）对于公共事务的共同审议在固定的地点和确定的时间进行。如果主权议会的成员在不同的时间或地点聚集，派系由之产生，而这将妨碍对国家而言至关重要的团结和联合。

（2）必须制定以下这条规则，即投票所得的多数应该被视为全体的意志，否则将无法决定任何事项，因为不可能一大群人总是

（接上页注②）了他对"规则／不规则"这对术语的偏爱。Burlamaqui 对三种简单政府形式的讨论是对前文 DNG VII.5 §4 的概述。——英文版编者注（本文注释自此以下，均为英文版编者注）。

① 原文为"……对主权进行一种分割……"（une espèce de partage）。

具备相同的观点。因此,多数人的决议应被视为全体的意志,这是主权作为一个道德人格至关重要的特征。

（3）最后,必须任命行政官以便在特别情况下召集人民,以人民的名义分派日常事务,并且确保议会的命令得到执行。因为主权议会并不能够一直开会,所以很显然它便不能够亲自指导每一件事。

11. 在贵族制下,由于主权置于一个由该民族显要人士构成的议会或是议院手中,我们在上文提到的构成民主制的至关重要的条件,对于建立贵族制也绝对必要。

12. 另外,贵族制有两种形式,或者依据血统和继承,或者通过选举。血统和继承式的贵族制,政府限制在若干家庭的成员中,他们仅仅因其出身便被赋予了权利。成员资格从上一辈传递至他们的下一辈,没有任何选择存在,也将其他人排除在外。与之相反的是,选举式的贵族制下,个人仅通过选举进入政府,并不因出身而获得任何权利。

13. 总结而言,在贵族制和民主制下可以同样地观察到,不论是在一个民众国家,还是在贵族政府中,单个公民或者最高议会的单个成员,并不拥有哪怕是一部分主权权力;这个权力或是置于根据法律而召集的人民的大议会,或是贵族议会手中。因为,分享主权和在被寄予了主权权力的议会中拥有投票权,是完全不同的两回事。

14. 至于君主制,通过一项国王和他的臣民之间的协议,人民全体将主权权力授予某个单一个人,君主制便得以建立。我们已经在前文解释了这一点。

15. 因此,在君主制和其他两种政府形式之间便存在一个关键的差别。在民主制和贵族制中,仅在某一特定的时间和地点主权权威才得以实际行使;但是在君主制中,至少是在一个单一和绝对君主制中,君主能够随时随地发号施令:国王所居之地便是罗马

(It is Rome wherever the Emperor resides)。①

16. 从这里很自然地引出另一条评论,在君主制下,如果国王发布了任何与正义和公平相违背的命令,他理应遭到谴责,因为在他身上公民意志和自然意志是同一回事。但是当人民议会或是贵族议院达成了一个不公正的决议,仅有那些赞同此决议的公民或是议员使得他们要被问责,而不包括那些持相反态度的人。② 以上作为我们对简单形式的政府的讨论应该足够了。

17. 至于那些混合的或复合的政府,正如我们已经观察到的,它们是由于三种或者仅仅两种简单形式政府的并存而产生的。例如,君主、贵族以及人民,或者仅仅后两者,在他们之间分享主权的不同部分,从而分别对不同的部分进行管理。正如我们在大多数共和国中观察到的,混合可以以不同的方式达成。

18. 如下看法无疑是正确的,就主权本身而言,以及就它的完满性和完美性而言,它所包含的全部权利应该属于一个单一的个体或者一个单一的集合,而不存在任何分割。这样就有且仅有一个最高的意志统治全体臣民。严格来说,在一个国家中不应该有多个主权者存在,他们可以为所欲为并且彼此独立。这在道德上是不可能的,并且显然会导致社会的毁灭与解体。

19. 最高权力的统一性并未排除如下可能,即整个民族作为最高权力最初的归属可以以一条根本法来规制政府,将最高权力不同部分的施行交托给不同的人或团体,他们在各自受托的权利范围内可以彼此独立地行动,但是依然服从导出这些权利的根本法。

20. 如果对主权进行这种特殊分割的根本法,规定了立法机

---

① 这便是普芬道夫偏爱君主制甚于其他政府形式的原因之一。参见 DNG VII.5 §9.
② 这一观点以及自然意志和公民意志的区分是由霍布斯作出的,普芬道夫的引用可见 DNG VII.5 §9。Barbeyrac 和 Burlamaqui 使用 volonte' physique 代表"自然意志"。

关不同分支各自的界限,那么我们便能轻易地了解它们各自管辖权的范围。这种分割便不会产生多元的主权者,也不会产生彼此之间的对立,更不会给政府带来任何不规则。①

21. 简言之,这种情况下严格来说,仅有一个就其自身而言具备全部权力的主权者,同时有且仅有一个最高意志。这一主权者是全体人民的主干,由国家中全部阶层联合为一而构成。这一最高意志构成了这样一条法律,民族全体借助这条法律使得它的决议为人所知。

22. 因此,那些分享主权的人严格来说不过是法律的执行者,他们之拥有权力完全源于法律。这些根本法是真正的契约,或者如平民通常称作的 pacta conventa,由共和国内不同的阶层达成②,在这项契约中他们互相规定,每个人享有主权的一个特定的部分,既而构成了政府的形式。很显然,通过这一方式,立约的各方获取了这样一种权利,不仅是施行被授予的权力,同时也要维护那一原先的权利。

23. 只要某一立约方至少在行事方面遵守法律,没有明显地反对公共福利,便不能不顾其自身意愿而任凭其它诸方的意志剥夺它的权利。③

---

① 在接下来的几节,Burlamaqui 倾力去证明这一与普芬道夫的观点相反的论断。为了证明一个混合的国家并非一个混乱的国家,Burlamaqui 必须辩称即使两个不同的实体行使主权权威(如在日内瓦,或者甚至是三个实体:日内瓦在 18 世纪由一个 25 人的小议会、200 人组成的二百人院以及由全体公民构成的大议会共同统治),这一权威就本质上而言仍然是统一的。

② 参看 part i. chap. vii. No. 35, &c. [在第二卷,即 The Principles of Politic Law,(henceforth PPL)。]

③ 英译者在此遗漏了一些词句。Burlamaqui 认为"只要立约方以符合法律的方式运用其权利,或者没有明显地或完全地反对公共福利,便不能仅因他人单一的意志"而剥夺立约方的权利。这一翻译忽视了两个事实,首先,考虑中的立约方(Burlamaqui 此处显然是在思考小议会)的权力事实上能因其他立约方的意志而被剥夺,尽管不是在任何时间并以任何方式(例如,不能仅因他人"单一"的 (转下页)

24. 简言之,这些政府的宪法只能以同建立它们的相同的方式、相同的方法更改,也即在原始契约中确定政府形式的立约各方的一致同意。

25. 国家的宪法绝对没有摧毁由若干个个体或若干个集体构成的道德人格的统一性,它们尽管彼此迥异,却被一项根本法统和到互相的承诺中。①

26. 根据我们对混合或复合政府的讨论来看,在所有存在这种情况的国家中,主权是有限的。因为不同的分支机构并未委于一人之手,而为不同的主体掌握,因此所有在政府中占有一席之地的主体,其权力都是有限的。它们彼此制约,达成了权威的平衡,从而保证了公共的幸福和个体的自由。

27. 至于简单形式的政府,在这些国家中其主权或是绝对的,或是有限的。那些掌握主权的人,或以绝对的方式,或以有限的方式施行主权。根本法对主权者划定了界限,规定了他以何种方式统治。

28. 很容易观察到,所有偶然情境都能对简单形式的君主制或贵族制带来修正,因而或可认为这些条件限制了主权,但是政府的形式却仍然如一,并未遭到改变。一种政府能分有别种政府的一些元素,例如其主权者统治的方式似乎是借用了后者的形式,但它本身的性质却并未因此种借用而改变。

29. 举例而言,在一个民主制下,人民会将对一些事情的关照委托给一位首席公民或是一个贵族议院;在贵族制下,则可能存在一位被赋予了特别权威的首席行政官,或是在某些情形下提供咨

（接上页注③）意志）；其次,这一可能情况仅在立约方的行动不仅违反法律,而且明显地或完全地反对公共福利时产生。

① 翻译遗漏了一些词句。这句话的句首是"政府的经济,国家的宪法……",这句话的结尾是"……但却被一项互惠的合约、一项根本法所统和,这使他们联合成一个整体"。

询的人民议院;或者在君主制下,某些重要事项会提交给贵族院;如此等等,不一而足。但是这些偶然情境绝不会改变原政府的形式,在这里也不存在对主权的分割,因此国家依然是纯粹的民主制、贵族制或君主制。

30. 简言之,在施行一项专有的权力,和凭借某种外在的、不稳固的权威而行动之间有着巨大的差别,因后者可以随时被原先的赋权者剥夺。构成混合或复合政府并使之区别于简单形式政府的特征便在于,在一个国家中分享主权的不同阶层,以平等的方式,也即根据根本法而不是以某种委托的方式施行各自的权利,就好像某人只是他人意志的执行者。总之,我们必须区分政府的形式和政府管理的方式。

31. 上述即为对各种不同政府形式的主要观察。普芬道夫作出了不同的阐释,他将我们这里的混合政府称作不规则的政府,仅将简单形式的政府称为规范的。①

32. 但是这种不规则只存在于观念中,实践的真正准则在于关注,根据全部国家与世代的经验,设想在人的通常状态下,同时考虑到事物的一般秩序,什么最有利于达成市民社会的目的。以此为立足点,那些全体民众仰赖一个单一意志的国家是远远不幸福的②,它们的臣民必然会对其自然独立性的丧失而时时悔痛不已。

33. 此外,正如人体一样,政治体也有强健和虚弱之别。

34. 政治体的无序或者来源于主权权力的滥用,或者来源于国家欠佳的体制;因此,个中原因或者是当权者有缺陷,或者要追溯到政府体制本身。

35. 君主制中,当权者的缺陷或者是君主本身不具备统治所

---

① 参见 *Law of Nature and Nations*, book vii. chap. v. [除了对混合政府的重要讨论之外,本章的多数内容与普芬道夫的文本非常相似。]

② 原文为"如此远离最幸福的处境,以至于……"。

必须的资质，很少或根本不关心公共利益；或者是使他的臣民成为其僚属的贪婪与野心的受害者；等等。

36. 至于贵族制，当权者的缺陷则表现在，或者是他们将有才德的人排除在议会之外，而出于阴谋或利用其他险恶手段，将邪恶之人或者无能之人引入了议会；或者是形成了派系和阴谋集团；或者是贵族将民众如奴隶般对待；等等。

37. 最后，我们有时在民主制下也能看到，他们的议会饱受内部争吵的困扰，才德因遭嫉妒而被压制，诸如此类。

38. 政府本身的缺陷有许多种。例如，国家的法律与人民的天赋不相吻合①，它使一个并不具备好战精神而倾向从事平和的技艺的民族常常卷入战争中；或者没有在这一点上犯错，法律的规定也应该与国家的处境和自然物产相一致。因此，在一个非常适宜发展商业和制造业并有充足的原材料进行贸易的地区，不鼓励并促进此类行为便是错误的举措。此外，如果国家的体制使得各种事项的分派异常缓慢和困难，也是政府缺陷的一种。就像在波兰，一个成员的反对便能瓦解全盘计划。

39. 政府的缺陷通常会被给予特定的名称。腐败的君主制便被称作僭主制，寡头制是贵族制的滥用，民主制的滥用则被称作暴民政治。在很多的情况下，与其认为这些名称意指了国家的缺陷或无序，不如认为它们仅仅反映了使用它们的人的一些特殊的情绪和厌恶感。

40. 在总结此章之前，我们还须主要到那些复合形式的政府②，即由若干个特定国家联合而构成的。它们可以被定义为由

---

① 原文为："如果它们倾向于，例如，卷入战争……"以及后文"如果它的法律与国家的处境和特质并不一致，这便很糟糕，例如……"。这个句子本身并不是特别流畅，但是在列举欠佳政府形式的例子方面仍然是连贯的。

② 原文使用了 états（国家）而不是"政府"。这一段下文中，英译者在"尽管每一个均完全、完整地保留了其主权，独立于他国"这一句中遗漏了"在其他方面"（d'ailleurs）。

某些特殊纽带将本身完备的诸政府紧密联合而形成的集合体,所以在那些事关它们共同利益的事项方面,它们似乎形成了一个单一的政治体;尽管每一个均完全、完整地保留了其主权,独立于他国。

41. 这一集合体或者是由两个或更多的特定国家联合在同一位君主之下而形成,例如在近期英格兰与苏格兰合并之前①,英格兰、苏格兰和爱尔兰便是这种情形;或者若干独立的国家一致同意形成一个单一的政治体,例如尼德兰各省份的联合或者瑞士各州的联合。

42. 第一种联合或因联姻,或因继承而发生,或者因为某一民族挑选别国的主权者为自身的国王。这样不同的国家便联合在同一个君主之下,他凭借各国的根本法而分别统治它们。

43. 至于由若干个国家通过永久的联合而形成的复合政府,这是使它们能够保全其自由②的唯一方法,因为它们每一个都过于弱小以至于无法独自应对敌人。

44. 这些达成联合的国家互相约定并彼此承诺,在一致同意之下,仅仅共同运用主权的特定部分,特别是有关共同防卫以应对外敌的那一部分。但是每一个联合体下的成员,保有完全的自由并能以它自己认为合适的方式,施行主权的剩余部分,即那些并不包括在联合条约内因而要共同运用的部分。

45. 最后,对于这些联合的国家,确定一个时间、地点以便在必要时聚集,并且赋予若干成员这样一种权力,以便针对刻不容缓的特殊事项召集集会,是绝对必要的。或者,它们可以建立一个由各国的代表构成的长期存在的议会,并根据他们上级的命令分派

---

① 应指 1707 年苏格兰与英格兰合并成为联合王国,此前两国长期处于同一位国王领导之下。

② 法语原文使用的是单数的 liberté(自由),可能意指联合体整体的自由;英译者使用的是复数的 liberties(自由),指联合体中每一个成员国的自由,故而是复数的。

共同事项。

第二章　论最佳的政府形式

1. 天才们花了相当多的精力来确定最佳的政府形式,当然这也是政治学领域内最重要的问题之一。

2. 每一种政府形式均具备各种优点,也有如影随形般的诸多不便。寻找一个绝对完美的政府将是徒劳的。而且,不论一种政府形式在玄想中表现得多么完美,当它在实践中为人所施行,便总会伴随着一些特定的缺陷。

3. 尽管就此而言我们无法达致尽善尽美的境地,但存在着不同的完美程度,这一点依然是确定无疑的,明智德性必须对此加以确定。那些最好地回应了其创制的目的,且伴随着最少的不便的政府,可被称为最完善的政府。不论实际情况如何,对最佳政府形式这一问题的考察,给臣民与主权者均提供了非常有用的指示。

4. 关于这一问题的争论古已有之,而我们在历史之父希罗多德(Herodotus)那里读到了有关这一话题的最有趣的记述。① 他叙述到冒充居鲁士(Cyrus)之子司美尔迪斯(Smerdis)僭取波斯王位的玛哥斯僧(the Magus)遭到了惩处,而由于刚比西斯(Cambyses)死后波斯亟需重建统治,七个头领在集会上通过了有关统治形式的决议。②

---

① 本章第4节至第7节叙述的事件的见希罗多德《历史》第三卷61节至83节。一位玛哥斯僧冒充居鲁士之子司美尔迪斯,也即刚比西斯的兄弟,僭取了刚比西斯的王位。刚比西斯得知这一情况后,却旋即因意外而去世。欧塔涅斯识破了玛哥斯僧的伪装,并联合大流士、美伽比佐斯等另外六人一起推翻了玛哥斯僧的统治。随后七人对波斯应采取何种政府形式进行了讨论,最终赞同大流士的观点,继续实行君主制。

② 在 DNG VII.5 处提到了修昔底德对这一讨论的记述,在那里普芬道夫对 （转下页）

5. 欧塔涅斯(Otanes)认为波斯应该成为一个共和国,并大致以如下方式论述。"我认为我们不应该把政府置于一人之手。你们明了刚比西斯放纵无度到何种地步,也知晓玛哥斯僧傲慢无礼到何种程度。当君主能够为所欲为时,国家岂会在君主制下得到好的统治? 最具德行的人也会被不受控制的权威败坏,而他最好的品质则消弭殆尽。富有与繁荣产生了嫉妒和傲慢,而从这两个源头处又产生了其他一切恶果。① 君主憎恨有德之士而狎昵邪恶之徒,因为前者反对君主不正义的举措,而后者则处处逢迎。君主仅凭一己之力难以得观事物全貌;他常常轻信各种不实的指控,颠覆国家的法律和习俗,侵犯妇女的贞洁,轻率地将无辜之人判处死刑。而当人民自己掌握政府,他们之间的平等会阻止所有这些恶行。这里执政官由抽签而产生,而所有执政行为则面临问责,他们形成的决议均与人民保持一致。因此,由于我们在民众而非独夫那里发现这些优势,我认为我们应该采取一种民众政府而非君主制。"以上便是欧塔涅斯的演说。

6. 但是美伽比佐斯(Megabyses)倾向于贵族制。"我同意欧塔涅斯所说的反对君主制的意见,但他竭力说服我们将政府委托给人民的裁断,则是错误的。② 因为难以想象有什么人会比草率的民众更愚蠢、傲慢。为何我们应该拒绝一人的统治,而将自己交付给一个盲目、无序的群众的暴政呢? 如果一个君主着手从事一项事业,他至少能听取一些意见;但是人民则是一头盲目的怪兽,缺乏理智和能力。他们与体面、美德和自身的利益形同陌路。他们就像一道无法阻止的激流,迅猛地向一切事项出击而不带任何

（接上页注②）最佳的政府形式进行了简要的讨论。在当前这一章,Burlamaqui 没有追随普芬道夫的观点,而是对日内瓦(混合)体制提供了辩护。

① 英译者遗漏了这个句子的结尾:"……当一个人是全部事物的主宰时。"

② 在这里,英译者将"群众"(multitude)译作"人民"(people),将"乌合之众"(rabble)译作"草率的民众"(giddy multitude)。

判断和秩序。如果你想毁掉波斯,那就建立一个民众政府。至于我自己,我认为我们应该挑选有德行的人,而将政府置于他们手中。"上述即为美伽比佐斯的观点。

7. 在他之后,大流士(Darius)发表了如下观点。"我认为,在反对民众政府方面,美伽比佐斯的观点极有道理;但我同时以为,他偏爱少数人的政府更甚君主制则不完全正确。不存在比一个有德行的人的统治更好和更完美的统治了,这是确定无疑的。同时,当首领只有单独一人时,这使得敌人更难发现他秘密的决议和决策。当政府在多人手中时,敌意和仇恨将不可避免地在他们之中产生。因为每一个人都想使自己的意见占据上风,长此以往他们便互相敌对。竞争和猜忌使他们离心,随后他们对彼此的厌恶走向极端,骚乱由之产生;谋杀紧随骚乱而来,而这使得一个君主在不知不觉间变得必要。因此政府最后总是会落入单独一个人的手中。在一个民众政体下,一定存在大量的恶意与腐败。认为平等并不会产生仇恨,这是正确的;但它却煽动起邪恶之徒勾搭成奸、同恶相济,直到某个人通过其行为获取了针对群众的权威,揭露他们的欺骗行径,并暴露那些恶人背信弃义的一面。这样一个人便展现出他自己正是一个真正的君主。因此我们可知君主制是最自然的政府。因为贵族制下的骚乱和民主制下的腐败,构成了相同的诱因,使我们将最高权力集中而置于一人之手。"大流士的观点获得同意,因而波斯的政府仍然是君主制的。我们认为历史的这一篇章极其有趣,值得在这里详加叙述。

8. 为了确定这一问题,我们必须追溯至事情的源头。我们必须在自由之下来领会所有最宝贵享受的含义①,但自由在公民社会中有两个敌手。其一是放肆和混乱,其二是因暴政而产生的压迫。

---

① 英译者将 Burlamaqui 使用的简单的"好处"(goods)译作"享受"(enjoyment)。

9. 当自由未被限制在应有的界限内时,便产生了上述邪恶的第一种。第二种则来源于人类为应对前一种邪恶而采取的补救措施,即源于主权。

10. 人类至高的幸运和审慎便在于知晓如何提防这两个敌手,唯一的方法便是拥有一个建立得非常完善的政府,它由这样一些预防措施构成,①既能够摒除闲逸放荡而又不至于导向暴政。

11. 单单这样一种恰当的调和方式便能告知我们有关一个好政府的观点。很显然,避免了那些极端后的政治构造,恰当地适应了秩序的保存②以及对人民之必然性的防范,从而给他们留下了充足的安全保障,而这一目的应是始终予以关切。

12. 这里我们应该会被问到,哪一种政府最接近这一完美状态。在我们回答这一问题之前,观察到如下这一点是合适的,即上述问题非常不同于我们被问到,哪一种政府是最合法(the most le-gitimate)的。

13. 对于后一个问题,任何一种建立在人民的自由的默许——无论是表达出来还是由一个长期而和平的保有而确证——上的政府,根据主权者的意图,只要它们至少致力于促进人民的幸福,便都同样是合法的。因而除了在政府建立或是政府执政时期公开且实际的暴力,没有其他的原因能够颠覆一个政府。这种暴力我指的是篡权或者暴政。

14. 让我们回到主要的问题。我断定最好的政府既不是绝对君主制,也不是完全民众式的。前者过于暴力③,侵蚀自由并极易于导向暴政;后者则过于虚弱,使人民任其自然而导致混乱与放肆。

---

① 原文为"……体现主权一词之真意,由如下预防措施构成了政府……"。
② 原文为"……内在地而且外在地保存了秩序,从而同时也给人民留下了充足的保证,而这一目的……"。
③ Burlamaqui 写道:"……前者过于严酷(harsh),对自由的侵蚀太过严重……"。

15. 为了主权者的荣耀和人民的幸福,有人希望我们能够通过绝对政府的例子对以上断言的事情提出质疑。我们或许敢于断定,没有什么能比得上由一位明智且有德行的君主掌权的绝对政府了。它的效果一定包括秩序,勤勉,保密性①,迅捷,最伟大的事业以及最恰当的执行。尊贵与荣誉,奖赏与惩罚,在其之下也全都得到了正当、敏锐的分配。这种统治如此荣耀,简直属于黄金年代。

16. 但是要以这种方式统治,一个绝顶的天才、完美的德行、充足的经验以及不间断的应用是必要的。被提升到如此高度的某个人,极少能达成如此之多的成就。众多的目标分散了他的注意力,骄傲和欢愉引诱他,奉承这剂最大的毒药给他带来了最大的伤害。如此之多的陷阱极难逃脱,一个绝对君主轻易地便成为他自身欲望的猎物,致使其臣民陷入悲惨境地,也便数见不鲜了。

17. 因而人民对绝对政府的厌恶常常发展为反感与仇恨。这也给政治家们提供了时机作出两个重要的反思。

首先,我们极少看到,绝对政府的保存引起这一政府下人民的关心。因为受到重重负担的压迫,人们渴望一场革命,而革命绝不会使他们的处境比之前更糟糕了。

其次,君主的利益恰恰在于引导人民支持他们的政府,并在政府中给予他们一定的份额,使之具有有利于保卫其自由的基本权利。与君主在外国的权力一道,上述举措最能促进君主在国内的安全以及在各方面的荣耀。

18. 关于罗马人有如下说法,当他们为自己的利益而战时,他们不可战胜;但是,一旦他们成为绝对统帅的奴隶,他们的勇气衰退,所求不过是面包和马戏(panem & circenses)而已。

19. 与之相反,在那些人民在政府中拥有一定份额的国家,每

---

① 英译者遗漏了一个 Burlamaqui 列举的绝对政府的奇迹般的特征:服从。

个人都关心公共利益,因为每个人凭借其品质或美德就能分享公共的成就,对国家遭受的损失也感同身受。正是这使得人们积极大方,并激发一种对祖国强烈的热爱和一种无法战胜的勇气,以抵御最大的不幸。

20. 当汉尼拔赢得了对罗马人四场战役的胜利,并屠戮了超过 20 万罗马人,而且差不多在同一时间,勇敢的西庇阿兄弟折损在西班牙,更别提罗马人在多次海战和西西里的失利,谁能想到罗马竟然抵挡住了她的敌人? 然而,她的公民们的德行,他们怀有的对祖国的爱以及他们对政府的关切,在频仍的大灾难中加强了那个共和国的力量,最终使她克服了一切困难。我们在拉栖戴蒙人和雅典人那里能发现许多相同的事例。

21. 这些优势并不得见于绝对政府中。我们或可正当地断定,绝对政府一个至关重要的缺陷便在于,不能使人民关心政府的保存,以及过于暴力①,因而极易趋向压迫而不是关切臣民的利益。

22. 上述便是绝对政府之弊端。那些民众式的(政府)并不更好,我们大概可以认为它们除了自由之外别无所长,即它们放任人民随意选择一个更好的政府。

23. 绝对政府至少有两个优势。首先,每当有好的君主执政,便带来一个幸福的间隔期;其次,绝对政府拥有更强大的力量,更为活跃,也更加迅捷。

24. 但是一个民众政府不具备上述任何优势。由群众构成的民众政府,与一个多头怪兽极其相似。群众是各类人等的混合,其中只有少数人具备各种才能。这些人中有一部分或许怀有善良的意愿,但绝大一部分因为没有什么可以失去的,所以不可依靠,也便几乎不能给予信赖。同时,一大群人总是缓慢而混乱地行事。

---

① "暴力"也指"严酷"(harsh)或"严厉"(hard)。

保密或警觉这类好处与他们无缘。

25. 民众国家并不缺乏自由；相反，民众的自由过多，甚至堕落为放肆。因而，他们总是风雨飘摇而虚弱不堪。内部暴乱或是外部攻击，常常使他们陷入惊惶失措的境地。他们轻易便成为同胞公民的野心或是外国篡夺的牺牲品，从最崇高的自由下降至最低下的奴役，这就是他们的宿命。

26. 这已为不同民族的经验所证实。甚至在当下，波兰这个共和国为混乱和无序所主宰，便是展现民众政府缺陷的一个突出的例子。它是本国居民和其他民族嘲弄的对象，是频繁爆发的内战的温床。因为它徒有君主制的表象，实际上却是一个极端民众式的政府。①

27. 我们只须阅读佛罗伦萨和热那亚的历史，便能观察到这样一个生动的展现，即当群众试图去统治时，他们使共和国遭受了多大的不幸。古代共和国，特别是希腊中最值得称道的雅典，能更清晰地显明这一真理。

28. 简言之，罗马诞生于君主制，而毁于人民手中。组成元老院的贵族们，使罗马从帝王的庄严中解脱，而成为了意大利的霸主。借由护民官的侵入，人民逐渐攫取了元老院的权威。从那时起，国家纲纪松弛，民众荡检逾闲。最终，人民自身使共和国陷入了最可鄙的奴役境地。

29. 因此，认为在各种政府形式中，民众政府最虚弱、最糟糕，便不容置辩。如果我们考虑到平民所受的教育，他们从事的体力工作，他们的无知和粗鲁，我们一定会立刻意识到，他们注定是被统治的。好的秩序以及他们本身的长处，禁止他们涉足此领域。②

30. 既然不论是民众政府，还是某个人的绝对意志，都不适合

---

① Barbeyrac 在 DHC II.8 §10 的注释 5 中讨论了波兰这个例子，但并没有明确拒绝民主或"民众"政府。

② 原文为："……禁止他们全凭自己从事那一事务。"

于获致一个民族①的幸福。那么,为确保臣民的幸福,最佳政府必须如此调配,即避免暴政和放肆。

31. 有两种方法来发现这一调和方式。

第一种方法在于将主权寄予某个议会,在议会的组成方面,议会内成员的数量和对这些成员的挑选,能带来这样一种道德上的确定性,即在共同体的利益之外,他们别无所求;而且,他们总是能够对他们的行动给予如实的解释。这便是我们看到在大多数共和国内恰当地实行的。

32.第二种方法是,通过根本法限制君主制国家中君主的主权,或者仅仅赋予那个喜好主权这一荣誉和头衔的个体一部分最高权威,并将其余部分寄予在别的地方,例如一个议会或国会。这便产生了有限君主制。②

33. 针对君主制,下面这个例子是合宜的,军权和立法权,以及收税的权力,应该置于不同的人手中,以使这些权力不会被滥用。很容易观察到,这些限制措施可以以不同的方式实行。审慎所要求的总则在于,限制君主的权力使其不会产生危险;但与此同时,为了避免削弱政府,行事也不可过度。

34. 通过遵循这一个恰切的中道,人民将会享有最完美的自由,因为他们有全部可靠的保证,君主不会滥用其权力。另一方面,可以认为,君主出于必要而履行其职责,极大地加强了他的权威,并且享有很大的幸福和坚实的荣耀。由于人民的幸福是政府的目的,它便同时也是王权最确定的基础。可参看已经提出的关于此问题的论述。

35. 这种借由混合政府加以限制的君主制,将绝对君主制、贵族制和民众政府的主要优势结合起来。与此同时,它避免了三种

---

① "民族"也意指"人民"。

② 参看第一部分第七章 26 节。[PPL.]

政府形式各自具有的危险和不便。这便是我们一直致力于发现的那种恰当的调和方式。

36. 这一评论的正确性已经为过去年代的经验所证实。斯巴达便是这种类型的政府。莱库古认识到三种简单形式的政府各有非常大的不便，君主制轻易沦为强制的权力和暴政，贵族制堕落为少数人的压制性的政府，而民主制则蜕变成某种狂暴而非法的支配。将三种政府形式结合至斯巴达的政府中，使它们混合成一个整体以便相互补救而达成平衡，便是合宜的。这位明智的立法者并没有被辜负，因为没有别的共和国比斯巴达更为长久地保存了其法律、风俗和自由。

37. 或可认为，罗马人在共和国时期的政府，像斯巴达一样通过若干方式，将三种类型的权威结合起来。执政官占据了君主的位置，元老院则构成了公共议会，而人民同样分享了部分管理权。

38. 如果需要当代的例子，难道当下的英格兰不是混合政府之卓越性的一个例子吗？① 经由诸般考虑，存在一个享有更高程度的繁荣或名声的民族吗？

39. 颠覆了罗马帝国的北方诸民族，在被征服的省份引入了当时称为哥特式的（Gothic）的那些政府形式，它们有君主、领主和平民。经验显示，那些保持了这种形式政府的国家，比之那些将整个政府移交至一个人手中的国家，更为兴旺发达。

40. 至于贵族制，我们必须首先区分开依据血统的贵族制和选举式的贵族制。前者具备若干优势，却也伴随着极大的不便。它使贵族充满骄傲，并在贵族显要与人民大众之间维持区隔、蔑视和猜忌，从而极易产生巨大的弊病。

41. 但后者却具备前者拥有的全部优势，而不沾染其种种缺陷。由于不存在带有排他性的特权，而且晋升的大门向全体公民

_____

① 原文为"……政府，而且有限君主制（的一个例子）？"

敞开,我们在公民中间便不会发现骄傲或是区隔。与之相反,全体成员心胸中都洋溢着的普遍的进取心,使一切事务都朝向公共利益,并且极其有助于自由的保全。

42. 设想如下这样一种选举式的贵族制,主权置于一个人数众多的议会手中,以便能涵括这个共和国的主要财产①,而且从不会有与国家利益相反对的利益;或者,这个议会很小以便能保持秩序、和谐与机密性,它的成员从最明智、最具德行的公民中挑选,而且它的权威受到限制,并按一定的规则施行②:这样一个政府极其适于促进一个民族的幸福,便是没有疑问的。

43. 这类政府中最困难之处在于,以如下恰到好处的方式加以调和,给予人民一定政府份额以保证他们自由的同时,这种保证却不能走得太远,使得政府过于接近民主制。先前的反思已经充分展示出走到这一步后所带来的不便。

44. 经过对不同政府形式的探讨,我们因而得出结论,最佳政府或者是有限君主制,或者是通过给予全体人民某些权利,从而混合了民主制的贵族制。

45. 我们归于这类政府的优势,总是会打些折扣,这是确实的。但这是由于人类本性方面的缺陷,而不在于制度本身。以上描述的政体是我们能想象到的最完美的政体,如果我们在其中掺入了我们的恶习和愚蠢,这是尘世事务所必然具有的命运。既然一定要做出一个选择,那么最佳政府形式便是伴随着最少不便的那种。

46. 总之,如果仍被问到何种政府是最佳的,我将回答,每一种政府形式并不是同等地适用于每一个民族。在这一点上,我们

① 此处的翻译是意译的。Burlamaqui 写道:"一个人数足够多的议会,以便涵括此民族最重要的各种利益,而且从不会有与之相反的利益。"就 Burlamaqui 主要考虑的是经济利益而言,译者的处理便是对的。

② 英译者遗漏了"……通过给人民留存一部分主权……"。

必须关照到人民的脾性和特质,以及国家的大小。

47. 大型国家很难容许共和政府,因此一个巧妙地加以限制后的君主更适合他们。但是对于通常大小的国家来说,对其最有利的政府是在其中混合了有利于全体人民某些权利的选举式的贵族制。

论康德的共和主义概念[*]

——评《永久和平论》[**]

[德]弗里德里希·施莱格尔 著

吴彦[***] 译

[编者按]本文译自 Frederick C. Beiser 编译的 *The Early Political Writings of the German Romantics*,Cambridge University Press,1996,pp.95-112。施莱格尔是德国浪漫主义运动中举足轻重的一位人物。他对于古典研究、对于艺术作为人性教育的重要性的强调,对于古希腊文化的推崇都成为那个时代浪漫主义运动的思想要素之一。本文作于 1795 年秋季,发表于 1796 年,是施莱格尔针对康德《永久和平论》而发表的长篇评论。对于康德共和主义思想的批

---

[*] 施莱格尔(Friedrich Schlegel)原文"Versuch über den Begriff des Republikanismus",首次发表于 J. F. Reichhardt 的杂志 *Deutshland*,vol.3,Berlin,1796,pp.10-41。施莱格尔在 1796 年开始写作这篇论文。这是他第一部公开发表的论述政治哲学的作品,尽管并非他写的第一部作品。

[**] 正如副标题所表明的,施莱格尔的文章是对康德发表于 1795 年的《永久和平论》的一个非常详尽的评论。施莱格尔的主要目的是为民主辩护,以反驳康德的批评。他认为民主并不必然是专制的,并且认为民主是最接近共和政体的。此篇文章突出反映了施莱格尔早期的激进主义。这篇文章事实上是德国 18 世纪 90 年代最进步的政治著述之一。施莱格尔不仅维护民主,而且也为反抗权,甚至于为一个革命性独裁进行辩护。施莱格尔远早于他的大部分同时代人,而为一种更为广泛的参政权进行辩护——即包括妇女和穷人的参政权——英译者注。

[***] 吴彦:华东师范大学法律系讲师。

评构成了施莱格尔那个时期的基本政治观念。他们两人分歧的焦点集中在对待民主的基本态度。施莱格尔认为"共和主义必然是民主式的",而在康德看来,"民主必然是专制"。但是,态度之争或立场之争却是一个更深层次的差异产生出来的一种表征。这个更深层次的差异集中在他们对于原初契约或一般意志(general will)的理解。或者说,施莱格尔对于康德的批评源自他并没有理解康德在强调"民主必然是专制"以及"立法权与执法权的分离是共和制的一个核心特征"时所真正要表达的含义。康德的此种理解一方面说明他的共和主义包含有一种独有的特质,另一方面又说明他的永久和平为什么如此强调国家的共和制特征。施莱格尔的批评集中在康德在定义共和主义的时候缺失的一个最核心的要素,亦即一般意志。但是,从康德的原著中我们可以看到,康德从始至终就非常强调原初契约和一般意志在共和主义宪制中的核心角色。他们的真正分歧不在于是否强调一般意志。而在于如何理解以及在进一步的政治运用中如何来体现一般意志。施莱格尔的进路遵循一般意志的通常理解,把大多数人的意志看作是一种政治拟制,以此来"代表"一般意志。在这个意义上,施莱格尔走的是一条从"一般意志"到"大多数人意志"的道路。而在康德看来,一般意志的核心特质不是意志性主张,而是意志的自我立法。共和制区别于专制的一个核心特征不在于他是否"接近"一般意志,而是它的"法则性"(lawfullness),它所要驱逐的不是"个别意志"这个表象,而是在个别意志中所体现出来的"专断性[独断性]"(dogmatism),甚至也包括在集体和共同意志中所体现出来的专断性。所以"法"在康德的共和主义观念中占据着一个核心位置。而这正是施莱格尔没有看到,同时也是在他早期的政治思想中比较忽视的东西。正是这种忽视,让我们在施莱格尔的文本中很难看到他的民主式的共和主义和永久和平之间存有什么比较密切的联系。这种联系只能通过一个理应在所有人类存在秩序——这

既包括人的心智秩序,也包括国家秩序和世界秩序——中建立
起来的普遍特性而得到理解,那就是对于专断、任意的驱逐。民
主之所以与专制具有如此密切的关联,不在于它是否偏离/接近
一般意志,而在于它往往容易表现为一种狂热的、无节制的专断
意志。

　　在康德《永久和平论》这部作品中所展现出来的精神必然有
助于每一个热爱正义的朋友,甚至于我们的后代亦会在这一丰碑
中去欣赏和瞻仰这位庄严圣人心灵中的伟大构设。他大胆且庄严
的论说没有一丝矫揉造作,而且还带有讥讽和机警的智慧,这为作
品平添了不少趣味。这部作品包含有大量丰富的有关政治、道德
和人性史(the history of humanity)的成熟观念和新颖的洞见。在
我看来,康德有关共和主义之性质及其与其他国家类型和国家状
态之关系的观点是非常有意思的。对于这部作品的考察促使我彻
底重新思考这一主题。因此就有了下面的评论。
　　康德在第99页①说到:"每一个国家的国家宪制(the civil con-
stitution)都必须是共和制。一个共和主义宪制首先建立在一个社
会的所有成员之自由原则的基础之上(作为人);其次建立在所有
成员对于一个共同的立法者之隶属性原则的基础之上(作为臣
民);第三是建立在每个人之法律平等的基础之上(作为公民)。"
在我看来,该定义并不让人满意。如果法律隶属的概念(the con-
cept of legal dependence)业已存在于一般宪制概念之中,那么它就

---

① 施莱格尔所引用的是《永久和平论》的第一版(*Zum ewigen Frieden. Ein philosophis-
cher Entwurf*, Königsberg: Friedrich Nicolovius, 1795)。这个使用起来极不方便的版
本被我代之以另一个更容易查找的版本,即莱斯的英文版(*Kant: Political Writings*,
Edited by H.S.Reiss, Cambridge University Press, 1970)。施莱格尔所引用的康德文
本时常与他的原文有所出入。在此情形下,我的翻译所依据的是施莱格尔的引文,
而不是康德的原文。在引用莱斯这个版本时,我所列出的是对应于施莱格尔引文
的那些段落,而再重复莱斯的翻译。

不可能成为共和主义宪制之独有特征的判准。因为并未给出把一般宪制划分为不同类型的原则,所以自由和平等这两个属性是否已穷尽整个共和宪制概念这个问题就出现了。这两个属性都不是积极属性,而是消极属性。因为每一个否定都会预设一个肯定,每一个条件都会预设一个受该条件制约的事物,因此在这个定义中必然是缺少了某个属性(并且事实上是缺少了为其他两个属性提供基础的那个最重要的属性)。一个专制宪制(a despotic constitution)根本不知道这两个消极属性(自由与平等);因此它必是通过某个积极属性与共和宪制区分开来。共和主义和专制主义不是"国家形式"(forms of state)而是"宪制形式"(forms of constitution),这一点无疑是被预设了的,并且宪制这一概念还未被定义过。①

　　康德所作的有关共和主义的演绎(正如上文所定义的那样)就像他对于共和主义的定义一样并不让人满意。正如康德在第99至100页中所主张的,这至少表明,共和宪制在实践基础上是必要的,因为它是从原初契约观念(the idea of the original contract)中推导出来的唯一政体。但是,原始契约观念如果不是建立在自由与平等原则的基础之上,那又是建立在什么基础之上呢? 这难道不是同义反复吗?

　　所有的否定都是对于一个肯定性主张的限制。否定之有效性的演绎表明,更高的肯定性主张——从这一更高的肯定性主张中将推导出为其所限制的肯定性主张——如果没有否定这个条件,

---

① 参见 Ak.VIII, pp.351-3; PW, pp.100-1。施莱格尔在国家形式(Staat)和宪制形式(Staatverfassung)之间所作之区分对应于康德在统治形式(Form der Beherrschung, forma imperii)和政府形式(Form der Regierung, forma regiminis)之间所作之区分。在康德看来,统治形式就是运用权威的人的数量,而政府形式则是治理国家的方式,不论是通过法律的方式还是通过统治者(不论统治者是谁)的命令的方式。政府形式只有两种,一是共和制,另一是专制。

它就可能会自行取消。① 因此，政治自由和平等的实践必要性必须从更高的实践性主张中演绎出来，而这一实践性主张正是共和主义之积极属性的基础。

法律自由指的是"一个人有权利做他想做的任何事，只要他没有做对他人的不义的行为"，康德认为这个定义是一个同义反复。由此，他把法律自由定义为："除了遵守个人可能同意的那些外在法律之外，不遵守任何外在法律的权利。"②在我看来，这些定义是正确的，但却有所限定。公民自由(civil freedom)只是一个理念③，它只能在一种无限接近理念的进步过程中才得以实现。正如在每一进步过程中都存在一个开始、结束和中间阶段，在无限接近公民自由这一理念的进步过程中，也存在一个最小值，中间值和最大值。公民自由的最小值包含在康德的定义中。公民自由的中间值是：除了遵守国家中的大多数人(被代表的人)可能意愿的外在法律以及(被假定的)整个国家可能普遍意愿的外在法律之外，不遵守任何其它外在法律的权利。公民自由的(不可达致的)最高值是一个被批判了的定义：只有我们把公民自由说成是道德自由而不是政治自由的时候，该定义才可能是一个同义反复。最高的政治自由可能刚好等同于道德自由，道德自由仅只为道德法则所限制，而完全独立于所有强制性法律。同样地，康德所定义的一般意义上的外在法律平等(external legal equality)也只是无限接近不可达致的政治平等理念(idea of political equality)的进步过程中的最小值。政治平等理念的中间值包括：公民所享有的权利和义

---

① 正如施莱格尔在后文中所解释的，这一更高的肯定性主张是"我应当是"(the ego should be)这个命题；受这一更高的肯定性主张限制的肯定性主张是："共同体应当是"(the community should be)。总而言之，施莱格尔的论点是：自由和平等是实现"我应当是"这个实践命令的必要条件。——英译者注

② 参见 Ak. VIII, p. 350 note；PW, p. 99, note。

③ 施莱格尔是在一种康德式的技术层面上使用"理念"(Idee)这个词的。——英译者注

务之间不允许有任何差异,除非这些差异是国家的大部分人所实际意愿的,或是整个人民所可能意愿的。政治平等理念的最高值可能是:所有公民的权利和义务的绝对平等,因此就终结了所有的统治和依附。

那么,这些相互关联的概念难道不是一般意义上的国家的本质特征吗?"所有单个公民的意志总合并不与一般意志(general will)相一致"这个预设是政治统治和政治依附的唯一基础。尽管这个预设具有普遍的正确性,但我们仍可设想它的对立面。并且,该预设只能提供一个可以更为准确地来限制纯粹国家概念的经验性条件,但是,正是基于此,这个经验性条件并不能成为界定纯粹国家概念的独有特性。这个经验性的(国家)概念预设了一个更为纯粹的(国家)概念,也就是说,这个限定的(国家)概念预设了一个未限定的(国家)概念;而我们正是从这个未限定的(国家)概念中推演出这个限定的(国家)概念的。因此,并不是每一个国家(第102页)都包含统治者和被统治者的关系,而只有被一些事实性素材限定的经验性国家概念才包含统治者和被统治者的关系。我们可以设想一个没有统治关系以及不是由所有国家融合在一起而组成的"世界国家"(a international state, Völkerstaat)。① 这个国家可能是这样一个社会,即一个绝对意义上的而不是假言意义上的有目的导向的社会②:这个社会不是为了某个特定的目的,而是

① 康德区分了"人民的联合"(a federation of peoples, Völkerbund)与"世界国家"(an international state, Völkerstaat)。在"人民的联合"中,国家仍保有他们特定的认同,并且建立一种市民宪政构建以保证他们的权利。在"世界国家"中,各个国家组合在一起构成一个国家。康德认为"世界国家"的理念是自相矛盾的,因为国家的理念要求一种高位者(立法者)和低位者(服从法律的人民)的关系,如果所有国家最终组成一个国家,那么这一关系就变地不再可能。——英译者注

② 施莱格尔所指的是康德有关假言命令和绝对命令这个著名的区分。参见 Kant, Foundation of the Metaphysics of Morals, Ak. IV, pp. 412-16. 假言命令把一个行动设定为达到目的的一个手段。因为该目的只拥有一种有条件的价值,依赖于我们是否想要得到它,假言命令的形式表现为:"如果你想要 X,那么就去做 (转下页)

为了一个非限定的目的——即在大多数和大量政治独立的国家中,为了实现个人的自由以及每个人的平等。世界共和国(a world republic)的理念具有实践的有效性以及观念上的重要性。

只有在个人意志而不是普遍意志作为国家法律之基础时(在专制政体中),执行权的人格(personale)(第 101 页),即统治者的人数才能被作分权一个原则。像"共和主义是在执行权与立法权之间做出区分的国家原则"这样的主张如何与康德的第一个定义相一致,即与"共和主义只有通过代议制才是可能的"这个命题相一致(第102 页)? 如果整个执行权不在人民的代表手里,而是被分配给世袭的统治者和世袭的贵族(这样前者[世袭的统治者]享有执行权,而后者享有立法权),那么尽管这里也存在分权,然而宪制也不可能是代议制的,而是(根据康德自己的定义)专制的,因为国家职位的可继承性与共和主义是不相容的(第 99–100 页注释)。

立法者、执行官和法官事实上是完全独立的政治人格(第 101页);但是从物理上来看(physically),一个人可能同时身肩几个不同的政治人格。[①] 同时,以下情形在政治上也是可能的(politically possible):即人民的一般意志可以决定在某一确定时间内,把其全部权力委派给一个人。不可否认,分权是共和制国家的规则;但是这一规则的例外——即独裁(dictatorship)——看起来至少并不是不可能的。[②] (从古代史中可以很明显地看到这一独裁的显著功

(接上页注[②])Y"。绝对命令把一个行动设定为一个目的本身。因为该目的拥有一种无条件的值,无论我们是否想要它,它都命令我们尊重它,绝对命令的形式表现为:"你应当去做 Y"。

① 在此,施莱格尔的意思是说,立法机构或立法功能与执法机构或执法功能之间的这种区分并不能够排除同一个人身兼两职。

② 在此,施莱格尔是基于共和主义的目的而为临时独裁进行辩护的。他似乎想为恐怖及其鼓吹者罗伯斯庇尔进行辩护。对于罗伯斯庇尔,施莱格尔抱持一种浪漫主义的态度,有关这种态度的论述,参见 Schlegel, *Athenaeum Fragments*, no. 422, p. 239; Novalis, *Schriften* IV, p. 540。

效。人类极大地受惠于这一高明的古希腊式的创造能力,这些为政治天才所创造的这许多伟大的作品。)①但独裁必然是一临时的状态(transitory condition);因为如果所有的权力是无限期地被转让的话,那么这就不是一种代表,而是政治权力的一种放弃。但是主权之放弃在政治上是不可能的;因为一般意志不可能通过他自己的行动摧毁他自身。因此,"永久独裁"(dictatura perptua)②的概念就像四角的圆一样是自相矛盾的。但是"临时独裁"(a transitory dictatorship)却是一种在政治上可能的代表形式——因此,一种共和制的代表形式在本质上区别于专制。

一般来讲,康德并未提出他划分国家类型和区别国家各个组成部分的原则。以下的临时性尝试在我看来值得读者予以探讨:即一种共和主义的演绎(a duduction of republicanism)和一种先天的政治划分(a political classification a priori)。

通过把最高的实践性命题(基本实践科学的对象)③与关于人类权力之限度和类型的理论性论据相结合,纯粹实践命令就像一般的人类权力具有各种不同的权力形态一样,也有诸多不同的修正形式。每一种修正形式都是具体实践科学的基础和研究对象。依据关于人类权力之限度和类型的理论性论据,人类除了拥有作为一个纯粹与世隔绝的个人所拥有的能力之外,还拥有与其他同

①　这里的指涉是模糊的。然而,施莱格尔指的似乎是这样一个事实:即梭伦在公元前594年被任命为雅典的元首,拥有完全的权威去改革其法律并建立它的宪法。他被认为创建了雅典的民主制。参见 Aristotle, *The Politics* 1273b35–74a21 和 *The Constitution of Athens*, nos. 5–12。

②　dictatura perptua:永恒的、永久的独裁。

③　最高的实践命题是"我应当是"(das Ich soll sein)这个原则,该原则源于费希特1794年的《知识学》(*Wissenschaftslehre*)。费希特从一种规范角度来解读《知识学》的首要原则——"我是"(Ich bin)或"我＝我"(Ich=Ich),由此该原则就变为"我应当是"。参见 Fichte, Some Lectures concerning the Scholar's Vocation, Werke, VI, pp.296–300; EPW, pp.148–53. 在费希特看来,自我的目的应当是达致完全的独立或自主性,到那时,所有的自然都将符合于纯粹的理性目的。

类相交往的能力。单个的人事实上或至少可能处于与他人的相互的自然影响(natural influence)的关系之中。由此,纯粹实践命令获得了一种新的具体的修正形式,这种修正形式是一门新的科学的基础和对象。"我应当是"这个命题在这个具体情形中意味着"人类共同体应当是"或"我应当[与他人]交往"。① 这个被推演出来的实践性命题正是政治学的基础和研究对象。据此,我所理解的政治学并不是运用自然机械律以规范人类的技艺,而是(像古希腊的哲学家那样)把政治学理解为一门康德意义上的实践科学;②这门科学的对象是实践的个人或族类相互之间的关系。每一个人类社会——它的目的是人类共同体(作为目的本身,或者说,它的目的就是人类社会)——都被叫做国家。然而,因为自我(the ego)不仅仅应当与所有其他人相关,而且与每一个单个个体相关,并且因为自我(the ego)只能存在于意志之绝对独立的条件之下,因此政治自由是政治律令(political imperative)的必要条件和国家概念的本质性特征。如若不然,纯粹实践律令——政治律令以及伦理律令都是从它这里推演出来的——就可能自我毁灭。伦理律令和政治律令不仅仅对这个或那个个人有效,而且对所有人都有效;因此政治平等也是政治律令的必要条件和国家概念的本质性特征。

　　政治律令对所有人都有效;因此国家是由一个个连续的群众整体,即一个个共存和连续相继的人类群体组成的。这一总体中的成员都处于一种自然联系之中,例如一个村落中的居民,一个家庭的所有后代。这一特征是外在标准。国家通过这一外在标准而

---

① 在这里,施莱格尔指出,绝对独立或自主性这个理想只能在一个赋予所有人以自由和平等的共同体中才能够得到实现。

② "康德意义上的实践科学"(eine praktische Wissenschaft, im Kantischen Sinne dieses Works);康德的科学观念是一个根据某一个原则或某一个理念而组织起来的体系。参见 *CPB*, B 89-90, pp.860-1。

区别于其他政治秩序和政治组织形式。这些政治秩序与政治组织形式具有特定的目的,因此仅仅有关于某些特定的个人。所有这些社会都不是由群众整体或连续相继的人类群体组成的,而是由单个的分散的成员构成的。

自由与平等要求一般意志(general will)作为所有具体的政治活动的基础(不仅仅是立法,而且也包括司法和执法)。而这正是共和主义的特征。那么,与此相对立的专制政体——在其中私人意志是所有政治活动的基础——是否就不是真正的国家呢?在国家一词的严格意义上,专制政体确实不是国家。然而,因为所有的政治文化都脱胎于一个特定的目的,一种权力(参见第117页的精彩论述)和一个私人意志——简言之就是脱胎于专制政体,因此每一个暂时性的政府都必然是专制政府;此外,因为专制政体篡夺了公意的外表,并且基于其利益至少容纳了民事和刑事案件中的正义;更进一步地,因为专制政体通过"成员的连续性"这一国家特征而使其与其它社会区分开来;最后,因为专制政体在实现它的特定目的的同时促进(即使仅仅是偶然地促进)了共同体的利益①,因此在其自身中蕴涵着一个真正国家的胚胎,并且逐步成熟成为共和主义政体;——因此基于所有上述这些理由,我们可以把专制政体视为一个准国家(a quasi-state),不是视为一个真正的国家,而是一种国家的堕落形态(a degenerate form of the state)。

但是,共和主义如何是可能的?一般意志是它的必要条件;但是这种绝对的一般意志(并且因此是绝对的持存的意志)并不会发生在经验领域中,而只存在于纯粹思想世界中。因此,在个别与

---

① 每一个只拥有特定目的的国家都是一个专制国家,不管这个目的在最初看起来如何纯真无邪。有哪个专制统治者会把物理性的自我保存作为他们的出发点?一旦他们实现了这个目的,他就会变成压迫。实践哲学家不该为这种有意将有条件者与无条件者混淆在一起的做法感到惊讶。有限者一旦篡夺无限者的权利是不可能不受到惩罚的。——原著者注

普遍之间就产生了一条不可逾越的鸿沟,对此,人们只能通过绝对的跳跃①才能跨越这个鸿沟。在此,不存在任何其它解决方法,除非通过拟制的方式将一种经验性意志设想为是先天的绝对一般意志的代理人。因为对这个问题的绝对解决是不可能的,我们必须满足于接近这个实践性的 X②。因为政治律令是绝对的,且只能以无限接近的方式得到实现,最高的法律拟制③不仅可以被证成,而且在实践上也是必须的。然而,这一法律拟制只有在不与政治律令(它是法律拟制之权利主张的基础)及其本质条件相矛盾时,它才是有效的。

因为每一种经验性意志(用 Heraclitus 的格言来讲)都处在永恒的流变中,没有一种拥有绝对的普世性,所以将一个人的(父权式的或神圣式的)个人意志作为一般意志而加以施用的专制主义的傲慢不仅是最大的不义,而且是纯粹的废话。甚至于这样的一个拟制——例如某一个家庭的私人意志可以作为他之后的所有后代人的一般意志的代理人——也是自相矛盾的和无效的。因为这个拟制可能会摧毁作为它自身之基础的政治律令(其本质条件是平等)。唯一有效的政治拟制必须建立在平等法则的基础之上:多数人的意志应当成为一般意志的代理人。因此,共和主义必然是民主式的;而民主必然是专制的这个未被证实的似是而非的论点(第 101 页)不可能是正确的。当然,在此,存在一种合法的贵族制,一种纯正的贵族制,以区别于败坏了的世袭贵族制,对于这种败坏了的贵族制,康德已经对其所具有的绝对不义做了令人非常满意的阐明(第 99 页注释);但是这种合法的贵族制只能在一个民主共和国中才是可能的。特别是,决定投票效力大小的原则不是根据他们的数量而是根据他们的质量(即根据每一个人接近

---

① 　Salto mortale(意大利语):一种绝对的跳跃。
② 　X 指的是某种在实践上无法被认识或不法被达致的东西。
③ 　Fictio juris:一种法律拟制。

"意志的绝对普世性"的程度)是完全符合平等法则的。我们必须要实实在在地去证明,而不能想当然地假设一个人不具有自由意志,或者他的意志不具有普世性——[例如],通过小孩与疯人来证明缺乏自由,通过犯罪或与一般意志相抵触来证明缺乏普世性。(贫穷与其所预设的易腐化性,女性与其所预设的柔弱性,事实上都不是将某人排除出选举权之外的合法依据)。如果允许存在这样一种政治拟制,即将一个人视为一个"政治上的非实体",即把他视作为物,那么,这个拟制就会与"独断预设的对立面"相矛盾①,并且因此与伦理律令相冲突,这一伦理命令是不可能的,基于两者都建立在纯粹实践命令的基础之上。人们的一般意志同时也绝不能规定,个人是判断他自己之私人意志的普世性程度的裁判者,也绝不能规定他应当拥有通过他自己的权威而使他自己成为贵族的权利。人们的大多数必须拥有贵族地位,决定其特权与他的组成人员,而这应被视为是政治上的贵族(他们的私人意志最接近于所假设的一般意志)。可能我们在选举未来贵族阶层的成员的时候,还应留给已当选的这些"贵族"某种席位,但其条件是我们必须拥有最后的决定权;因为主权永远都不可能被放弃。

大部分人都亲自参与政治行动在大多数情形之下都是不可能的,并且对几乎所有的人来讲都非常不利。通过代表或委员来参与政治行动将更为便利。因此,政治代议制必然是共和主义不可或缺的机制。

如果人们将代议制与政治拟制分开,那么,即便没有代议制也可能存在共和主义(尽管是一种在技术上非常不完善的共和主义)。如果一个人将政治拟制设想为是一种代议制形式,那么他

---

① 独断预设的对立面(das Gegenteil der willkürlichen Voraussetzung):也就是这样一个假设,即一个人拥有自由意志或他的意志拥有普世性。

否认在古代共和制国家中存在代议制将是走入歧途的。① 这些共
和国在技术上的缺陷是人所共知的。但是如果这样一些流行的观
念②——即认为古代共和国的内在原则不可避免地会走向衰
败——越是混淆视听,那么对于那些可值得赞赏的(不仅仅是所
谓的共和国,而且是真正的共和国)共和国的政治价值的判断将
会被带入更混乱的歧途之中,这些真正的共和国是建立在"由多
数所代表的普世性"这个有效拟制的基础之上的。就道德共同体
而言,现代国家的政治文化与古代相比较还处于孩童的状态之中;
现在还没有任何一个国家拥有比雅典(Attic)③更多的自由和平
等。对于古希腊和古罗马政治文化的忽视是人性史中无以形容的
混乱的根源;并且甚至不利于现代人的政治哲学,在上述这些方
面,它还有太多的东西需要向古代人学习。④ 甚至于人们公认的
代议制在古代世界的缺失也不是真实的。雅典民族不可能让个人

———————

① 在此,施莱格尔对康德有关古代共和制的观点提出了异议,Ak. VIII, p.354; PW, p.102:
"没有哪种古代共和制采纳的代议制体制,它们因此都不可避免地陷于专制"。

② 这样一些流行的观念(allgemeineherrschenden Begriffe):即认为古代共和制蜕变成
了暴民制或暴民的统治。该观点在18世纪的启蒙主义者(Aufklärer)那里极为流
行,这些人通常都为一种开明君主制辩护。

③ 在施莱格尔的德文批判版文集中(Kritische Ausgabe),用的不是attische[雅典]而
是britische[英国]。我根据Wolfgang Hecht的解读(in Friedrich Schlegel: Werke in
Zwei Bänden, Berlin: Aufbau Verlag, 1980, I, p.327)而代之以"雅典"而不是"英
国"。因为britische[英国]这个词很可能是印行第一版时的错误。因为它脱离了
整个语境并与该段落所要表达的含义相矛盾。施莱格尔的激进共和主义使他与德
国保守主义者——诸如A.W. Rehberg和Ernst Brandes——存有分歧,而这些人往
往赞赏英国宪制。对于Rehberg的观点,施莱格尔抱持一种激烈的批评态度。参
见他1793年10月23日写给他哥哥的书信,KA XXIII, p.145。

④ 施莱格尔在《论古代与现代共和制》(*Über antiken und modernen Republiken*)这篇文
章中提出了他有关古代共和制与现代共和制之差异的论点。不幸的是,他这篇文
章已找寻不到。施莱格尔在1795年7月4i日写个他哥哥的信件中提到他完成了
这样篇文章(KAXXIII, p.237)。因为施莱格尔早期的政治观念在很大程度上深受
他(相比于现代共和制)更偏爱的古代共和制的激励,该文的丢失实在是一个
遗憾。

亲自执行其行政权力;在罗马,至少部分立法权与司法权是通过代表(执政官、护民官、监察官、consuls)而得以实施的。

大多数人所拥有的权力——它接近于普世性并代表一般意志——就是政治权力(the political power)。政治现象的最高一级的分类(它们都是政治权力的表现形式)与所有其它现象一样,是根据"永恒的"与"暂时的"所作之区分。宪法就是"政治权力与其组成要素之间的所有永恒关系"的总合。另一方面,政府(government)是"政治权力的所有暂时显像"的总合。政治权力各组成部分之间的关系以及它与整体的关系就如同知识能力的各部分之间以及它与整体之间的关系。制宪权(the constitutive power)对应于理性,立法权对应于知性,司法权对应于判断力,执行权对应于感性、即直观能力。制宪权必然是专制的;因为制定政治原则权力是所有其他政治判断力和政治权力的基础,而如果它要依赖于后者,那么这必将是自相矛盾的,并因此使它仅仅成为暂时性的东西。如果没有一种接受行动(an act of acceptance),政治权力将不会被代表,而只会被放弃,而这是不可能的。

宪法关注的是政治拟制的形式和代议制的形式。在共和主义中,事实上仅只存在一种政治拟制原则,但在这一原则的指向上,却存在两个截然不同的方向;如果这两个方向之间存在最大可能的差异的话(即截然对立的话),那么在此,不仅仅存在两种纯粹的共和制形式,而且是两种相互对立的共和主义宪政:一是贵族制,一是民主制。在此,存在着诸多不同形式的代议制(它们往往混合着民主主与贵族主义)①,但是没有哪类代议制是纯粹的,并且也不存在任何先天的区分原则。宪法是所有那些在政治上是永恒的事物的总合。因为人们是根据一种现象的永恒属性,而不是

---

① "民主主义和贵族主义":Demokratismus und Aristokratismus。在这里,施莱格尔所指的是民主制或贵族制的纯粹原则或概念。

根据它的偶然的变相来划分这一现象的,所以根据政府形式(the form of government)来划分真正的共和国是荒唐的。

准确地讲,在专制政体中,不可能存在于一种政治性宪法(a political constitution),而仅只存在一种物理性宪法(a physical constitution)。也就是说,在专制政体中,政治权力与其基本构成要素之间的关系不可能是绝对永恒的,而仅仅只是相对永恒的。只要不存在政治性宪法,人们就只能动态地划分宪法形式,因为物理性的变化无法提供任何纯粹的种类。

唯一一种纯粹的划分只能根据数学的原则,即根据专制者数量的多少。

专制主义的唯一一种(物理性的)永恒属性决定了专制政府的动态形式(而不是政治形式)。专制政体之所以是僭主制的,寡头的,或暴民的,依赖于是个人,集团(阶层、军团、种姓),还是蛮众在进行统治。如果所有人都在统治(第101页),那么谁是被统治的?此外,康德的民主概念看起来更适合于暴民制。暴民制是多数人对于少数人的专制。它的标准是多数人在其作为政治构想而发挥作用的时候与一般意志(多数人应当成为它的代表)之间的明显对立。在所有这些政治变态形式中,暴民制——与僭主制一样,因为世界上的“尼禄们”很可能媲美于激进的共和主义(Sansculottism)①——是最大的物质意义上的恶(physical evil)(第101页)。②

另一方面,寡头制——东方的集团体系,欧洲的封建体系——对人性产生了无与伦比的威胁;因为这种制度的人为结构所具有

---

① 激进的共和主义(Sanskulottismus):一个在18世纪90年代极为流行的术语,它指的是巴黎的暴民和法国激进主义者——即所谓的sansculottes——所滥用的暴力。

② 如果这切中要害的话,那么我们就不难解释在古代,暴民制为何会发展成为专制,并且我们也有确定的证据证明在现代,暴民制为何会发展为民主制,并因此远不会像暴民制那样对人性构成威胁。

的极度的沉闷性赋予了这种制度以极大的稳定性。通过共同利益而将其联合在一起而产生的集中化使一个集团从人类中独立出来,并创造了一种坚定的"集团精神"(esprit de corps)。蛮众的精神分歧使早期的邪恶艺术获得了实现,这种艺术使人性的崇高化变得不可能。

寡头制带着可疑的目光注视着每一种激动人心的对于人性的热切追求,并将其消灭于萌芽状态。另一方面,僭主制则是一个冷漠无情的魔鬼,它经常漠视个人的最高自由,事实上甚至是漠视最完善的正义。这一及其笨重的机器仅仅只悬挂在这一根弹簧上,一旦这根弹簧变得不结实,它马上会摇摇欲坠。

如果政府形式是专制的,而其精神却是代议制或共和制的(参见第101页的精彩评论),那么君主制就产生了。(在暴民制中,政府的精神不可能是共和制的;不然,它必然同时也是国家形式[the form of the state]。在纯粹的寡头制中,如果其形式不是合法的民主式的贵族制,那么它所出之状态①的精神必然是专制的;只是单个人拥有共和制精神是没有任何用处的,因为是集团本身在进行统治)。机遇可能会给予一个合法的君主以专制的权力。他可以以一种共和制的方式进行统治,但仍保持其国家的专制形式,也就是说,如果政治文化的程度或国家的政治条件要求一种临时性的、并因此是专制的统治,而且如果一般意志能够赞同这种临时性统治的话,那么他就可以以这种形式进行统治。君主制的标准(即使其区别于专制政体的标准)是最大可能地促进共和主义。君主之私人意志接近绝对普遍意志的的程度决定了它的完善程度。君主制形式非常适合于某些达致一定程度的政治文化,因为共和制原则或还处于其萌芽时期(如在史前的英雄时代),或已经

---

① Estate:状态[Stand]。这个宽泛的术语也可以被视为"位置"、"立场"或"状态" [condition]。在这里,施莱格尔反对那种古老的庄园式等级制社会。

完全凋敝(如在古罗马的恺撒时代)。君主制在非常少但却真实
的例子中(如 Friedrich 与 Marcus Aurelius①)带来了明显的进步与
极大的好处,因此,可以理解为什么这么多的政治哲学家一直以来
且到目前为止还仍然偏爱这种制度。根据康德这一富有远见卓识
的洞见(第102页注释),人们决不能将一个政府的精神归咎于坏
的(和不合法的,第99-100注释)政府形式。

　　神圣之物就是那种可能会不断受到侵犯的事物,诸如自由与
平等,或一般意志。我不明白康德如何会发现人民的崇高性(the
majesty of the people)②的荒唐。多数人——作为一般意志唯一有
效的替代者——在其扮演政治拟制角色的时候同样也是神圣的;
而所有其他政治权利或崇高性则仅仅只是人民的神圣性(the sa-
credness of the people)的产物。例如,古罗马保民官(tribune)③的
神圣性只是人民名义下而不是他自己名义下的神圣性。他仅以一
种间接的方式揭示了自由的神圣观念;他不是神圣意志的替代者
(surrogate),而是它的代表(representative)。

　　国家应当存在,且它应当成为一种共和制。共和制国家拥有
一种绝对的价值,正因为它致力于达致正义的和绝对应当获得的
目的。在这个意义上,所有的共和制国家都拥有相同的价值。但
是,它们在接近那些不可达致的目的的程度上却存在很大的差异。
在这个意义上,我们可以通过两种不同的方式来确定它们的价值。

　　共和制国家的技术性完善(technical perfection)将其自身划分
为宪法的完善与政府的完善。宪法的技术性完善是通过政治拟制
与代议制的个体形式接近政治拟制与代议制的绝对(尽管是不可

---

① 罗马皇帝奥勒留(Marcus Aurelius,公元161-180年在位)和普鲁士国王腓特烈二
　世(公元1740-1786年在位)。这两位都被启蒙主义者视为智慧的统治者的代表,
　即"皇冠上的哲学家"。

② 参见 *Ak*. VIII, p.354; *PW*, p.103:"……谈论人民的崇高性是荒唐的……"。

③ Tribune[保民官]:一个罗马官职,他负有各种类型的义务。该职位是在公元前494
　年设置起来的,以保护平民的利益。

能的)形式——亦即使拟制的与被拟制的相吻合,代表的与被代表的相吻合——的程度而得到衡量的。(如果康德在第 101-102 页中使用"代议制"的时候指的也是一种拟制的话,那么上面所讲的这一点与他的这一敏锐观察就相一致。一个实用主义的政治家可能会通过一种有关手段的理论来填补我们知识中的空缺,从而既在广度上,又在深度上扩展政治拟制与代议制。康德有关国家权力的人格(the persons of state power)的评论(第 101 页)①可能仅只对执行权以及某些特定情形下的制宪权有效,而对于立法权与司法权,经验似乎告诉我们,集体[college]与陪审团体系似乎更为有效)。一个政府的消极的技术性完善是通过它与宪法的和谐程度而得到衡量的;而它的积极的技术性完善则是通过实在权力实际施行宪法的程度而得到衡量的。

共和制国家的政治价值是由事实上所达致的共联性(community)、自由和平等的广度和深度决定的。当然,一个国家的道德文化在国家根据共和制来加以组建且至少达到某种程度的技术性完善之前是不可能的(第 113 页);但是,另一方面,道德的统治(the reign of morality)是国家的绝对完善(共联性、自由与平等的最大化)的必要条件,事实上甚至是每一种更高程度的政治卓越性的必要条件。

到目前为止,我们仅仅只是考察了单一一个国家和民族的不完全的共和主义。但是,政治律令只有通过一种普世的共和主义,才能得到完全的实现。因此共和主义概念并不是捉摸不定的想象的神秘之物,而是具有一种实践上的必要性,就如同政治律令本身一样。这一概念的构成要素包括:

1. 所有民族都进入政治状态;

---

① 参见 *Ak*.VIII, p.353; *PW*, p.101:"因此我们可以说,在一个国家中,统治者的数量越少,代表权力越大,那么其宪法就越接近于共和制。"

2. 每一种进入政治状态的事物都成为共和主义式的；

3. 所有共和国之间的博爱；

4. 每一个国家都拥有自主性，以及所有国家在法律、权利与特权上的平等（isonomy）[①]。

只有一种普世且完善的共和主义才是有效的，并且同时也是永久和平的充分的确定性条款（definitive article）。只要宪法与政府没有达到绝对的完善，就仍有可能存在一种非正义的和不必要的战争，甚至于在共和制国家中，如康德所表明的那样，尽管它们的和平倾向是如此地明显，但仍有可能存在这样一种战争。康德所列出的最终达致和平的第一项条款事实上要求所有国家都是共和主义；但是"联盟"（federalism）——康德是如此有说服力地证明了它的实践性（第104页）——基于其概念本身并不包含所有国家；不然，与康德的意图相反（第102-105页），它可能会达致一种普世的世界国家（a universal international state）。旨在于确保共和制国家的自由的和平联盟，它的目的（第104页）预设了这样一种东西：即一种由专制国家的好战倾向所带来的威胁。世界主义的好客性（cosmopolitan hospitality）—— 作为其起源和动力的商业精神已经在康德这里得到了充分的阐发（第114页）——甚至似乎预设了一些尚未政治化的民族（unpoliticized nations）。但是只要仍存在专制国家和一些尚未政治化的民族，那么就仍存在产生战争的动因。

1. 开化民族的共和主义；

2. 共和制国家的联盟；

3. 已联盟国家的世界主义好客性；

因此，上述这三项将成为第一个真正的和永恒的、尽管只是局部的和平的唯一三项有效的确定性条款，而不是迄今为止被错误的命名为"和平公约"（peace pacts）的东西，这种东西事实上仅仅

---

① Isonomy（Isonomie）：在法律、权利与特权上的平等。

只是一种休战协定(第130页)。

人们同时也可将它们视为永久和平的前提性条款,永久和平是他们试图要去达致的,并且在实现第一种真正的和平之前,永久和平是不可想象的。

普世的完善的共和主义(universal perfect republicanism)和永久和平是两个互补的不可被分割的概念。后者与前者一样具有政治上的必要性。但是,事物如何能够保持其历史的必要性或可能性? 何者是永久和平的保证?

康德在第108页中说到:"伟大的艺术家、即自然本身,与权威一样,都是永久和平的保证"。尽管提出这样一种具有远见卓识的观点是如此具有原创性,但我仍坦诚地讲,我在该观点中找到了一些缺漏。探明实现永久和平的可能性的手段——即导向逐渐实现永久和平的"命运的外在偶然因素"(external occasions of fate)——是不够的。人们还期待我们回答这样一个问题:人性的内在发展是否会导向永久和平? 在此,(这个被我们所假设的)自然的目的性(尽管是美妙的,并且事实上从另外一些方面来看的话,这种观点可能是必要的)完全是无关紧要的;只有"经验的必然(事实的)法则"才能提供实现永久和平的保证。只有在政治史的法则以及政治文化的原则的基础上,我们才能够表明"永久和平不是一个空洞的观念,而是一种任务,正如解决的方式是逐渐被找到的一样,这一任务在不断地趋向其最终的实现"(第130页)。尽管我们不可能在范畴上以及根据所有的时空环境以便从上述基础中推测出永久和平,但是,我们却可能在理论上(仅仅是假设性的)预先确定永久和平在未来的现实性以及接近它的方式。

在此,康德回避了目的论原则在人性史上的任何超验使用[1]

---

[1] "目的论原则的先验运用"(transzendenten Gebrauch von dem teleologischen Prinzip):在这个语境下的假设就是:我们知道自然的目的就是实现永久和平。

(甚至是批判哲学家们也允许他们自己这么做)。然而,在某个地方,在我看来,"无条件的意志自由"这个实践概念已经被错误地引入到人性史的理论领域。如果道德神学能够且必须提出"不朽的理智基础是什么"这一问题——我在这里不想讨论它是否能够且必须提出这个问题——那么我只能说,它的基础就是康德意义上的原罪①。但是人性史只能处理不朽现象的经验性原因;原罪的理智概念在经验领域中是空洞的,没有任何意义。"不存在对于人类德性的任何信仰"这个所谓的事实(第120-121页注释)是没有根据的;同时,存在于国家之间的外在关系中的这种明显的罪恶——基于易于理解的理由,由相当拙劣的一群人组成的小团体所具有的非道德性②——如何可能成为反对普遍人性的一个论据?

在此,把完善的宪法看成是一种政治经验现象而不是一个政治技艺问题将是一个没有成效的立场(第113页),因为我们需要知道的不是它的可能性,而是它在未来的现实性,以及它趋向政治文明的进步法则。

只有通过政治发展的历史原则,即通过政治史理论,我们才能发现一个满意的有关政治理性与政治经验之间的关系的答案。对此,康德没有加以探讨,相反,他在附录中探讨了"道德"与"政治"之间的无关紧要的界限之争,这些争论只是偶然地源自(道德上的)无能。他没有将政治理解为一种实践科学,这门科学的基础和目的是政治律令,同时他也没有把它理解为政治艺术,即实现政治律令的技艺。相反,他把政治理解为专制倾向(the despotic apti-

---

① 康德的罪的概念,参见 Religion within the Limits of Reason Alone:"'人是恶的'的这个命题无非就是说,人意识到了道德法则,但又把偶尔对该原则的背离纳入自己的准则。人天生是恶的,这无非是说,这一点就其族类而言是适用于人的;这并不是说,好像这样的品性可以从人的类概念(人之为人的概念)中推导出来,而是如同凭借经验对人的认识那样,只能据此来评价人。"参见 Ak.Ⅵ, p.32。

② 一群人组成的小团体(eine kleine Menschenklasse):指的是君王。

tude)，这种倾向不包含任何政治艺术，而只是一种拙劣的政治行动(a political bungling)。①

在所有可设想的宪政类型中，存在着两种纯粹类型(这两者在政治上都是必要的和可能的)：即"共和主义"与"专制主义"。此外，还存在两种"无形式的政治状态"(formless political conditions)(第一眼看这两种状态具有极大的类似性，但在本质上却完全不同)，在分析共和主义时，不应将其视为"限定性概念"(limiting concepts)②而忽视它们。只有其中一种状态具有政治上的可能性，而另一种状态则只是具有历史上的可能性。

暴动在政治上并不是不可能的，并且也不是绝对不合法的(正如康德在第126-127页所指出的那样)；因为它并不是完全与公共性(publicity)相矛盾。关于(可能是不合法的)统治者，康德在第129页中主张："拥有主权的人没有任何必要隐藏他自己的准则"。一部允许每一个人在他认为他自己是正确的时候就起来反对主权者的宪法必然会自取灭亡。另一方面，包含有这样一项条款——即在某些情形下断然要求进行革命——的宪法事实上并不会自取灭亡。但是这项条款可能是无效和空洞的；因为一部宪法一旦不再存在，它就不能对任何事物发号施令。只有当宪法被摧毁之后，暴动才可能是合法的。事实上，一部宪法中的某个条款对如下情形作出规定是可能的：也就是说，在这些情形中，制宪权被视为实际上已失效(de facto nullified)，由此，每个人就都被允许进行暴动。例如，上述情形可能发生在如下时刻：独裁者对于权力的占有超出了预先规定的期限；当制宪权摧毁了宪法，即摧毁了国

---

① 参见 Ak.VIII, p. 377；PW, p.122。在这里，施莱格尔对康德的保守主义的政治改革进路提出了质疑，在康德看来，政治改革只能自上而下，并且只能由统治者所发起。

② 限定性概念(Grenzbegriffe)：在康德那里，一个限定性概念就是这样一种概念，即其功能在于将知性概念和感性直观限定在经验上，防止把它们运用到本体界。参见 CPR, B, pp.310-11. 施莱格尔在这里是在一种扩展的意义和类比的意义上来使用这个术语的。

家法律赖以存在的基础的时候;诸如此类情形。因为一般意志不可能希望通过篡夺而摧毁共和主义,它必然是欲求共和主义,因此它必然同时允许人们采取限制和消灭篡夺行动的唯一手段(即暴动)以及重新组建共和主义的唯一手段(即临时政府)。因此,这样一种暴动就是合法的:即它的动机是摧毁宪法,它的政府仅仅只是一种暂时的组织,它的目的在于组建共和主义。

　　一种合法暴动的第二个有效动机是:存在着一种绝对专制主义。也就是说,不是一种暂时的并因此是有条件地被许可的专制主义,而是一种致力于摧毁共和主义的发展原则(政治律令只能通过该原则的自由发展才能逐步得到实现)的专制主义,并且它是绝对不被许可的,也就是说,绝对不可能得到一般意志的许可。绝对专制主义不是一种"准国家"(quasistate),而是一种"反国家"(antistate),并且是一种比无政府状态的恶大得多的恶(可能在物理上相对而言更可容忍)。后者仅仅只是一种对于政治实在性的否定,而前者则是对于政治的否定。无政府状态或是一种不固定的专制主义(fluid despotism)(在此之中,统治者和被统治的蛮众之间的界限不断地发生变化),或是一种虚假之物和永恒的暴动;因为真实之物和政治上的可能的事物必然是暂时性的。

程序共和国的宪法：自由权和公民美德[*]

[美]桑德尔[**] 著

张涛[***] 译

Fleming 教授：晚上好，我是 Jim Fleming 教授。我代表 John Feerick 院长、Mike Martin 副院长以及学院优等生协会（The Order of the Coif）佛德汉姆分会主席和财务处长 Dan Capra 教授欢迎各位光临法学院优等生协会年度讲座。

我们的演讲者是哈佛大学管理教授 Michael J.Sandel，他演讲的题目是："程序共和国的宪法：自由权和公民美德"。

关于法学院优等生协会年度讲座系列，我想稍作说明。法学院优等生协会是一个学术荣誉社团。依据其推动法学学术繁荣的历史目的，它主办了一个全国性的系列讲座活动，目的是为其会员

---

[*] 本文是桑德尔（Michael J. Sandel）为法学院优等生协会年度讲座所做的一篇演讲。为了保持讲座的完整性并便于读者理解，我将主持人的介绍部分、讲座正文和问答部分全部译出。在翻译过程中，部分翻译内容参考了资琳师姐的翻译，在此表示感谢。——译注。

[**] 这篇演讲在 *Fordham Law Review* 上刊出时，作者在个人简历（BIO）中指出："这篇演讲有赖于我的 *Democracy's Discontent: America in Search of a Public Philosophy*（1996）一书。我要感谢法学院优等生协会组织了这次讲座，感谢 John Feerick 院长和佛德汉姆大学（Fordham University）法学院全体教学人员的盛情款待和盘根究底的提问。对于 James E.Fleming 教授对讲座所进行的巧妙安排，以及对讲座前后的富有启发性的讨论所做的引导，我尤表谢意。"——译注。

[***] 张涛：吉林大学法理中心 2007 级硕士研究生。

学校提供由杰出学者发表演讲的额外机会。这个项目的目的是鼓励法学学术，提升法学知识，推动学者、法官律师和法学学生之间对法律问题进行有意义的对话。在关于本讲座的宣传材料中包括了法学院优等生协会和系列年度讲座的说明。

佛德汉姆大学法学院在 1994 年成为法学院优等生协会的分会，并很荣幸主持由 Michael J.Sandel 教授所做的法学院优等生协会年度讲座。

我很荣幸地向各位介绍 Sandel 教授，他被广泛地认为是美国最重要的、最具争议性的政治和宪法理论家之一，是一位复兴我们的公民共和主义政治和宪法传统的领军人物。

Sandel 教授是最近出版的《民主的不满》(*Democracy's Discontent: America in Search of a Public Philosophy*) 一书的作者，在跨政治和宪法领域的无数评论中，这本书颇受赞誉。他早期的《自由主义和正义的局限》(*Liberalism and the Limits of Justice*) 一书，是对基于权利的自由主义理论(rights-based liberal theories) 最有影响的批评之一，这种自由理论是与 John Rawls 和 Ronald Dworkin 关联在一起的。他也算是一位公共哲学家，作为《新共和国》(the New Republic) 的专栏作家，他定期对美国政治和宪法问题发表评论。

最后，Sandel 教授是一位杰出的演讲者，尤其是他在哈佛大学为大学生开设的以"正义"命名的课程吸引了大约八百名学生。当我还是一名法学学生的时候，我有幸在那门极棒的课上任助教，受益匪浅。现在我把时间交给 Michael Sandel。

Sandel 教授：非常感谢我的朋友 Jim Fleming 教授所做的极为慷慨的介绍，感谢各位给我这个机会。站在这里并在法学院优等生协会的赞助下进行讲座是种荣誉。

我今天讲座的题目是：程序共和国的宪法(The Constitution of

the Procedural Republic)。我用程序共和国这个词所意指的是一种特定的思考政治和法律的方式。这种方式描述了一种公共哲学：一种植根于我们的法律和政治实践中的关于公民(citizenship)和自由(freedom)的构想。

　　我想论证的是：尽管这种强劲的、富有吸引力的有关公民和自由的构想使得程序共和国富有生命力，但是它是有缺陷的。尽管程序自由主义(Procedural Liberalism)的公共哲学具有吸引力，但是它放弃了太多事物。它放弃了一种对公民和自由更为古老、更加严格的理解。与这种对公民和自由更为古老、更加严格的理解相关联的是一种与程序自由主义相抵牾的政治思想传统，也即一种与程序自由主义相对抗的公共哲学。这种相对抗的公共哲学可以描述成公民的或者共和的传统。

一、自由主义式的自由和共和主义式的自由

　　在转向讨论我们现在的政治和宪政情势之前，我就从上述两种思想和实践的传统开始谈起 。我首先阐述一下形塑当代政治和宪法话语的那种公共哲学：程序自由主义的公共哲学。为什么这种哲学具有吸引力，为什么它能成为我们时下占据支配地位的公共哲学呢？

　　根据程序自由主义，自由就是有权追求我自己的价值、兴趣和目的，追求我自己所想象的美好生活。无论这种想象可能是什么样的，只要我尊重其他人同样的权利就可以了。根据程序自由主义的公共哲学，政府不应该试图在它的公民中培养任何特定的目标或目的，任何特定的美德。相反，政府应该在相互竞急的各种道德和宗教观点中保持中立。

　　程序自由主义担忧强制的危险，它担心强制人们尊奉他们可能并不共享的诸种价值的危险。这就是为什么程序自由主义坚持

宪法必须捍卫一种中立于各种目的，中立于公民们所支持的各种相竞的道德和宗教信念的权利架构的原因。

程序自由主义的吸引力是显而易见的。毕竟我们生活在一个多元的社会中。我们知道人们在相当多的道德和宗教问题上不能达成共识。因此，当我们在设计由法律来强制实施的权利义务基本架构时，搁置或不考虑那些道德宗教争议，不就是合理的吗？

与程序自由主义相对抗的图景是什么样的？程序自由主义所拒绝的更严格的关于公民和自由的观念是什么样的？根据公民或者共和主义的传统，自由并不仅仅是选择个人自己的目的、价值或关于美好生活的观念，而是参与自我规制（self-rule）、也即参与自我治理（self-government）。

与程序自由主义相抵牾的观念是怎么样的？可以用这样的方式来表述：共和主义传统认为参与自我规制、也即参与塑造支配集体命运的力量，需要一些特定的品质、特定的习惯和品性。它需要公民们拥有或者逐渐获得一些特定的公民美德。什么样的公民美德？共和主义传统的信徒们已经提倡了很多公民美德，但是在这些美德中间，典型的是知晓公共事务并有能力对公共善进行慎思（deliberate about the common good）。共和主义传统强调这不是一种可以从书本或讲座中学到的技能。它是一种需要某种特定道德品性的技能——一种归属感，也即一种对这个命运处于危急时刻的社群的认同感。这些公民美德通常包括一种归属感，这种归属感使得人们不只是关心他们的个人利益，而是关心公共善。

现在我们就能清楚地看到这两种对自由的理解之间产生的紧张。依据共和主义参与自我规制的自由观，每四年或每两年在投票时露一下面、表达一下自己的偏好是不够的。根据共和观念，公民教育事关重大，因为每个人都与公民的道德品质和公民品质有关系。这就意味着，政府是不能够中立的，也就意味着，在有关公民们的道德品质和公民品质事务上，政治和法律不能够保持中立。

共和主义传统赋予政治和法律一项性格塑造①规划(a forma-
tive project)，这项性格塑造规划包含对型塑公民美德、习性和品性
的(社会、文化、政治、经济)生活条件的关切。

政治一旦如共和主义传统所指派的那样被赋予了塑造性格的
任务，那么就可以理解程序自由主义者为什么会担忧了。正是这
个性格塑造规划被自由主义者[liberals]认为含有强制的危险。
这就是促使程序自由主义者把道德、宗教、塑造性格和美德等话题
排除在政治之外的部分原因。

我已经描述了两种公共哲学，也即两种关于作为一个自由的
公民意味着什么的看法。但它们是如何影响我们实际的政治和宪
法生活，以及对程序自由主义的接受如何导致了对美国理想
(American ideals)的特定缩减？它是如何放弃了对共和主义式自
由的追求？

我试图通过分析从美国政治和宪法实践中撷取的一些例子来
回答这些问题。我想说明的是上述两种公共哲学，也即两种对公
民的理解，始终存在于美国政治和宪法传统中，但是二者的比重和
相对重要性是不断变化的。

大致而言，共和主义式的理解在共和国的早期占据着支配地
位，即从创建期、经由 19 世纪的大部分时间、直到 20 世纪早期。
程序自由主义的公共哲学尽管一开始就存在，但是其起初的声音
很微弱。直到 20 世纪它才取得支配地位，特别是在二战以后的几
十年里。

我想说明的是对自由的程序性②理解已经逐渐使得对自由的
公民式理解消退；我也想表明公民式理解的消退体现了一种缺

---

① 在学术讨论中，formative 一词一般译为"构成性的"，但是在这里采用其原意，即
　　"塑造性格的、影响性格形成的"更易于理解。下文将依据具体情形，分别译为"塑
　　造性格的"或"构成性的"——译注。
② 这里指的是对自由的程序自由主义式理解——译注。

失——缺失了对自治规划(the project of self-government)而言不可或缺的某些东西。

二、宪法中的程序自由主义

我们来看一些从宪法中撷取的例子。几乎可以追溯至建国之初的权利法案(the Bill of Rights),规定了言论自由权和宗教自由权。有趣的是,对言论自由权和宗教信仰自由权进行解释,特别是更晚一些对自由权(已经包括了隐私权)进行解释却是近几十年的产物。实际上,如果你考虑一下最高法院在三年中(1940-1943年)对国旗致敬(the flag salute cases)这类案件所发生的态度转变,你就能看到一个表明对公民的理解由共和式转换到程序自由主义式的时刻。

麦诺斯维尔学区诉戈比蒂斯案①(Minersville School District v. Gobitis)涉及两个由于拒绝向国旗致敬而被公立学校开除的信奉耶和华见证会(the Jehovah's Witnesses)的孩子。孩子的父母声称,对国旗致敬违反了他们的宗教信仰。根据法兰克福特(Frankfurter)法官的观点,最高法院支持向国旗敬礼。法兰克福特诉诸共和传统,亦即性格塑造规划。他认为国家可以要求人们向国旗致敬以向年少公民灌输自由赖以为凭的"约束性凝聚纽带"②(the binding tie of cohensive sentiment)。这是法兰克福特的用语,这个用语肯定了共和传统的性格塑造这一目标。

三年以后,最高法院审理了另一宗国旗致敬案——西弗吉尼亚教育局诉巴内特案③(West Virginia state board of education v. Barnette),这次法官们驳回了起诉。他们是以自由的名义驳回起

---

① 310 U.S. 586 (1940).
② 同上,第596页。
③ 319 U.S. 624 (1943).

诉的,但那是一种不同的自由观(是大法官杰克逊[Jackson]撰写的司法判决)。他们并没有宣称他们对自由的理解由构成性理解转换到程序性理解(shift from a formative to a procedural under-standing of freedom)。但是回顾起来,这种变化清晰可见。

依据杰克逊的观点,自由不在于培养美德,而在于确认某些权利,并使之不受多数人的影响(beyond the reach of majorities)。政府不能向其公民强制施加任何特定的善生活观。他将其表述如下:"如果在我们的宪法这片星空下存在着恒星的话,那它就是,无论其职位高低,没有任何官员能够规定在政治、民族主义、宗教或其他舆论问题上什么应该是正统的(orthodox)……"①任何时候,一名法官谈论"恒星"或"定点"的话,我们都要质疑他/她是不是在创新(innovating)。杰克逊法官就是在创新;实际上他对巴内特案的观点是个决定性的出发点。他不仅是在改变对国旗致敬的看法;他是在宣告一种新的自由观,亦即一种独特的程序共和国观念:自由就在于拥有某些不受多数人影响的权利,强制实施这些权利是法院的任务;法院应该依据中立观念(the ideal of neutrality)来理解这些权利,中立性观念意指没有政府、州或学校董事会可以强制施加任何特定的美德或者任何特定的关于善生活的看法。

二战后,也即在国旗致敬案不久之后,最高法院就开始在宪法的其他领域内,以对相竞的善生活观保持中立的名义来承担其(现在已经是人们熟知的)保护个人权利不受多数人影响、不受政府侵犯的任务。

最高法院于1947年首次宣布政府必须对宗教保持中立②。在随后的几十年中,它以自主选择宗教信仰(choosing our religious beliefs for ourselves)的名义捍卫对宗教保持中立这个观念。在

①　319 U.S. 642 (1943).

②　Everson v. Board of Educ., 330 U.S. 1, 18 (1947).

1958 年的一个案件中,当史蒂文斯[Stevens]法官说"值得尊重的宗教信仰是依信念进行自由和自愿选择的产物"①(the products of free and voluntary choice by the faithful)时,他对那种激励程序共和国的自由观②给予了明确表述。在此我们以中立性名义获得了权利这一观念,为了让人们自主地选择信仰,我们拥有了中立性这一观念。

同时期,从 40 年代到 70 年代,最高法院加大了对言论自由的保护,更为重要的是,最高法院改变了支持言论自由的理据。从前,最高法院强调言论对于自治的重要性;但是从 50 年代至 70 年代,最高法院逐渐强调自由言论权对于自我表达(亦即选择和表达自己的观点)的重要性,就像一位评论家所说的,这使"自主选择言论(the choice of the speech by the self)成为证成保护(言论自由)的关键要素"③。在这我们又一次不仅看到了权利,而且看到了出于中立性考虑的权利——尊重人们对于目标、价值或信念所进行的选择的中立性。

最终,在 60 年代至 80 年代的一系列判决中,最高法院开始以自主选择和自由选择的名义来强制实施隐私权,这种隐私权阻止政府在像避孕和堕胎这样的领域中为道德立法(legislate morality)的企图④。所以仅仅是在 40、50、和 60 年代,中立性、自主、选择这些语词才开始在宪法中占据支配地位,开始影响宪法权利的理论和实践。

就像我至此所描述的那样,程序性自由主义(procedural liberalism)似乎提供了一种有吸引力的自由观。毕竟,它不是扩大了

---

① Wallace v. Jaffree, 472 U.S. 38, 53 (1985).

② 本处指的是程序自由主义式的自由观——译注。

③ C. Edwin Baker, *Human Liberty and Freedom of Speech* 256 (1989).

④ Roe v. Wade, 410 U.S. 113 (1973) (abortion); Griswold v. Connecticut, 381 U.S. 479 (1965) (contraception).

个人的宗教自由权、言论自由权和隐私权并因而扩大了自由吗？
然而损失在何处呢？对理想的缩减体现在什么地方？当我们转向
程序共和国时我们放弃了什么？如果我们将视野超越于宪法之上
并去考虑在政治辩论中更直接地引出"如何在公民中塑造公民美
德"这个问题的那些方面的话，那么就很容易回答我们放弃了什
么这个问题。

三、公民政治经济学

例如考虑一下关于经济的那些论辩：税收政策、贸易政策、预算提
案或者规章制度改革。大部分时间，自由主义者和保守主义者同样都
以两种价值的名义进行论证：增加普遍的福利，亦即国内总产值；以及
在稍小的程度上关切如何公平地分配这些丰富的收益。这就是政治
人物在为这种或那种经济政策进行论证时提出的两个理由。

但是从历史上来说美国人在讨论经济事务时并非仅仅提出了
富足(prosperity)和公平这两种理由。存在着可以回溯到托马
斯·杰斐逊(Thomas Jefferson)的第三种考量，并且这种考量仅仅是
最近才消失的：什么样的经济安排最有可能在公民中培养出将使之
能够进行自治的那些性格品质？这或许可以叫做公民派经济观(the
civic strand of economic argument)或者叫做公民政治经济学。

托马斯·杰斐逊反对大工厂，反对美国变成一个制造业民族。
他说我们仍应该是一个农耕民族和商业民族。他提出的理由不是
说如果美国立足于农场之上并和其他国家进行交易的话美国会更
富足；杰斐逊的论点是关于美德的。"那些耕种土地的人是上帝
的选民，"是"真正美德"的化身①。考虑到曼彻斯特和欧洲的制造

① Thomas Jefferson, *Notes on the State of Virginia* (1787), 重印在 *Jefferson Writings*
290-91上(Merrill D. Peterson ed., 1984)。

业城市,杰斐逊担心工厂工人必定会成为不独立的、贫穷的暴民,不能自力更生,不能反驳政府或者不能实施独立的判断。简而言之,他们会缺少公民美德。"依赖产生奴性(subservience)和惟利是图(venality),窒息美德的萌芽并为各种阴谋野心提供适当的工具。"①杰斐逊关心经济安排型塑公民性格和公民美德的方式。

我们都知道,杰斐逊输掉了那场辩论。美国成为了一个制造业民族,甚至变成了一个正如他所说的那样的民族。但是隐含在杰斐逊观点中的公民理想却一直存在着,并从19世纪直至20世纪都影响着美国的公共辩论。

下面来考虑一下进步时代(Progressive era)的政治话语措辞。进步主义改革者们(Progressive reformers)担忧大公司的权力。到20世纪早期,经济活动已经成为全国性的了,而民主生活在城市和城镇中仍然是以地方性的方式来组织。美国的民主(仍然是分散的和非中心化的)被迅速全国化的经济活动压倒。进步主义改革者们试图去缓解经济生活的规模和政治共同体使用的术语之间的差距。他们担心大公司和集中的经济权力对公民性格的影响。他们怕这正以杰斐逊在一个世纪前所预测的方式使美国公民变得奴颜婢膝和不独立。

进步主义者们对这种危境提出了很多回应方式。我想举个具体的例子来阐明进步时代的政治经济学与我们现时代的区别。

一种回应是反托拉斯运动。反托拉斯法作为一门有影响力的法律持续存在到今天。司法部反托拉斯局(the Antitrust Division of the Department of Justice)的律师们花费大量的时间来起诉托拉斯案件。令人惊奇的是今天反托拉斯法的基本原则与进步主义改革者同托拉斯、垄断组织以及大公司权力进行搏斗时的基本原则

① Thomas Jefferson, *Notes on the State of Virginia* (1787),重印在 *Jefferson Writings* 291 上(Merrill D. Peterson ed., 1984)。

多么不同啊。

进步时代反托拉斯法的最重要的倡导者之一是路易斯·布兰代斯（Louis D. Brandeis）。在他被伍德罗·威尔逊（Woodrow Wilson）任命为最高法院法官之前，布兰代斯是一名激进主义（activist）律师和进步主义改革者。他反对垄断——他讨论"大者的诅咒"（the curse of bigness）——不是因为垄断抬高了消费者价格，并因而降低了总体福利；实际上，不管怎样，他不非常在乎消费者的福利。他的论点是公民式的论点。他支持作为重树民主权威、使美国人成为能参与自治并达至权力源头的公民的一种方式的反托拉斯法。布兰代斯认为，这样做的唯一方式就是打破垄断和托拉斯以使非集中化的政治系统能对经济活动拥有民主权威。

布兰代斯的论点反映了共和政治思想的悠久传统。他的论点是生产者伦理，而不是消费者伦理（consumer ethic）。与可以追溯至杰斐逊和镀金时代劳方骑士团体（The Knights of Labor）的传统一样，他支持如下这种经济条件：这种经济条件可以使农民、工匠、小商人和企业家成为公民、公民领导人和将成为有效公民（effective citizenship）的人（他们的工作条件使之具有了独立思维和独立判断）。

布兰代斯的观点与我们今天消费者导向（consumer-oriented）的改革运动明显不同。不像拉尔夫·内德（Ralph Nader）的消费者运动，布兰代斯对待消费者是谨慎的。他的重点在于生产条件。布兰代斯对维持转卖价格（resale price maintenance）的支持表明了他反对托拉斯和当代消费者权益倡导者们反对托拉斯之间的差别。

维持转卖价格是使制造商可以阻止零售商以低于某个价格出售产品的一项习惯。考虑一下吉列剃须刀（Gillette razors）的例子。如果吉列能决定其剃须刀的零售价的话，那么吉列剃须刀的价格就会高于沃尔玛或连锁超市可以对其进行打折的情况下的售价。但是布兰代斯认为这项习惯也有好处,因为它可以保护本地的杂货店免受连锁超市所代表的你死我活的竞争。他说:"每个商人、每个小文具商、每个小杂货店老板、每个小五金商"都可以卖吉列剃须刀,如果你允许吉列决定售价的话①。否则,小零售商不可能竞争过连锁超市或百货商场,它们就将会垄断交易。

布兰代斯认为消费者无论如何都对吉列剃须刀坚持要求更低售价是愚蠢的。这样会使小零售商不得不退出商业竞争,结果使大连锁超市和百货商店提高吉列剃须刀的售价。更为重要的是,吉列剃须刀的低售价是以公民政治经济学为代价换来的;它意味着放弃由很多本地小企业构成的经济结构,这些小企业使社区团结在一起,培育出来的不是由办事员组成的国家,而是由企业家和小商人们组成的国家。

下面我们看一下新政。现在我们可以在反托拉斯政策中看到一个与国旗致敬案相似的转变。1938 年富兰克林·罗斯福任命一个名叫瑟蒙德·阿诺德(Thurmond Arnold)的人作为司法部反托拉斯局主任。阿诺德对布兰代斯式的反托拉斯观点嗤之以鼻。他认为那是一种对"大者的诅咒"的毫无希望的怀旧,一种旧式宗教。阿诺德认为逆组织时代(the age of organization)的潮流而动是不可能的。

很不幸,瑟蒙德·阿诺德也嘲笑波拉哈(Borah)参议员,一位在参议院确认听证会上质疑阿诺德的伟大托拉斯反对者。阿诺德承诺自己会是位反托拉斯诉讼的强劲倡导者。波拉哈参议员挠着头并同意了这项提名,但是他确实建议阿诺德修改他书中关于托拉斯的那章。

阿诺德遵守了他的诺言。在美国的历史上他的任期是实施反

---

① Michael J. Sandel, *Democracy's Discontent: America in Search of Public Philosophy* 237-38 n.108 (1996)(引自 Brandeis 在国会的证言)。

托拉斯最强劲的时期。到他 1943 年卸任时，他登记备案和获胜的反托拉斯案件比司法部在此前所有时期发动的反托拉斯案件还多。难道这不是对阿诺德所反对的那种反托拉斯传统的回归吗？实际上不是，因为阿诺德复兴反托拉斯法的是不同的：与布兰代斯和早期的反托拉斯者们不同，阿诺德不想为了自治的目的而使经济去集中化，而是为了较低的消费价格而规制经济。对于阿诺德来说，反托拉斯法的目的是提高经济效率和降低消费价格，而不是促进民主或培养公民美德或创造独立自主的企业家们的政治经济学。美国人应该支持实施反托拉斯，阿诺德强调，不是出于对大公司的痛恨，而是因为对"猪排、面包、眼镜、药物和水管的价格"的关注①。

　　所以两位反托拉斯者，布兰代斯和阿诺德，都支持同样的政策，但是却基于不同的理由。在理由的变化中，我们看到了从公民政治经济学到消费者福利政治经济学的转变。而在这个转变中，我们可以瞥见从公民式自由观到自由主义式——自由程序主义式——自由观的转变。

　　由于他关注的是消费者福利，阿诺德在他的反托拉斯政策中放弃了旧有的塑造性格的志向。他仅仅关注生产力和价格。对塑造性格这个志向的放弃是由公民政治经济学转到预设了消费者福利的政治经济学的标志。

　　反托拉斯政策中发生的这个转变与最高法院在国旗致敬案中的意见转变大约同时发生。瑟蒙德·阿诺德在 1943 年离开司法部，这一年就是杰克逊大法官发表其关于我们宪法这片星空中的恒星以及政府中立观这些观点的那年——历史从未如此有条理过。

　　但是这种新的公共哲学更广泛地在美国公共生活和政治辩论

①　Thurman W. Arnold, *The Bottlenecks of Business* 123（1940）.

中展现出来。40 年代、50 年代和 60 年代凯恩斯财政政策的出现是美国人放弃旧有的经济结构的论辩以及这些论辩所代表的公民志向的另一个例子。新的政治经济学认同给定的消费者偏好,并且试图通过管理宏观经济需求来规制经济。

1962 年,约翰·肯尼迪总统清晰地表达了隐含在凯恩斯式经济管理中的道德中立性诉求。回顾起来,我们记得约翰·肯尼迪就职演讲中的伟大段落,"别问国家能为你做什么,问问你能为国家做什么。"这是公民理想及更为严格的公民观念的响亮表达。但是在其国内政策的实际行为中,尤其是他的经济政策中,肯尼迪清晰表达了那种新理解、新教规。

以下是他对现代经济论辩的说法(与他提议的 1962 年减税政策相关),对凯恩斯式财政管理充满高度自信:"我们面对的大部分问题,至少是很多问题,"肯尼迪宣称,"是技术问题,管理问题。它们都是极为复杂的判断,它们不会变成在过去常常激荡着我们国家的那种伟大的热情运动。"[1]"在我们的经济决定中处于成败关头的不是相互对立的意识形态的某种重大冲突……而是对现代经济的可行管理。"[2]肯尼迪鼓励全国去直面不带意识形态偏见的技术问题,去关注那些在保持巨大的经济体制向前运行的过程中涉及的复杂技术问题[3]。

肯尼迪阐明了时下人们接受的观点。时至 1962 年,谈论经济政策的标准方式是放弃关于经济结构的那些旧有的辩论,以及经济结构对于民主可能性、公民和性格塑造规划的影响。新的富足公平政治经济学认同给定的消费者偏好,指向了通往程序共和国

[1] John F. Kennedy, Remarks to White House Conference on National Economic Issues (May 21, 1962),重印在 1962 Pub. Papers 422 上。

[2] John F. Kennedy, *Commencement Address at Yale University* (June 11, 1962),重印在 1962 Pub. Papers 473 上。

[3] 同上,第 475 页。

的道路。

四、复兴公民规划

在我们的时代复兴对公民美德(亦即性格塑造这一传统)的关注意味着什么呢？有些人担心这意味着拥护德育多数(组织)(the Moral Majority)或者基督教联盟所拥护的那种政治。毕竟他们谈论美德；他们有性格塑造规划；他们想要为道德立法；他们想要政府关注公民的道德品质。有人说这证明了任何试图复兴性格塑造规划的危险。

如果你看一下目前关于福利的论辩，你能在保守主义者中看到这个转变。在 50 年代和 60 年代，保守主义者对福利国家的抱怨是什么？回想一下巴利·戈尔德沃特(Barry Goldwater)和米尔顿·弗里德曼(Milton Friedman)对福利国家的反对：福利国家对人民施加了强制；它违背了纳税者的自由；它违背了个人选择。那是来自于程序自由主义的观点：自由至上式的(libertarian)①保守主义者坚持认为人们应该随其所愿自由地花钱；政府不应该强制他们把钱花到有价值的事业上，比如学校的午餐，食品标志或福利上。

但是从 80 年代开始，反对福利的保守主义观点发生了变化，其开始援引各种公民论题。现在保守主义者认为福利是恶劣的，这并不是因为其违背了纳税者自由(尽管他们可能仍然这样认为)，而是因为它滋生了依赖，腐蚀了接受者的品质。现在保守主义者依据其腐蚀了公民品质这点来反对福利。

但有趣的是，公民传统，亦即性格塑造规划，并不必然是保守

---

① 在英文中 libertarian 指的是与诺齐克等人联系在一起的那脉自由主义者，一般译为自由至上主义者——译注。

主义的,而且它也不应该被那样看待。而如果我想要说服在座的各位,这点就是我必须说明的。实际上,甚至关于福利的这种观点(强调福利对性格塑造的结果以及福利所产生的依赖)都不始于罗纳德·里根(Ronald Reagan)、纽特·金里奇(Newt Gingrich)或威廉·贝内特(William Bennet)。

请考虑下面这个反对福利的公民观点。福利也许是"我们国内(政策)最大的失败",因为它使我们数百万人成为依附和贫穷的奴隶,等着同胞们为我们开支票。仅在一起购买和消费物品并不能获得我们文明的这些核心价值——友爱、社区、共享的爱国心。它们来自于对个体独立和个人努力的共同意识。

这位公共人物认为解决贫困的方法不是由政府来保障工资收入,而是"有适当工资的值得尊敬的就业,那种可以使一个人对他的社区、他的家庭、他的国家,更重要的是对他自己说'我为建设国家出力了。我参与了它的公共事业'的就业。""政府保障的工资收入"绝不能提供自足感、亦即参与共同体生活的感觉,而这对民主社会的公民来说是非常重要的①。

你们认为这些话是谁说的? 就是罗伯特·肯尼迪在他被暗杀前不久说的。罗伯特·肯尼迪是近几十年来探索如何对待困扰着程序性自由主义的那些不满的所有政治家中注意到了对自由的公民式理解的一位。他在复兴这种可以追溯至杰斐逊和布兰代斯的更为古老的传统,这种传统关切培育有效公民(effective citizenship)的那些社会、经济和政治条件。有趣的是,他吸引了那些蓝领保守主义者,吸引了那些在印第安纳候选人选拔会中投票支持乔治·华莱士(George Wallace)的那些人,吸引了民主党左翼。

然而自 1968 年以来事情是这样的:正是保守主义者超越了程

---

① Robert F. Kennedy, *Press Release*, Los Angeles (May 19, 1968),重印在 Edwin O. Guthman & C. Richard Allen, RFK: Collected Speeches 385–86 (1993)上。

序性自由主义者们所提供的政治话语措辞,正是他们在谈论美德和在校园内的祷告。

还有另外一些先行者。罗伯特·肯尼迪不是唯一的一位提倡共和理想的左翼公共人物。如果各位回顾一下民权运动,马丁·路德·金提倡公民观点、道德观点有时还有宗教观点。他的"伯明翰监狱来信"①中有各种宗教参考文献以及道德和公民观点。那时,有很多人坚持说宗教和政治不应该混淆,它们应该相互分离,把它们混淆起来是危险的。

当时有一位南部牧师批评马丁·路德·金把宗教观点带到政治中来了。这位批评家说牧师的责任是挽救灵魂而不是去参与政治,不是游说民权——是去挽救灵魂。他坚持认为宗教是私人事务。这位批评马丁·路德·金的牧师名字叫杰瑞·法威尔(Jerry Falwell)。他在80年代改变了想法。我认为这次杰瑞·法威尔对了——在他改变主意之后——不是他的政治思想对了,而是他关于在政治话语中道德和宗教是不可或缺的以及民主生活的性格塑造面向是不可或缺的这个看法对了。

所以,在目前的条件下复兴这种古老的公民志向看起来会是什么样的? 它怎样才可能不是保守主义的活动范围呢?

保守主义所忽视的事情之一是市场经济及其对美德和指引公民关注公共善的那些习惯、性情的影响。社会和文化保守主义关注的是好莱坞电影、电视、性、暴力和说唱音乐。我认为他们在批评涌动在流行文化之中的粗俗的、腐蚀性的、猥琐的信息这点上是对的。然而文化保守主义者常常忽视的是自由放任的市场经济对于性格塑造性影响,而按照布兰代斯和杰斐逊的理解,自由放任的市场经济也会破坏稳定的共同体以及破坏型塑公民习惯和性情的

---

① Martin Luther King, Jr., *I Have a Dream: Writings and Speeches That Changed the World* 85 (James M. Washington ed., 1992).

那些道德权威渊源。

在我们的政治中很少谈论逐渐增长的贫富差距,而自20年代以来这却比任何时候都更为明显。我认为难以谈论这种不平等的一个理由在于我们政治议程的狭窄。有时常说的一个论点是过大的不平等对于那些身处底层的人是不公平的——而这个论点在政治上并不非常有效。这是一个可以用程序性自由主义的术语来阐明的论点。那些底层人没有机会像其他人一样去选择他们的生活计划、生活方式、价值观。

但是,公民传统提供了另一种思考贫富差距的方式——不仅仅从发现自己处于底层,因而更不怎么可能去选择他们的目标的那些个体的角度来看,而是从公共生活的角度来看。从亚里士多德到卢梭,共和主义者一直在关注过大的贫富差距,只要过大的贫富差距导致了不同的生活方式的话。因为如果同代公民们变得习惯于居住在不同的地方、在不同的商店购物、搭乘不同的交通工具、不在他们的日常生活中彼此提高的话,最终他们会发现他们无法对共同善进行慎思;他们之间共享的东西太少了以至于不可能把彼此作为承担共同义务的公民来看待。

我们现在所看到的就是公共领域的消退。富人可以不乘坐公共交通设施,不进公共学校,不入公共机构,不去公园,而是缩进到封闭的社区或私人领地中去。在公共领域中,公民政治经济学这个古老的传统可能为批评(至少为谈论)美国经济和政治格局中的发展变化提供了一种资源,而仅仅用程序自由主义的措辞是很难把捉到这种发展变化的。

程序自由主义这种公共哲学,亦即尤其强调选择自由的这种公共哲学,提供了一种解放的、甚至令人振奋的希望:自由如果不是没有政府的强制、不受拘束地选择自己的生活方式、自己的善观念的话,那它还能是什么呢?

但是我们在我们的公共生活中(而这正是哲学的诞生之地)

发现的却是：程序共和国是与失控（a loss of mastery）、亦即一种增长的剥夺感（a growing sense of disempowerment）一起到来的。尽管在近几十年中权利确实是扩大了，但是美国人却发现他们感到失望：他们正在丧失对那些影响他们生活的力量的控制。

这可能与经济全球化的影响有关，但是这同样与我们据以生活的自我想象有关。自由主义式自由选择的自我这一形象（The liberal image of the freely choosing self）与现代社会生活和经济生活的实际组织形态严重不符。就算我们按照好像我们就是自由地进行选择的独立的自我这样来思考和行动，我们面对的仍然是这样的一个世界：它是由拒绝我们理解和掌握的客观权力结构（impersonal structures of power）来统治的。

程序性自由主义这种公共哲学使我们错误地对待我们的境况。尽管我们可能从我们没选的那些身份负担（the burden of identities）中解脱出来，尽管我们有权拥有由程序共和国所保护的那些权利，但是当我们必须自己去面对世界时，我们发现我们有被压垮的感觉。

那么我们今天需要什么样的公民美德呢？它们与共和传统中的那些哲学家们提出的诸种美德有何相似之处，又有何不同呢？自从亚里士多德城邦时代起，共和传统一直坚持自治是一种必须根植于具体地点的活动，是一种必须培养对那个具体地点基于充分了解的忠诚。我们在弗兰克福特为强制向国旗致敬所提供的辩护中也看到了这点。

然而今天自治需要的不是一种在个别地点进行的政治——无论这个地点是国家、城镇、家庭、邻里还是某个跨国的政治共同体。相反，它需要的是一种在多种场景中（从邻里到国家及至这个世界）进行的政治。今天，政治需要那种能忍受多种复杂身份相互冲突的公民；它需要那种能作为多重情境化的自我（multiply situated selves）来思考和行动的公民。

因而这里的问题是我们必须如何把共和理念转变成与我们时代相关的语词:一方面,性格塑造规划仍然是不可或缺的。我们不能不处理更严格的公民观念,亚里士多德、卢梭、杰斐逊和布兰代斯都以不同的方式追求着它。但是我们时代特有的公民美德是在要求我们遵守时而交叠时而冲突的诸种义务中确定我们的走向的能力,以及忍受多重效忠所引发的紧张的能力。

忍受这些紧张是不容易的。我们的政治逐渐地开始回应人们作为多重情景化的自我或多重身份负载者(bearers of complex identities)来生活的要求;我们看到强化"我们"与"他们"之间的区别、极度地坚持主权、支持界限等反复出现的企图。这些都是对作为多重身份负载者来生活这一要求的回应。

所以既然公民美德的内容不得不复杂化以反映我们生活状况的这一特性,我们不可能不复兴公民传统的性格塑造规划而保有自由。影响我们生活的全球媒体和市场召唤我们来到一个超越边界超越归属的世界。但是我们需要的用以掌控——或者至少是与它们相抗争——这些力量的那些公民资源仍然能在把我们置于世界中、培养归属感和共同责任感的那些地点、故事、事件和诸种身份中找到。现在,在经历了并超越程序共和国之后,政治的任务就是去培育这些资源,并恢复民主所依赖的公民生活。

谢谢各位。

问答部分

John Feerick 院长:在你演讲时我在想杰克逊法官 1943 年的判决是否受到他在德国所看到的危险的影响,在那(政府)试图在人们之间培育某些东西,并且他担心如果他不那么判的话这种危险也可能在美国出现?

Sandel:是的,我认为他受到了影响。我认为这是一个重要的影响,尤其是人们想到与纳粹德国相对比的 1943 年国旗致敬案时。所以,鉴于他的经历,我认为那对他产生了重要影响。

但问题是他是否得出了——不仅仅是关于国旗致敬案,而且是关于潜在的基本原理(这些原理超出了实际案件本身)的——正确结论。杰克逊措辞雄辩,不仅仅反对强制性地向国旗致敬,而且赞同一种对自由以及宪法对保障自由所起的作用的特定看法。

完全因其雄辩和影响,杰克逊的观点表达了一种公共哲学,这种公共哲学——无论如何我试图证明——在重要方面出错了,并且放弃了自由的一个面向,而我认为这是一个不可或缺的面向。

John Feerick 院长： 再问一个问题。我发现有点儿模糊或者说自相矛盾,因为在这种哲学①存在的那段时期,妇女没有选举权,黑人没有选举权,我国存在着把很多白人排除在选举之外的非常严格的公民权(a very restricted franchise)。这是否意味着那些从历史角度论证共和观点的人有个不利之处,因为鉴于你所阐明的关于这种哲学的那些观点,我们没有看到这种哲学像人们所期待那样来起作用啊?

Sandel： 是的,我认为确实有不利之处。实际上,不仅对公民权施加的那些限制与共和主义公共哲学并存,并且在很多情况下这些限制是从如下这个共和观点中获得理由的:只有某些人拥有充分慎思公共善的必要美德。这些观点被用来证成很多排斥政策(justify a wide range of exclusion),包括早期国家宪政讨论中的财产权标准、19 世纪的本土主义观点、反对移民和反对使妇女和少数族群拥有选举权的观点。任何共和传统的辩护者都不得不承认你正确地指出的这个不利。

某些南方奴隶制捍卫者也常常提出共和论点。他们批评说北方的薪资劳动者是不自由的。乔治·菲茨休(George Fitzhugh)是

---

① 这种哲学在这里指的是公民共和这种政治哲学——译注。

一个臭名昭著的重要例子。他说北方薪资工人不比南方奴隶更自由，因为二者同样缺乏独立。尽管薪资工人拥有为他们的劳动订约的自由权利，菲茨休说，但他们缺乏真正参与自治所需要的生活条件、思维、判断和地位的独立。尽管他夸赞并浪漫化被施加于南方奴隶身上的家长式权威，但是菲茨休确实对北方薪资工人进行了锋利的批判，并且是一个依据于公民共和理念的批判。

所以问题是：公民共和理念可以从这些黑暗的时代分离出来吗？原则上说我认为是可以分离出来的。我觉得，没必要认为"美德是一劳永逸固定不变地"内在于共和理念的。相反，某些伟大的公共教育先行倡导者就是依据共和理据来论证的，例如贺拉斯·曼（Horace Mann）在19世纪30年代所做的论证。曼支持普通学校（comman school），不仅仅是因为我们有责任像教育富人一样教育穷人，不仅仅是因为公平——最重要的是因为公民式理由：如果在民主社会中每个人都去投票选举的话，每个人最好都获得充分慎思所必需的公民教育。

所以共和传统确实有其黑暗和把某些人排除在选举之外的时期，但是它也激起（因为完全一样的理由）了公共教育和道德提升计划。所以我不认为它内在地就是排斥性的。它确实可能有对人们进行强制的危险；那是在思考公共教育时另一种需要担心的事。公民式教育和强制之间的界线有时可能会是模糊的。共和式公民资格的排外性变得越小，发生强制的危险性就越大。我认为这种风险是内在于共和传统的。

Tracy Higgins 教授： 在你关于宪法解释的讨论中，我对你归因于日益增长的对权利的所谓个人主义理解所带来的代价印象深刻。但是，对我来说，在你所讨论的那些案件中（或许巴内特案除外）①，像桑德尔式的法官也可能写下同意而不是异议。

---

① 参见前注9（即本书页79注①）。

Sandel：即使在巴内特案中也可能同意。我对于强制性地向国旗致敬不感兴趣。鉴于其目的,我不能为这样做是有效的。

Tracy Higgins 教授：所以我想知道我的猜测是不是对的;并且如果真是这样的话,你是否更关心政治话语而不是那一系列案件的结果。我能想到的唯一一个可能的反例是巴克利诉瓦莱奥案①(Buckley v. Valeo),其中一个更为公民共和式的观点可能影响了案件结果。但是正如 Fleming 教授所指出的那样,很多自由主义者批评这个案件②。

Sandel：是的。我首要的关注点是政治话语的理据和措辞(reasons and terms),而不是具体案件的结果。不过我还认为,有些结果也会有所不同——比如说在宗教自由领域。

程序自由主义和中立观的表现之一在宗教类案件中已经以"自由信教条款"(the free exercise clause)为代价而赋予了"禁止设立国教条款"(the non-establishment clause)重要地位。例如,可以举出很多案例,在其中最高法院拒绝支持给予宗教仪式特殊空间的法律。在索顿庄园诉卡尔多有限公司案③(Estate of Thornton v. Caldor, Inc)中,最高法院驳回了一条使安息日遵守者(Sabbath observers)有权安排他们的休息日的法律。依据成文法每个人都有一天休息时间。雇主不能要求任何一名工人每周工作七天,但是安息日遵守者可以使他们的休息日正好和他们的安息日重合。依据第八条第一款,最高法院驳回了这条法律,因为这条法律对于那些有其他的、非宗教理由而要求周六放假的人不是中立的④。在我看来,这是一个反映了(自由)选择和中立性哲学的判决,一

---

① 424 U.S. 1 (1976).

② 参见例如 James E. Fleming, *Constructing the Substantive Constitution*, 72 Tex. L. Rev. 211, 246-47 (1993) (讨论了很多自由主义宪政理论家对 Buckley 的批评).

③ 472 U.S. 703 (1985).

④ 在美国,一般州都规定有周日休息法,但是某些宗教成员因为信守周六安息日,故要求把周六而非周日当作休息日——译注。

个结果错误的判决,因为它硬把宗教观当作可选择的事物来对待。

另一个例子是"犹太空军帽案",戈德曼诉温伯格案①(Gold-man v. Weinberger),在其中最高法院甚至没有要求空军表明放宽禁止士兵戴帽②这条法律(在本案中是一个在卫生所里的)是否会损害其纪律的目标。

所以有很多案件,史密斯案③也是一个,在这些宗教案件中对中立性的关注致使过于强调对国家确立宗教的担忧,甚至是以宗教信仰自由为代价的。有一系列案件的结果也会随着对程序自由主义的批判而有所不同。

在隐私权案件中——比如说在罗伊诉韦德案④中(Roe v. Wade),在最高法庭对生命始于何时这个问题以及胎儿的道德地位问题保持中立的面纱下存在着瑕疵。最高法院认为每个州都不可以把一种关于生命的特定理论纳入到法律中来,并因而否认它是在赞成一种关于生命的特定理论。然而无论如何,最高法院却继续发表一种关于妊娠期以及国家和个人之间的相对利害关系的详尽的(尽管是合理的)政策。

问题是假装在道德上是中立的与它所要捍卫的权利之间是相互矛盾的。那是否意味着最高法院应该做出另外的判决或者它仅仅应该更积极地去阐明并捍卫隐含在隐私权之下的道德判断呢?在这个案件中我倾向于说如此禁欲的一部法规⑤是错误的和不可欲的。它在很大程度上剥夺了判决的合法性。它侵蚀了法院的合法性,因为它没有坦言它所依据的道德(部分是神学的)判断。

所以对程序自由主义的批评或是对案件被论证的方式产生影

---

① 475 U.S. 503 (1986).
② 空军规定士兵在室内不允许佩戴便帽——译注。
③ Employment Div., Dep't of Hum. Resources of Oregon v. Smith, 494 U.S. 872 (1990).
④ 410 U.S. 113 (1973).
⑤ 指刑事堕胎法——译注。

响,或是对(一些案件)结果有影响。

我还可以再举一个例子吗? 在言论自由领域,在对商业言论的保护中也可能有影响。如果联邦贸易委员会想要规制可以在周六儿童卡通剧上播出的加糖早餐食品广告的数目的话,第一修正案不可能被解释为不允许这样做。我认为,在言论自由案件中,把关注焦点从中立性转换到自治,这样会引出很多不同的结果的。

Michael Dorf 教授: 你关于宗教案件向 Higgins 教授所做的回答,对我来说,表明了这样一种特定的趋势:确定出自由主义最程序性的那些面向的惊人方面(egregious aspects of the most proce-dural aspects of liberalism),并把这些就叫做自由主义,而把那些较好的、较宽仁的部分(the kinder gentler points)看做是共和主义。例如,以禁止设立国教条款和自由信教这对情形为例,你会发现在大多数情况下,那些喜欢禁止设立国教条款——也就是说喜欢分离论①——的法官也同样倾向于喜欢信教自由。 史蒂文斯法官是

---

① 美国宪法第一修正案规定:"国会不得制定建立宗教的法律,或者禁止其自由行使……(Congress shall make no law respecting an establishment of religion, or prohibi-ting the free exercise thereof)"。一般宪法判例书中都把这一规定分为两款,前者称为"建立条款"(establishment clause),后者称为"自由行使条款"(free exercise clause)。表面看来,前者禁止政府帮助信仰,后者禁止政府惩罚信仰,目标似乎都是维护个人宗教信仰自由。但在实践中这两款却经常出现矛盾。比如倘若政府对教会财产免税,那么这种豁免是否构成"建立宗教"? 如果不对教会财产免税,"自由行使"是否因而受到影响? 又比如,如果政府推广义务教育,对那些教义中不主张儿童接受过多教育的教派,比如 Amish 派,是否侵犯了他们的自由行使? 而如果政府豁免 Amish 儿童不必接受义务教育,那么这种豁免是否又构成"建立宗教"? 再比如,如果政府在军队中设立随军牧师,反对者会认为这违反建立条款,但是如果政府不设立随军牧师,那些无法得到牧师指导的信仰者又会认为这违反了自由行使条款。

矛盾的产生的原因似乎是以上对"建立宗教"的理解不限于政教合一、宣布国教,不限于国家与教会关系,而包括所有政府因为补助或豁免而对宗教产生的直接、间接的利益。如果"建立宗教"的含义仅限于政教合一,则以上三例都不至于引发矛盾。

一个由文义上产生的不同解读,在汉语中不容易看清楚。第一修正案中讲到不得立法设立宗教的时候,用的是 an establishment of religion,而不是 (转下页)

(接上页注①) the establishment of religion，这就出现了两种理解，一种理解是"政府不得建立任何宗教"；另一种理解是"政府不得只建立一种宗教"，也就是说，政府建立宗教是可以的，但不应局限于一种，对宗教的补助和豁免要一视同仁，不得厚此薄彼。

第一种理解，就是所谓"分离论"(Separatism)。这也是美国联邦最高法院的主导理论，在 Everson v. Board of Education, 330 U.S. 1(1947) 一案中，布莱克法官回顾了制定宗教条款的历史；"这个国家一大部分早期定居者从欧洲来到这里，就是为了逃避那些强迫他们支持和加入政府支持的教会的法律的束缚。与美洲殖民同时的那一个世纪和此前一个世纪，尽是国教决心保持它们的绝对政治和宗教最高权力而发动的动乱、内战和迫害。在不同的时间不同的地点，运用政府支持的权力，天主教徒迫害新教徒，新教徒迫害天主教徒，一些新教派迫害另外一些新教派，受某种信仰影响的天主教徒迫害其他天主教徒，所有这些教派时不时迫害犹太教徒。……这些旧世界的做法被移植到美洲并开始疯长。……这些做法变得如此司空见惯，使得那些热爱自由的殖民者由震惊而感到憎恶。为支付牧师的薪酬、建造和维护教堂和教会财产而征的税又激发了他们的义愤。我们在第一修正案里看到了这些感情的表达。"

布莱克法官着重讨论了 1785-86 年间，围绕弗吉尼亚议会是否要对征税支持州立教会的法律延期所发生的激烈争论。麦迪逊和杰弗逊领导了反对征税的运动。麦迪逊为此写下了著名的《请愿与抗议》一文，申述真正的信仰并不需要法律的支持，而政府建立宗教将不可避免地带来宗教迫害。麦迪逊的抗议获得广泛支持，不但相关税法被取消，还促成了杰弗逊起草的《弗吉尼亚宗教自由法案》的通过。该法案申述，上帝创造了人思想的自由，用惩罚和负担来影响思想，只能造成人伪善和卑俗的习惯，是对上帝的计划的背离，因为上帝并不用对身体或思想的强制来宣传教义——上帝要做到这一点易如反掌——而是用教义对理性的影响来做到这一点。

这里，布莱克法官对建立条款做严格分离的理解，把信仰自由作为思想自由来理解，认为信仰的基础是个人自愿的确信，所以这种理论也称为自愿论(voluntarism)。布莱克法官说，"用杰弗逊的话说，反对立法建立宗教的条款意在'教会和国家之间竖起一道分离的墙'"。

第二种对建立条款的观点被称为"中立论"(Nonpreferentialism)，这种观点认为在政府和宗教之间不存在不可逾越的墙，认为政府可以在不违反平等保护的情况下支持宗教，严格分离的观点认为建立条款要求对宗教和不信宗教不做区分，而中立论认为建立条款只要求对各个教派不做区分。这种理解现在尚未在最高法院获得多数地位。

现任最高法院法官伦奎斯特在 Wallace v. Jaffree, 472 U.S.38(1985) 一案判决中的异议意见是中立论的代表意见。伦奎斯特认为 Everson 案的法庭意见，错误地把麦迪逊、杰弗逊在制定《弗吉尼亚宗教自由法案》的意见当作麦迪逊在起草《权利法案》时的意见。"就杰弗逊 1789 年在众议院时的作为所反映的思想，无可争辩的是，他认为该修正案是用来禁止建立一个全国性宗教，很有可　　(转下页)

我能想到的唯一一个例外。所以实际上是存在交叉的。

　　在你对布兰代斯法官的描述中，我认为这尤为正确。我想到了布兰代斯法官的两个最有名的意见。一个是在惠特妮诉加州案（Whitney v. California）的同意意见①，在其中，他说宪法制定者既把自由——高贵的自由——当成是手段也当成是目的，布兰代斯法官在那个案件中是把二者放在一起的，因此它是自由主义式自由（liberal）和共和传统。但是当他在奥姆斯特德诉美国案（Olmstead v. United States）的反对意见中②开始谈论对政府的恐惧时，他告诉我们什么了？他告诉我们说政府是强有力的万能的教师。所以，他确实关注道德、关注公民资格，但是他同样担心如果政府具有某些权力的话，它就会给我们乱上课。在我看来，那也正是杰克逊法官在巴内特案中所意指的东西；他说政府当然必须反复灌输价值，但是它只能以特定的方式来这样做。所以对自由主义更为同情的观点不是说它想从公共领域中排除道德观，而是它想以特定的方式来引导它们，并且因为出于对政府权力的恐惧（自由主义对政府权力的恐惧在一些方面和进步主义者们对私人权力的恐惧从结构上来说是有些相似的），自由主义说这些道德观仅能以特定的方式产生影响。也许未来的工作就是沿着这些方向来综合这两种传统。

　　Sandel：任何这样的努力都不得不对确确实实把这两种传统

（接上页注①）能是为了防止歧视各教派。他并不认为该修正案要求政府对信宗教和不信宗教一视同仁。"也就是说，政府对宗教信仰的各种支持并不违反建立条款。政府的中立应该存在于各宗教之间，而不应该存在于宗教与不信宗教之间，因为宗教条款的存在本身就意味着信仰比无信仰更应受到政府的保护。——以上这段材料是译者为了便于读者理解这段问答部分而从赵晓力：《美国宪法中的宗教与上帝》一文中摘录的相关段落，参见赵晓力：《美国宪法中的宗教与上帝》载于 http://www.xschina.org/show.php? id = 5898, 2008 年 10 月 20 日 20：46 访问——译者注。

①　274 U.S. 357, 375（1927）（Brandeis, J., concurring）.
②　277 U.S. 438, 472-79（1928）（Brandeis, J., dissenting）.

区分开的原则问题做出判断。它将不得不面对这个问题:试图去型构公民的道德品格和公民品格这种努力可以得到许可吗?

一些自由主义者回答说"可以",只要其遵守某些限制。一些自由主义者允许政府去培养某些性格品质,某些美德,但仅限于像宽容、相互尊重、尊重其他人的权利等这些自由主义式美德,这些美德会支持作为宪法规划和政治实践的程序共和国。

但是,自由主义者说,像尊重和宽容这些有限的美德不会有强制人们的危险,他们可能会说这是因为,实际上很少有哪些生活计划需要任何与这些美德相冲突的其他东西;并且即使一些宗教狂或原教旨主义者很关注其他人的生活,我们无论如何也不应该相信,所以我们不必担心。

但是问题是自由主义式的非常有限的灵魂训练[soul-craft]是否是充足的或者是不可或缺的。这是一个原则问题,并且我认为自由主义传统的支持者和共和传统的支持者们在这个问题上意见不会相同。

Eugene Harper:在您的书中,你从亚里士多德写起,并且多次地引述他。对于某些(比如说像我自己)在这接受教育的人,至少是在前会哲学系(pre-Council philosophy departments)来说,在你的书中不像引述亚里士多德一样来引述阿奎那看起来是(用一个词来说)反常的。我注意到在你后来论审判宽容的文章(载于Robert George 文集)中你给了阿奎那一些空间①。我想知道你是否进入到阿奎那理论中并更多地关注可见的至善论自然法传统,这很像麦金泰尔②,或者是不是它仅仅是从你的视野中消失了;并且,如果你已经拒绝了它,那你是不是因为担心强制等等?

Sandel:按照我的理解,这个较大的问题是:自然法传统和我

---

① Michael J. Sandel, *Judgmental Toleration, in Natural Law, Liberalism, and Morality* (Robert P. George ed., 1996).

② Alasdair MacIntyre, *After Virtue* (1981).

所强调的共和传统之间是什么关系？

确实，自然法传统依据一些与我以（可追溯至亚里士多德）共和传统的名义所提出相似理据来反对自由主义传统，但是也依据一些我没有强调的理据——如你所说的至善论理据。我认为存在着一些可以用来反对自由主义政治哲学的至善论论点，并且我在一定程度上同意这些论点。但在我看来，为了去理解民主生活，以及理解宪法与民主生活之间的关系这些目的，与盛行的自由主义公共哲学更为有力的对比是可以在共和传统中被发现。

我认为（与自然法传统相比）共和传统更适合于应对多元社会，更适合于应对异见，尽管也有相反的担忧。关于共和主义，人们常常说它需要共享的价值，实际上它并不需要。这个传统充满着关于什么算是美德、应该培养什么样的公民、性格塑造计划的目标是什么的争论，就像自由主义传统充满着关于尊重每个人自由地选择自己的价值观意味着什么的争论一样。

我想我们需要恢复的正是开放出关于美德、关于自治的条件、关于民主生活需要什么样的性格品质的争论，以及对这些问题的不同回答，而不是去恢复某个特定的答案。这就是为什么我认为共和传统比自然法传统更适合做盛行的公共哲学的对手之原因，尽管我知道这会是一个长期争论的开端。

Fleming 教授：谢谢你，Sandel 教授。

Sandel 教授：谢谢。

以斗争为业：卡尔·施米特与政治的可能性*

[美]威廉·拉什** 著

董政 译 曹勉之 校***

我们是否可以通过制造敌人来定义自己？卡尔·施米特就认为如此，而对此持异见者又将他视作敌人，因此，他或许是正确的。也许，依凭一种精确的时空感划分敌友的能力是我们政治存在的一个标志，因而我们能够说：斗争即是我们的志业（vocation）。尽管如此，这里仍旧存在一个需要警惕的地方。决定政治的敌对（antagonism）并非是在自然状态里一切人反对一切人的战争的敌对。德里达（Derrida）也许会说，那种战争与自然状态系于话语本身，是"言说的浮现与显露"。他还会说，除非以一种更为强劲和猛烈的暴力，一种总体性暴力（total violence）来消除构成我们存在条件的原初暴力，否则就不会存在"弥赛亚式的凯旋"（messianic triumph）（1987：116-17，129-30，141）。但是，康德的玩笑（一如既然地）言犹在耳，除非和平意味着墓园的死寂，否则以战止战就决不能带来永久的和平。① 那么，哪种斗争是政治的斗争呢？战

---

　* 本文译自 William Rasch，"Conflict as Vocation：Carl Schmitt and the Possibility of Politics"，*Theory, Culture & Society* 2000，Vol.17(6)：1-32。

　** 威廉·拉什（William Rasch）：印第安纳大学德国研究中心助理教授。

*** 董政：吉林大学理论法学研究中心博士研究生；曹勉之：上海交通大学凯原法学院博士研究生。

① 这个笑话其实是一个"荷兰旅店老板"的玩笑。参见 Kant (1970：93)。

争确实是一种斗争，但它并非自然战争（war of nature），亦非像自然战争那样的暴力压制。恰恰相反，政治是对战争的精妙改进；它是战争的战争，一种与自然暴力相匹配的，但又引导并赋予自然暴力以特殊形式的力量。这种形式保存了差异，但又绝非冷漠对之。承载着差异的自治统一体渐渐分疏，斗争随之赋形。由于政治以一种自主与分化的逻辑而运作——或者，如果你愿意，也可说是以一种同质与异质的辩证方式运作——所以，它保留了启动与暂停斗争的能力，保留了在斗争与和平之间认知与决定差异的能力。归根结底，政治的敌对是离散和脆弱的，这一结构通过对斗争的正当化而限制斗争。根据施米特，正是这种界限分明的审慎构成了文明的峰顶。

　　如果政治斗争乃是一种驯服化了的斗争而且也不同于一切人反对一切人的战争，那么我们不禁要问：这样的斗争如何可能？我们可以通过提出第二个问题而暂且搁置对此的回答，即差异何以可能？就如芝诺悖论（Zeno's paradox）所表明的那样，差异是无限的，亦是无形的。我们总能做出更进一步的区分，对差异的认识因而具有矛盾性，因为，差异即是我们所拥有的一切。如果要使差异的结构得以可视化，那么差异一定会被悬置并整合进统一体中。斗争因差异结构而成为可能，只有当统一体分疏开来，亦即差异被整合在分化之中时，这样的结构才得以生成。因此，政治的特征就由各个彼此敌对的统一体的特殊政制（constitution）所决定，它使得政治在其肇始之际便获具了政治性，成为关涉何以构成政治正当的统一体的斗争。我们现在能够以一种更为矛盾的方式来描述我们最初的问题：如果政治是一种斗争，为使政治（斗争）成为可能，那么在哪个层面上需要悬置政治（斗争）？由于我们业已排除了前政治的混沌无序的自然状态以及后政治的普遍沉寂的世界国家，那么历史上留给我们的就只有两种可行的选项：要么选择古典的却仍然是令人魂思梦绕的主权民族国家（sovereign nation-state），要么选择一种高度现代和自由的自治团体、社会团体或社会系统。正是后者，这种基于功能分化的社会系统的多元主义似乎业已取胜。为了对抗这种多元主义，施米特发动了他的政治战争——当然，他并非反对多元主义，在他看来，社团的多元主义只不过是多元主义的赝品。提纲挈领地说，施米特看到，在20世纪初，英美式的这种自由多元主义（liberal pluralism）其实暗藏着普世的一元论，这是一种极其危险的、以"人类"为名义的意识形态，它使得持异议的团体与个人遭受到非人道的际遇而且无力抗争。施米特的解决之道便是复兴国家主权的一元论以保障一种更为深厚广博的多元主义，一种含纳诸个自治统一体的国家间多元主义（an international pluralism），这些统一体拒绝臣服在一个特殊实体（比如说，美国）的法律或经济霸权之下，而这类特殊实体已然将自己权威化为一种承载全能与普世的道德律令的特权载体。然而，作为差异的载体，国家主权确保了更丰富的多元主义的空间，在那里，政治才得以存在。

于是，在这篇论文中，我们将要首先探究施米特的主权观念，因为对他而言，是国家主权而非社会系统的自治性构成了政治正当性的基础。其次我们将要考察施米特对自由多元主义的批判，因为在他看来，这种多元主义样态不仅威胁到国家的主权，而且同样危及一种行之有效的政治的概念。最后，就如施米特所意识到的那样，由于这种自治社会系统的多元主义在很大程度上取代了国家行动的主权观念，所以我们将不得不追问，如果我们讨论的政治统一体是社团而非国家的话，那么这种被施米特定义为"政治"的斗争结构还是否可能存在。

主权与充足理由律（Sovereignty and Sufficient Reason）

施米特所有魏玛时期的著名论述都反对自由主义的一个主

旨，即自由主义过分刻意地力图瓦解主权国家的权威，这将使国家无法在国际舞台上扮演一个自主的"道德实体"的角色。比如，他之所以在《政治神学》(*Political Theology*)(Schmitt, 1985b)中与汉斯·凯尔森(Hans Kelsen)展开激烈论战，就是因为后者试图否定主权并代之以"法治"。但是施米特反驳说，合法律性(legality)既是孱弱的(impotent)，它没有能力保护自己免于敌人的侵害，正如希特勒的法律改革随后就被证明的，又是欺骗性的，它只能以规则、规范这块遮羞布掩盖其对强力的暴虐施用。同样，施米特对议会民主的当代境况之分析也旨在揭示这种作为一种认知与政治过程的讨论形式的空泛性。在追求真理的过程中，实际上是利益(主要是经济利益)的冲突被理论化为一种开放和自由("非强制")的思想交流过程(Schmitt, 1985a：1-18, 48-50)。然而，或许最能说明问题的是，施米特批判基尔克(Gierke)在19世纪对社团的分析，因为这种分析在科尔(G.D.H.Cole)与拉斯基(Harold Lask)的多元主义理论中得到了修正更新(Schmitt, 1976：40-5, 1988a：152-3)。忠诚冲突的问题在此处彰显出来。如果个人与国家的关系被设定为一种臣服与护佑的关系——就像施米特追随霍布斯的脚步所认为的那样——那么，多元主义者则使合法性(legitimacy)与国家主权之间的关系相对化，并建议我们将忠诚从国家转向到社会团体那里，把我们危险地暴露出来。施米特坚持认为，社团不能保护我们，只有国家才具备这种能力。对绝大多数(如果不是全部的话)的自由主义者而言，他们在传统上都将国家视作头号公敌，这种思考进路显露出强烈的反直觉性。根据自由主义的信念，不是在国家之中，而是在多元主义者对国家权力的相对化之中，政治自由找到了其归宿。然而，在施米特看来，这种国家权力的相对化并不会产生政治自由，反而会导致市民社会的总体宰制(total domination)并由此以道德、法律和经济之名祛除政治。

在施米特 20 世纪二三十年代的论著中,他延循了现代国家相
对传统的历史轨迹,即从它诞生的绝对主义时期一直到 18、19 世
纪自由主义的产生。19 世纪的国家以一种"二元论"为标志,即一
种在国家和迅速"自我组织"起来的市民社会之间的张力。到了
20 世纪,我们目睹了市民社会总体性胜利的轮廓,国家(作为一种
自我描述的政治系统)不再站在社会的对立面,而仅仅成为了众
多社团的一员。施米特的国家理论所关注的是一种现代化进程。
在多元主义者的国家学中,他写道,"国家将自身简单地转化为一
个与其他社团相竞争的团体;它成了处于其他(国内或国外的)社
团之间的一个社团(比如宗教社团、艺术社团、经济社团等)"
(1976:44)。由此,自主性的国家被自治的社会系统所取代,前者
统一了社会的差异,而后者则保障社会的分化而非统一。就像许
多对现代化进程的批评者一样,施米特也为政治的逝去而悲恸叹
惋。如果政治统一体仅仅是众多社团中的一个的话,那么政治就
沦为了官僚的技术(technology of administration)。那种被施米特
所厌憎的将社会从国家那里彻底地解放出来的观点只是效用精神
(the ethos of efficiency)(利奥塔语)(Lyotard)——倡导建立一个
管理型社会(the administered society)(阿多诺语)(Adorno)——这
一主题的一个变体罢了。于是,不仅多元主义的政党政治被用来
掩盖主导性经济利益的运行机制,而且政治决断也简单地以经济
术语被开放与公开地正当化。这样,现代国家就有可能成为(如
果不是已经成为的话)一个完全的"经济型国家"(*Wirtschaftsstaat*)
(Schmitt, 1988a:173-5)。

为了拯救政治,施米特回溯到更加古老的、一种霍布斯式的国
家观,在那里,国家保全了一种使政治成为可能的结构。"国家的
实现",他在 1930 年写道,由它的"决定具体境况(在其中道德与
法律规范是有效的)"的能力构成。(就像里凯克特[Rickert]希望
我们相信的那样),规范既非神启(divinely revealed),亦非理性的

再造(rationally reconstructed)，它们必须由其所处之境况而被决定。"任何一个规范都预设了一种常规(normal)的情况"，施米特写道，他特意通过这种双关语来强调其所指涉的传统主义观点(1988a：155)。① 因此，通过对普遍规范的逻辑演绎，既不能产生国家亦不能使国家合法化；反而，规范是以国家的合法性为前提的。于是，可以说，对一个具体规范的阐释不是规则演绎的结果，而是表述行为的效应。比如"我们，人民"(We, the people)的这种宣示并非旨在描述，而是以特殊的话语建构了"我们"和"人民"。它们也许预设了这样的一个实体-"人民"-并且也假设该表述充分代表了那一适格实体，一个代表"我们"的合法的宣告者(a legitimate enunciator)，然而这种假设实际上只有当宣告被清晰地表达出来之时才能实现。这一进程所需的就是一种(逻辑的或现实上的)"主权"空间，在这一空间中这样宣示性的语言能够得到聆听。而正是这种境况、条件、"状态"建构了这一使政治成为可能的空间。"没有规范能在虚空中生效"(*Keine Norm gilt Leeren*)(1988a：155)。

施米特则用"主权"来命名这种条件和空间。他著名的定义："主权者就是决定例外状态的人"(1985b：5)。然而，在我们开始探究它可能的涵义之前，我们需要考察被施米特所拒绝的那种对主权的描述。这种经典的并且总被反复吟诵的主权定义可追溯到博丹(Jean Bodin)，而这一主权定义更加理性和富于逻辑："主权是至高无上的、法律上独立的、不可剥夺之权力"(1985b：17)。然而，施米特却发现这样的定义毫无用处，不够现实。"它利用"，他说道：

　　……至高的，"最高的权力"来描述一种确量(true quanti-

----

① 这里所有对德文原版的英文翻译都是本人自己译出的，除非有特别标明。

ty）的特征，即使是基于现实的立场，这种权力也是受因果律
（law of causality）支配的，没有任何单独的因素能够被挑选出
来并且与这样的至高权力相符。在政治现实中，不存在根据
恒定的自然法而运作的不可抵抗的和至高无上的权力。
（1985b：17）

  施米特对传统主权定义的摒弃并非随意为之，亦不仅仅是策
略考量。简言之，它其实复述了一种对西方理性主义的经久不衰
之批判，施米特借此以削弱自由主义"法治"的自我理解。这种批
判的中心就是察知因果律的矛盾性。因果律表明有果必有因，有
Y 必有 X——这种用原因来解释原因的链条必致无穷循环。在这
永恒的因果链中不存在一个始因（originary cause）。如果我们把
这种因果律想象成一种无穷级数（an infinite series）的话，在那里，
每一个引起特定后果的原因其本身又是前一个原因所引起的后
果，那么，就不存在任何能够作为解释基准（explanatory ground）的
终极、充分的理由、基点或始源，它无法为那些自身没有原因的事
物给出原因。莱布尼茨（Leibniz）很清楚地观察到这点并因此提
出一种元层面上的解决方案（meta-level solution）。"我们无法在
任何个别的事物之中，甚至无法在集合的和系统的事物之整体中
找到解释它们为何存在的充足理由"，他写道，因为不管"我们向
后追溯多远的先期状态，我们也将永无可能在这些状态中找到一
个完全的解释（理由）以阐明为何这就是世界的全部，为何世界照
此运作"（Leibniz, 1989：149）。因此，莱布尼茨必然会得出这样
的结论：

  故此，解释世界的原因隐藏在超现世（extramundane）的
  事物之中，它们不同于状态链，不同于事物的序列，也不同于
  那些构成世界的事物的总和。我们由此必须要从那种有形的

或假想的必然性（即从前者出发决定后者）转移到绝对的或形而上的必然性，即一种无法给它以理由的事物。（1989：150）

　　莱布尼茨当然将这种"无法给它以理由的事物"称作上帝，从而，他认为上帝创建了他自己的必然性，也由此创建了他自身的存在。然而，就如当18世纪对理性的批判很快指出的那样，莱布尼茨实际上创建的并非是由上帝（他作为自己的充足理由）所创造的理性世界，他所建立的只是一个本身就是非理性的理由，因为就像其他在原初中找寻根基的信仰体系一样，它也要求信念的一跃（a leap of faith）。莱布尼茨必须要假定在永恒因果律之上存在一个位阶，它为低位阶的因果链提供充足理由；这个初因（meta-level reason）——上帝——必须是无需任何理由即可保全自身，亦无需任何解释即可理性自存，因为，如果还给这种为永恒因果律提供解释的初因再假定一个更高位阶的理由的话，那么就无非是对那种无限循环的重复，而人们一直想方设法终止它。如果上帝不能代表一个专断的休止符（an arbitrary stopping point），那么人们希望避免的那种水平面上的因果无限循环将会被垂直面上的诸多初因的无限循环所替代——这些初因就如印度神话讲的那样，是一些叠加在另一些海龟背上的海龟。但是，把上帝假定为无须理由的因果律起点其实也就假定了一个非理性的理由。因此，莱布尼茨所提供的逻辑模式就转变成了另一种模式，它促使像雅可比（Jacobi）和克尔凯郭尔（Kierkegaard）等捍卫宗教非理性之优越性的人们以之证明理性的局限，并由此去证明理性对理解世界的真实意义的无能为力，因为在他们看来，这种意义只能通过非理性的坚定信仰才能在主观上被感知、在现实中被践行。

　　马克斯·韦伯（Max Weber）将这种理性的自我正当化危机译介到现代性的视阈之中。他承认一个事实，即科学的合理性无法被科学或理性地证成,这也就是为何意义优先于理性的功利计算;但是韦伯也并未颂扬这种非理性,因为他发现这种非理性(irrationality)正刺激着自己的同代人,尤其在一战以及战后的变革语境之中。如果理性不再作为神之替身而主宰四方的话,那么这一神圣宝座就应该空置着。他接受了康德施加于理论理性(theoretical reason)的限制,这一限制使得为"一个人应该如何生活"的这种实践性问题提供终局和强制的答案变得不再可能。因此,就如康德一样,韦伯既要面对既成的事实,即理性的局限性;又要面对新的挑战,即尽管理性有其局限,但它仍旧需要肯定。虽然当面对目的论的决断时,理性是无力的,但是其又被作为一种精神、一种能够保全人类尊严与交往的手段而被颂扬。韦伯是通过一种科学史(包括自然科学与人文科学)的考察而得出这样的结论,这一历史呈现为诸多证成模式(justifications)渐进的更替过程,并且直至现实中不存在任何证成模式为止。尽管柏拉图一度以逻辑与哲学的方式将理性呈现为对真理的探寻,从而决定一个人应该如何行事(它其实就是将自身视作理论与实践的统一体、真理与善的统一体);尽管早期的现代科学曾经将理性呈现为通过实验对自然真理的可行探知;尽管神学曾经将理性呈现为(就如我们所见)对一切存在物的超验(上帝)之真理的探索;而如今,科学所能做的就是将理性呈现为一种手段与目的的区分(Weber, 1946: 140-3, 150-2)。当面对有关目的的问题时,比如当面对有关良善生活的形式和安排的问题时,我们不得不承认理性的孱弱,于是现代理性被限定为只能为人们提供利用最好、最适合和最有效的手段达致目标的建议,而这些目标本身又是无法理性证成的。然而即使这种科学宣称能够达致最优效率的捷径(facility),也无法被科学地建立起来,因为比之医学能够证成其延长寿命的愿景,美学能够证成其创造美的渴望,法学能够证成其创建合法律性的热望,理性因此不再能够为其自身的合理性提供更加充足的理性论证。(wber,

1946：143-6）。于是，我们正面临一幅巨大而又"平坦"的图景，即一种无情趋张着的、以技术的有效性为圭臬的场域（efficient spheres），而这一场域无法为其自身的存在阐明出一个终极的理由，也因此无法为我们提供任何的"意义"。价值场域、系统不能通过藉以识别自身的外在参照标准以合理地证成，这一区分标准的自我应用必然导致矛盾和混淆。故此，韦伯对现代性的分析是一个有关扩及社会方方面面的理性自我证成的经典命题，即理性是无法合理地为其理性活动提供基础的。由此，既不是理性或启示，亦不是其他任何与某个特殊价值域相关的交往形式能够代表社会整体发声。真理与善的美妙结合已不再延续了，因为就像韦伯所说的——他援引了波德莱尔（Baudelaire）和尼采（Nietzsche）的权威——我们都知道"有些神圣之事物，不仅可以不顾、而且其神圣性反而在于其不美"，"有些美之事物，不仅可以不管、而且其美恰恰在于其十分之不善"，最后"有些事物也许是正确的，即使它不美、非善，亦不神圣"（1946：147-8）。随着各个领域、系统分化，价值也渐次分疏并深入其中，最终导致了一种诸神之战的"多神论"（a polytheism of warring gods），在那里没有哪个神祇独力完胜，因为所有的神祇都得向彼此施以同等强度的（同样合法的）力量。"只要生活依旧保持着它固有的特质并且以它自身的方式被阐释的话"，韦伯断言：

> ……那么它就是一场诸神交缠、永不止息的争斗……那些对终极生活的可能态度彼此都不可调和，所以它们之间的争斗亦永无终结之日。因而，就有必要对此作出一个决断。（1946：152）

在施米特拒绝主权的经典定义的论证中，他认定布莱尼茨的充足理由是无效的,因而就以韦伯式的现代性图景为前提。① 尽管施米特是一名闻名遐迩的天主教徒,但是他并非倡导要回归一种古典的、中世纪的或者早期现代的自然法观念。换言之,施米特一点都不"列奥·施特劳斯"。② 他并没有通过假定一种理性与自然之间或真与善之间的古典接合而试图将哲学从现代理性的数字戕害(mathematical ravages)中解救出来;恰恰相反,在实证主义的时代里,他接受自然法的衰亡并深思其合法性的局限。施米特思考的始点基于韦伯的考察,即"自然法理论为法律体系提供根本性基础的能力业已全部丧失殆尽",这一事实"摧毁了自然法凭借其固有的品质为法律提供形而上之尊严的所有可能性"(Weber,1978:874-5)。因此,一切规范都不可避免地被相对化了。没有了一种如上帝一般,在自然法的元层面为实证法提供无需理由的基础(groundless ground)的自足理由律,法律体系内部所有的规范无一例外来源于自身先前的规范,由此就产生了一个噩梦,即对终极规范的永无终结之寻绎。施米特因而总结说,"法治"仅仅是一个任意飘荡(free-floating)的幻想,"因为没有一个规则……能够自我阐释与管理,能够自行保护与导引;没有一种规范的有效性是自我明证的;而且并不存在……规范的层级,存在的只是一个具体的人与事件的层级"(1993a:53)。

　　这种对规范层级的拒绝以及对一种具体层级的强调又使我们返回到施米特钟意的主权定义中去,即"主权者就是决定例外

---

① 把施米特与韦伯相联系的最彻底的分析当然来自 Ulmen(1991)。同样参见 McCormick(1998)。

② 然而,由于施特劳斯对经典文本中的"显白"与"隐微"写作的著名区分,完全存在列奥·施特劳斯自己也不是列奥·施特劳斯的可能。将施米特与施特劳斯捉对(政治神学/政治哲学;耶路撒冷/雅典)虽然颇具挑战性,但未免太过牵强。参见 Meier(1995)。对施米特逐渐疏远天主教中央党以及 Hochland 杂志的天主教知识同僚(包括一些他的最热诚的追随者,如 Waldemar Gurian)的论述,参见 Bendersky(1983:178-9, 185-6, 224-6, 229)。

状态"的人。三个概念——主权、决断以及例外状态——在这里凝塑成为一个在施米特看来能够对社会事实的特殊境况做出裁决的集群(constellation)，而自由主义的"法治"则以自我神秘化而无视这一特殊境况。主权由此被认为是一个自主性的实体、一位代理者或者至少是一个能够拥有权威做出决断的机构。那样的代理人可以是一位君主、一位独裁者、一个统治体或其他任何多种多样的能够做出决断的机制。然而，至关重要的是，只有当处于极端的紧急时刻或例外状态时，主权者才享有权力，并拥有做出决断的权威。施米特写道，"正是例外状态才使得主权的主题具有了重要性"(1985b：6)。例外状态的特征是其无法被归类以及(有人会说)在此之中无法做出确定性的裁判。"例外状态是一种无法被归入(subsumption)的情形；它否定了一般性的分类，但是它同时又揭橥了一种特殊的裁判因子——一种绝对纯粹境况中的决断"(1985b：13)。当做出选择的一般标准已经不堪使用，而选择又不容回避迫在眉睫时，例外状态即呈现自身。在"法治"看来，倘若得到了关注，例外状态也只能被视作一种"混乱"现象(disturbance)从而必定会被再次无视。"当这种根本性难题被断然无视，以及当每一样与规范体系相矛盾的事物都(基于一些正式的理由)被看作非纯粹性的事物而被排除掉时，这一体系的统一性与纯粹性便可轻而易举地获致了"(1985b：21)。

因此，具体事件或例外状态的现实——不管它可能会是什么——是规范有效性的对立面，"法治"也因为其稚幼的逻辑基础而受到批判。施米特的分析涉及一些政治哲学家比如汉斯·凯尔森(Hans Kelsen)，后者指出自由主义的理论将法律秩序定义为一种"将规范效力不断归属于上一层级规范以致最终溯及至基本规范的体系"，并且将法律秩序等同为国家。由此，这一自由主义国家(*Gesetzgebungsstaat*)便成为了"上溯的终点"(1985b：19)，而这并非因为它是独立于法律秩序的自治体或者处于法律秩序之上，而是因为它恰好等同于法律秩序。然而，就如我们所知道的那样，如果国家不是处于法律体系的外部而作为其"创制者"或"渊源"的话（1985b：19），那么在逻辑上国家就无法宣称它是最高级的（最终的）归属或终极规范，因为在一种无限归属链（它定义了"法治的"固有特质）之中，像国家那样的外部基点并不存在。因此，将国家本身等同为法律之治也就是将其等同为一种"体系"，这种"体系"无法解释例外状态，并且也由此使得国家自身极易受到例外状态所爆发出的威力之侵害。国家实际上消失了，而且主权——或者不管别人愿意用的以取代这一令人不快的其他说辞——也仅仅是寓居于一种经常被等同于一部宪法的"规范体系的统一体"之内。故此，"法治"不仅取消了主权概念，而且是企图在完全无需国家概念的条件下取消主权概念。①

但是，施米特认为，把合法律性提升至主权的层面就无法承认"事实性权力"（actual power）与"法律上的至高权力"（legally highest power）之间存在着决定性、经验上的区别（1985b：18）。而正是基于这种区别，施米特引入了他的主权概念的分歧观（bifurcation），这种分歧是政治的而非仅仅倚重逻辑。当主权被认为是"至高的法律权力"时，那么主权问题就被定义为一个裁判问题。而"法治"，就像其曾经所假定的那样，通过确认所有裁判（法律上）的确定性（determinate）而无视了这一（主权）问题，也即，因为基于逻辑的裁判完全能够"造就自身"，所以（主权者的）决断就显得多余了。在施米特1918年之前（危机前的时期）对法律实证主义的批判中，他业已表明，在法律体系内，法律决断的合法性是我们所谓的（依靠康德的学说）"反思性"（reflective）而非确定性的

————————

① "凯尔森是通过忽视主权而解决主权概念的问题……那实际上就是古典自由主义理论对国家与法律对峙的忽视并且也是对法律实现（realization of law）这一独立问题的漠视"（Schmitt，1985b：21）。

判断之结果。"一种司法[*richterliche*]判决",他在《法律判决》(*Gesetz und Urteil*)写道,"在今日只有当另一个法官也以相同方式能够做出它时才是正确[richtig]的"(1912：71)。在这段陈述中存在着一种普遍性的特质,它既非逻辑性亦非经验性而是"审美性"(aesthetic)的,它呼应了康德的观点,即对品味的判断是一种主观判断,它从不可能依据一些规则就能得以证明,但是却能够"要求"(*sinnet an*)达成一种"一致性"(*Beistimmung*)(Kant 1974：B64, paragraph 19)。正是这种通行于全系统的施为性(performative)特质成就了其合法性。主权问题此时就与超越于(审美)体系的反思性判断之阙域相关涉——在此之中反思性判断首次寻绎到了它自身的理论阐述——的一般化与趋张化。政治判断——一种决断——就产生于"知识"无能为力的时刻之中。① 然而,如果作为"至高的法律权力"的主权将自身视作是实践反思性判断之所需的话,那么作为"事实性权力"的主权将会关心维存问题并且它必定会被定义为自相矛盾的法律自我维存体,因为这一自我维存体是通过外部性法律手段而非通过对律法的法律性中止(the legal suspension of the law)而实现的。确实如此,施米特在魏玛时期对"法治"的批判就集中于这一理论在保护魏玛共和国以免遭篡夺方面的孱弱与无能。"法治"因其自身逻辑的非充足性不仅会崩塌,而且它还使自己处于对某一情况——通过那种明确地致力于摧毁现存法律秩序的强制力来对国家进行法律上的接管——采取放开态度的危险境遇之中。就像经常被提及的那样(比如Bendersky, 1983),施米特在他的 20 世纪 20 年代晚期和 30 年代早期的著述中被一种情况深深地困扰着,即这种对国家的法律接管以及由此产生的一些政党(比如德国共产党 KPD 和纳粹党 NS-

① 当然,我们正进入汉娜·阿伦特在其生命的晚期所探寻过的领域。尤其参见阿伦特这一著作中的第二章。(1982：10-16)

DAP）对魏玛共和国的法律否定（它们直接提倡废止法律）。若没有一种对合法律性（legality）与合法性（legitimacy）的明确甄别——也就是说，没有对一种法律秩序与一个主权实体（当必要时，这种主权实体为了保存法律秩序而被授予中止这一秩序的权力）的区分——那么法制国家（legal state）就会永远处于被颠覆的威胁之中（1993a：29）。就此而言，主权于是通过（暂时性地）中止规范性的政治活动而使政治决断承担起拯救政治的重担。有人会说，主权是作为一种"附属物"（supplement）而出现的，它将自身依附于法律体系之中，它仿佛来自法律体系的外部但却作为一个公共秩序的捍卫者而毕其功用。施米特把这一附属物称之为国家（the state），他强调，现代的中立性国家对其自身连续的维存是无法保持中立的（1993a：28）。因此，主权问题——自由主义"法治"曾一度认为此问题已经且完全解决——永远是一个历久弥新的问题。

多元主义的结构（The Structure of Pluralism）

不难发现，颇具争议地将主权拔高至"法治"之上鲜活地复现了一种历史性对峙，那对"欢喜冤家"（happy pair），霍布斯与洛克，或许正是对此的最好描述。在自由主义的传统中，"法治"在对抗一位不受约束的主权者的独断以及他潜在的心血来潮的专横的过程中，唤起了理性与可计算性。主权的合法性由此被一种合法律性所替代，这种合法律性声称能够为主权提供内在与非强制的合法性。可预测性和普遍可及的理性——用足以凸显现代特质的词语来说，就是一种基于"非强制共识"（uncoerced consensus）的规范有效性——逐渐地占据了（就如它所宣称的那样）这一合法性领地，不然的话，此领地将会被犬儒的、实用的功利主义或是黑暗的、不可揣度的恣意僭政所侵占。① "法治"带来了一种非争议性的、规则导向的(rule-based)、有规范力度的安全所能带来的一切慰藉，仿佛通过简单地逻辑推演、消除(尤其是)决断的必要性，合法律性就能自我推行似的。施米特对此显然不会苟同，在他各类著述中其都试图呈现(他所认为的)自由主义立场的双重谬误。如我们所知，用施米特的话来说，合法律性或"法治"都是虚弱无能的；因为它既不能使自身正当化，亦不能在危机中有效地捍卫自己以抗争坚决(determined)的敌人。法律诚然与强制(force)相对立，否则它便不复存在。然而，这种自我描述具有欺骗性，因为如果就其真实情况来判断的话，这种声言着普遍规范的自我确证之有效性的自由主义制度却往往力图去推行一种普遍的、但确实远不是非强制的"共识"。在危急时刻，"法治"难免以这样的方式呈现自身：法律的力量或许不是处处都如专断的暴君一般严酷和"非理性"，但无论如何，它都是有强制力并且不容违抗的——确实，必须如此！② 因此，施米特认为，这种区分——一方面是对"决断"与"强制"、"主权"的区分，另一方面是对"决断"与"法治"的区分——基于一种轻率和幼稚的幻想。③ 使施米特焦虑不安的并不是"法治"的法律强制，而是其暗含着的诡计。更准确地说，使施米特焦虑不安的是他认识到："法治"意图以一种更高位阶的法律或道德秩序为名而消除政治。在自由主义宣称的普遍的、规范性的、规则导向的有效性之中，它的伎俩不是将自身揭示为强制力的对手，而是揭示为一种使对手非法化(outlaws)的强制力。因此，在复兴主权概念的过程中，施米特将自己视为政治这一合法性

---

① 施米特(1993a：15)对这种自由主义的争论给出了一个特征。同样参见 Scheuerman(1994：102-4)。

② 对法的"强制"(force)与"暴力"(violent)的论述，参见 Derrida(1992：6, 13-16)；亦可参见 Luhmann(1990a：193-6)。

③ 这一观点源于 Luhmann，即"理性化"与"民主化"(也即"现代化")是增加与分散了而非消除了决断。(1981：344-7)。

概念的拯救者。

当然,这种拯救尝试本身便是政治性的,是一场针对政治的正确定义的战争。这也就是说,我们不仅仅要处理一个逻辑问题,也不仅仅要回应建设那种能够阻却宪法自我消融的政制机制之热望。我们要处理的是两种政治概念之间的缠斗:一种是特殊主义(particularist)的政治概念,在这一概念中,个人的冲突能够消除,但是敌对,也即承载着未来可能发生的斗争的结构与框架(reservoir)的敌对却永不可能被摧毁;另一种政治概念则是在历史中呈现且无限地展开的普世道德。为了唤起这场隐晦不见、但在当代仍旧持续的争论,我们要着手处理一个异识(dissensus)的政治概念与共识的政治概念的差别问题。在后一观念中包含着一种或隐或现的信念,即坚信一种"至善"(highest good)能够被理性地觉知并达至,坚信一种"正义制度"(用施特劳斯的术语)或一个"公正社会"的存在,它以让上帝之城的诸方面在地球上实现为悬鹄;前一概念则强调决断之于一种有效、可行的秩序的必要性,没有哪一种秩序能够独自传承必要性之衣钵(the mantle of necessity),实际上,所有的秩序都是因时制宜的,也因此是不完美的,为此,(后一概念)希望通过构筑使自我施加(self-inflicted)的伤害得以最小化的结构从而妥善安顿世界内部的矛盾。① 在施米特的视域中,各个主权国家构成了这样的一种结构。而在自由主义的视域中,只存在一个普世性的主权国家,也即只存在一种普遍性的道德、法律秩序之主权。相应地,施米特提出了平等主权(国家)间的多元主义,正是基于这种方式,他相信,那种以经济与道德的方式祛除政治的做法才能够被避免。从这一视角出发,政治就不是实现那种普遍公认的善之工具,而是一种在任何普遍公认的善均缺席的情

---

① 中世纪对"唯知论"与"唯意志论"之间的区分的论述来源于上文所描述的分析,有关它在早期现代的道德与政治理论中的前世今生的论述,可参见 Schneewind(1998: 17-36,同样可见涉及 Grotius,Hobbes 和 Pifendorf)。

况下协商与限制争端的机制。政治得以存在，毋宁说，正因为公正的社会并不存在。

　　施米特因而同时是一名多元主义者和特殊主义者，然而其多元主义并非是我们众所周知的且会愈渐迷恋的那种多元主义。他的多元主义既非是社团的多元主义，亦非自治个体的多元主义。施米特提醒到，如果政治是一种以生存为要旨的斗争的话，那么政治差异性的载体就必定是国家。他略带苦涩地抱怨道：

> 　　这是一种令人震惊的智识上（*geistesgeschichtlich*）的误解，即通过借助一些普遍的和一元的概念以希求消解这些多元的政治单元（欧洲的民族国家产生于 16 和 17 世纪），多元主义就代表了这种尝试。（1988a：161）

　　这种令人震惊之"误解"尤以拉斯基（Laski）和科尔（Cole）为代表，他们以解放那些从国家禁锢中解脱出来的个人之名提出了不同版本的自由主义（或准社会主义）的多元主义理论。这是一种我们所有在自由社会中惬意成长起来的人所共享的"误解"，因此，合情合理的是，这种"误解"也是我们很难摒弃的。根据施米特所反对的自由主义的多元主义，我们把自身想象为自治的个体（甚至当我们将"自我"视为由社会所建构的时候），凭借着逐渐中立化（neutralization）的国家，我们能够对自己在宗教、职业、工会资格、政党等方面中所做出的选择负责。譬如说，在 16、17 世纪的欧洲内战后，国家以信仰自由换得了公民的政治服从。然而，这一起步的、必要的交换已然导致或多或少的忠诚的大转向，即从国家转向社团，或者更一般地说，是从国家转向市民社会。随着这种转向的到来，更充分的自由得以实现，因为更广泛的选择范围的获致正是自由主义的自由（liberal freedom）的题中之义，顺理成章的是，国家显然也总会对一些事务加以限制。由此，多元主义成为了对繁复的社会系统分化的普遍的、不受限的参与的现代境况（modern condition）的代名词。理论上说，基于普遍的人性（common humanity），阶级、种族、性别、宗教、政治隶属的标准以及其他任何归类都不能用来否定人们对社会活动的多样性空间充分且自由地参与。

然而，这一在市民社会里充分参与的自由就是政治自由吗？我们的回答是肯定的，因为这正是我们先前对政治的定义，但是施米特却给出了否定的回答。有时，施米特极为小心翼翼地赋予社会系统以自治性。确实如此，就像施特劳斯曾经认识（并惋惜）到的那样，施米特全部的政治理论都依赖于那种与（比如说）道德和宗教相区分的政治自主性，因而其理论也就依赖于韦伯式的价值域之区分（Strauss, 1976：103-5）。在施米特最著名的政治本质（即敌/友区分）之定义中，他谨慎地指出，由其他人类生活领域所涉及的多元区分——尤其是道德、审美以及经济领域——并非一致。"政治敌人无需在道德上是邪恶的或在审美上是丑陋的；他也无需以经济竞争者的身份出现……"（1976：27）。但是他同样坚定地认为，涵括这些不同领域的包罗万象的统一体不仅存在，而且这个统一体必定是国家。虽然政治就像其他社会团体一样，得通过有效的辨异以确证自身，但是不能藉此就将政治仅仅视作另一种社会领域；根据施米特，政治不仅仅是市民社会的管理者，而且还是处于市民社会之外并反对它的事物。通过将体现为主权国家复数性的差异在国家之间自我复制，政治的首要地位通过确认国家的首要地位而得以保全。在这个更高的舞台上，没有更高的统一体，没有世界国家，没有终极主权。

因此，在施米特看来，统一了市民社会的差异性的主权国家服务于一种更高的多元主义，即涵括各个自治国家的国际秩序的那种多元主义。换言之，他虽然起始于对（内部）差异性的统一体（a unity of difference）的分析，但最终目的却是要实现（外部）诸个统一体的差异性(a difference of unities)。在另一方面，施米特相信，自由主义的多元主义误用了"多元主义"之名，因为它是朝相反方向运作的。自由主义的多元主义同样寻求一种统合不同(差异)社团的统一体，但是这种它所找寻到的统一体却是单一的与"至高无上"(sovereign)的。根据施米特的观点，如果诸个统一体彼此之间不存在差异的话，那么也就没有真正的多元主义，因为自由主义式的统一体是由彻底的"人性"一元论(monism of humanity)来代表的。然而，国家的主权是区域性的和多元性的，也因此足以将平等主权国家间的政治斗争合法化，那种包含着民族精神、绝对、不容争辩的主权。以个体自治与解放之名，自由主义的多元主义彻底消除了政治空间。施米特强调，"政治的世界是多元的"，如果一个单一的、"涵括所有人类"、旨在消除斗争与内战的世界国家出现了，那么保留下来的"既非政治亦非国家"(1976：53)，而是一种远比那种结构化了的政治斗争更为惨烈的暴力。其实，保留下来的是作为一种"帝国主义扩张的意识形态工具"的人类概念(1976：54)。换言之，通过对"人类"的政治性利用，这一概念转变为一种尤为残暴的武器。当某人致力于一些区分时，比如在朋友与敌人之间、良人与恶者之间、经济上的伙伴与对手之间、受教育的人与没有接受教育的人之间、雇主与雇佣者之间等等做区分时，"人类"则保留了一种不显著的和无法超脱的范围(horizon)，在这一范围内这样的区分能够得以消除。确实如此，因为作为一种范围的"人类"同时保障了朋友与敌人、良人与恶者、经济伙伴与竞争对手、雇主与雇佣者等人的权利，这是因为他们都属人类。然而，当这一概念被这些区分中的某一方所操纵时，比如，当被资产阶级社会(它与一个未来的、"真正人性"的社会相对立)所操纵时，或被一个种族团体(它所谓的特征被作为一种"理想型"而加以程式化，仿佛它真的如此)所操纵时，那么"人类"就需要一个对应物——它需要一个非人性化的和无人道性的敌人，一个劣等人（subhuman）。一旦"人类"从它的作为可能性基准的位置中被剔除出去，而被当作武器加以运用时，"人类"就会受到他者的反对，当然，很简单的是，那种他者就自然不可能是人类了。就像莱因哈特·柯塞勒克（Reinhart Koselleck）基于施米特的洞察而陈述的那样：

> 这种在古希腊人与野蛮人之间、基督徒与异教徒之间（他所考察的两种区分）进行分配的多元性标准总是或直接或间接地与作为整体的"人类"（*Menschheit*）相关。在这一意义上，"人类"、"种族"（*genus humanum*）是所有多元性的前提，它将人类身体性地、空间性地、精神性地、神学性地以及世俗性地组织起来。"人类"（迄今为止都是所有多元性的内在前提）一旦进入到政治性争论中时，便预设了一种差异性的存在。这种分配性（distributional）概念刚转化为一个总体性概念时，其语义性功能——因为这是"人类"所关涉的——将会立刻被带入到政治性语言之中，由此尽管它是一种总体性的宣称，还是会产生出对立的两极来。（Koselleck，1985：186）

职是之故，就像施米特业已发现的那样，那些以人类之名进行斗争的人非常自然地就否认了"敌人具有人类的品格，并且将他们宣告为人类的罪犯；一场战争也由此会被引至极端的非人道化"（Schmitt，1976：54）。[1]

施米特做出这些抱怨的背景不难重构。他对人类一词所受的"征用"的讨伐是其对新生的、一战后秩序的批判的一部分，只不过这一批判在20世纪30年代以及二战之后被强化了。他对主权

---

[1]　再一次参见（Koselleck，1985：193）："人类这一总体性的概念一旦被政治所利用，那么将会导致极权主义的诞生。"颇为讽刺的是，施米特用"非人类"是来表明，一旦概念被政治地利用，批判也无从把我们带回纯真状态。

与政治的特殊定义其实不仅仅指向一般意义的自由主义，而且还指向自由主义价值在 20 世纪的特殊载体，尤其是由美国主导的英美世界。在他批判的目标中，有诸如《凡尔赛条约》(Versailles Treaty) 中的战争罪、对"正义战争"信条的复兴以及 1928 年的《白里安-凯洛格公约》(Kellogg-Briand Peace Pact)，还有那种创建国家联盟、联合国背后的理论预设。委婉地说，修正主义、民族主义以及最终法西斯主义的利益都通过他的这种分析而得以滋养。在那时的政治与智识架构中，对新生国家秩序的据理反对会被很显然地视作偏狭之论，也只能由一位不惧被视为专制流弊的批评家做出，当然也只能助力并安抚专制的力量。另外，虽然左翼在 20 世纪 30 年代同样鼓吹专制，但是反国际主义和反普世主义的观点只能存在于右翼阵营中——毋宁说，至少仅仅被右翼所利用。对于许多当代的评论家来说，施米特在 1933 年春天那次臭名昭著的"转变"(即加入纳粹党)使得他们能够确定其思想的总体轨迹。因此，这种观点认为，基于施米特的理论是以法西斯主义为核心的，所以他的政治观念必须得不惜一切代价地加以封杀。然而施米特的观念并不能被封杀，因为甚至左翼、后马克思主义以及后结构主义的理论家们——从科耶夫(Kojève)到墨菲(Mouffe)再到德里达——都对施米特颇感兴趣，这就生发出一种讽刺性的焦虑，启蒙的传人以启蒙自居，却害怕未经引导的幼稚 (untutored *Mündigkeit*)。据此，一些政治哲学家、文化批评家们如尤尔根·哈贝马斯(Jürgen Habermas)和理查德·沃林(Richard Wolin)都感觉有必要围绕着施米特的著作筑构一组道德的预防机制，建设一道标记为"法西斯主义"的政治隔离带。他们担心，不加保护地与施米特的理论做智识上的交流将不可避免地被其玷污，即使并非如此，至少也极可能导致新保守主义(neo-conservatism)。[①]

---

① 哈贝马斯倾向于将所有对普世道德的批判都视作新保守主义，参见　　（转下页）

　　不容否认的是,那些施米特最热情的辩护者们(包括右翼与左翼)可能受到的相当猛烈的指责绝非空穴来风,他们将施米特的最为恶名昭彰和令人羞耻的错误最小化了,比如,他的反犹主义以及他在 20 世纪 30 年代中期对希特勒政权进行正当性美化的企图。基于不恰当或故意误读所产生的失望,人们对施米特的辩护往往很容易转入攻击性的争辩。然而,即使施米特的观点也许为对其粉丝或者朋党所污化,但是其结构和持续关联均不能被如此轻易地为人摒弃。施米特反驳进步的、普世主义信条的一个或更多要点同样被保守的或左翼的批评家们在不同的著述中所应用,尤其近来被像让·弗朗索瓦·利奥塔(Jean-François Lyotard)这样的法国思想家抓住。施米特对美国在 1917 年后扮演"世界仲裁者"(*Schiedsrichter der Erde*)角色持有异议,美国不分情况地将自身设计为普世价值的载体,却显露出来其固有的专横与虚伪的本

(接上页注①)他的《美国与西德的新保守主义文化批判》(in Habermas,1989:22-47,esp.41-2),以及 Habermas(1981)。例如他与任何要对施米特进行重新思考的那些人的论证,参见《自治的惶恐:英语世界中的卡尔·施米特》(in Habermas,1989:128-39)以及《联邦共和国政治思想史中的卡尔·施米特》(in Habermas,1997a:107-17)。沃林集中于批判施米特所谓的决断主义,因为他渴望读出新尼采主义以及其人生哲学(lebensphilosophische)中的弦外之音。从这种哲学启程,沿寻至海德格尔的存在哲学(Existenzphilosophische)以及保守革命分子——如荣格尔(Jünger)、史宾格勒(spengler)以及莫勒·凡尔登布鲁克(Moeller van den Brock)——的法西斯原型的脚步总是不由自主的。参见他的《卡尔·施米特、政治存在主义和总体国家》(in Wolin,1992:83-104)以及《卡尔·施米特:保守的革命与恐怖美学》(in Wolin,1995:103-22)。同样可以参见由沃林编辑的洛维特(Löwith)文集中他的文章(1995)。对施米特与保守革命分子的关系的研究参见本德斯基(Bendersky)(1983:57-8,1987);对施米特所谓的"决断主义"的讨论参见赫斯特(Hirst)(1987)。在美国,左翼对施米特的接受则在《宗旨》(Telos)上得到了热切的推动。参见,比如特刊第 72 期(summer,1987)和第 109 期(fall,1996)。比如后结构主义对施米特的接受,参见 Derrida(1997),Mouffe(1998)以及 Agamben(1998)。最后,一本心平气和的施米特思想传记(除了其他优点外)试图追寻至他在 1933 年春天加入纳粹党,并且对此的描述没有借助大量的压缩或类比手法,此书可参见 Noack(1996)。同样可参见 Bendersky(1983),他试图将施米特归顺纳粹国家的原因归结于他的一种自傲、恐惧以及机会主义三种感情的联合作用。

质。在利奥塔看来,对普遍性的特殊施用,或者说对人之权利抑或全世界无产阶级权利的特殊阐释总是会伴随着潜在的恐怖。利奥塔提醒我们注意"授权困境"(aporia of authorization)这一事实,即一群特殊的人——他以1789年的法国人为例——承担起了宣告普世权利之责任,他由此发问:

> 如果这一普世宣言仅是基于一个个体情境(a singular instance)做出,为何肯认一个普世规范情境(a universal normative instance)便获致了一种普世价值呢? 然后,一个人又该如何判定由一场以普世规范情境之名的单独实体所主导的战争到底是以解放为悬鹄的战争还是以征服为旨趣的战争呢?(1993:52)

施米特会觉得这些问题问得正好,实际上,它们也被他视作自己的关切。① 这些问题进入到了斗争(也就是政治)的本质与可能的核心,因为这些战端是起于普世规范情境之名,是旨在消除所有战争的战争,而这些斗争又是以对所有斗争的自我超越(self-transcendence)之名而施展开的。如果真的如此,我们为何会发现共识与协商的天堂转变成了一个斗争能够以善、效率以及舒适之名而完全摆脱法律之束缚的所在? 在一个无法对斗争进行法律约束的世界里,斗争的反面如何产生? 比如,无强制的一致意见如何可能?

正是为了反对这种服务于现状的——更准确地说,服务于一种新型的道德与经济帝国主义的展开与全球扩张——对对抗的非

---

① 在某种意义上,施米特与利奥塔通过把莱辛(Lessing)的神学问题转化为一个政治问题而重新打开了莱辛对偶然的、历史性真理与普遍的、合理性真理之关系的思索。当然,无需赘言,无论是利奥塔还是施米特,他们二者的回答与莱辛的迥然不同。参见 Lessing(1957:53)。

法化,施米特才启动了他的反击。因为,在施米特看来,这种自治国家的不可分解的主权是唯一能够对抗这一看似无止尽扩张的形式,这也便是他所描绘的国家主权学说杰出的哲学家——霍布斯的思想。施米特的《与魏玛、日内瓦、凡尔赛斗争》(*Kampf mit Weimar -Genf -Versailles*)[1]很显然是其更早著作《与罗马斗争》(*Kampf mit Rom*)的升级版。在一个有趣且聪明的转向中,施米特提醒到,科尔的基尔特社会主义(guild-socialism)、拉斯基的自由主义以及法国的工团主义均分享了罗马天主教和其他教会、教派之争与视角,而这些争论又都是以相对化国家权力为旨趣的(1988a:153-4)。无论召唤遵循内心意旨还是更为直接地诉诸位阶更高、并被具体展现为国家间架构的道德实体(诸如国际联盟或国际性的革命运动),都无非是政治武器。这场在"国际主义"与"民族主义"之间的战争此时不再仅仅是自由与压制两股力量之间的对抗,而化作成两类主权力量的权威之间的激斗。但是,施米特提醒我们:

> 罗马天主教会绝非多元主义的实体,并且在它(教会)与国家相对抗的争斗中,至少自16世纪以来,多元主义都是与民族国家并肩作战的。如果一个多元主义的社会理论希求在保存多元主义的同时又希翼仍旧能够挑起一元主义和普世主义的罗马天主教会(就像它在第二或第三国际中世俗化了那样)与国家相对抗的话,那么这一理论便自相矛盾了。(1988a:156)

再次强调:在施米特的眼中,这是一场在虚假的多元主义与真实的多元主义之间的战争,是一场在服务于普世道德(并非同时伴随普世经济)的多元主义与没有哪个争斗者能够宣告自身站在

---

① 这是施米特那本书的部分书名(1988a)。

更高道德立场的多元主义之间的战争。正是后一种,即道德中立的、奠基于自治体的多元主义才最适当地描绘出了一种施米特式的政治型态的结构与可能。

我们甚至能够在一种更具古典韵味的层面上重绘出这场争辩。施米特所赞同的是一种与那些能够在"地上之城"(Earthly City)中发现的条件相称(commensurable)的政治,而其所反对的则是一种"狂热"(fanaticism)的政治,即那些执迷于只能在"上帝之城"里才行之有效的标准的人,他们希望藉此来对尘世领域(terrestrial domain)进行裁判。虽然施米特对霍布斯以及国家主权观念的选择也许被认为是不成功的并且也会引起争议,但是他的目的是重构出一种像世俗政治那样的可以进行合法斗争的空间。这一空间必定要保持自身免于道德以及神学之沾染;这种"地上之城"必须要保持一种独立于道德而非"上帝之城"彼岸性之宣称(other-worldly claim)的合法性,这种宣称只有在历史终结之处——也就是,不在此世——才能够兑现。因此,施米特对现代自由主义的"人道主义"之批判也类似于其更早之前对宗教狂热主义的批判。尽管施米特是天主教徒,但是他更像路德(Luther)——虽然路德承认君主们的贪婪与冷酷,但是还是支持他们反对那些预言家式的偶像破除者(prophetic iconoclasts)以及农民起义式的末日审判(Armageddon of the peasant uprisings)。[①] 这种宗教的末世论或世俗革命准确地说都是反政治的。它们倡导变化是为了使变化非法化。它们反对世界秩序以欣迎救世主。一旦救世主的降临迫在眉睫(无论这降临在多久之后),反对世界秩序又转变成了罪恶。它们循环往复地发动战争,又终结战争。它们所发动的战争又不是任意的,而只是"正义"之战。"它们"(也即特

---

① 除 Schneewind(1998)外,还可参见 Colas(1997)。她在第三章与第四章中讨论了路德;然而,她对施米特(错误)的描述更多的是基于传闻而不是基于对相关文本的真实阅读。

殊的实体)以普世原则、人类之名发动战争,将所有对手赶出法律的疆域:例如,《凡尔赛条约》中的罪责条款蕴含着特定的企图,它将一场国家间利益的纷争之战转化为一场反对邪恶敌人的正义之战;1928年的《白里安-凯洛格公约》也暗含着特定的企图,它将以国家利益为要旨的战争贬化为犯罪,而将以普遍原则为宗旨的战争颂扬为十字军东征。"帝国主义并没有引导民族间的战争",施米特颇为讽刺地评论道,然后特别提及了他所目睹的现代帝国主义模式,即由英美世界所主导的(国际性)法律(*völkerrechtlich*)与经济的帝国主义模式;它至多会发动服务于国际政治的战争;它不引导非正义的战争,而只引导正义之战"(1988a:200);或者就如温德姆·刘易斯(Wynham Lewis)在二战之后的那些年里所说的那样:"我们为之奋战的哪场战争是不义的呢,当然敌人所发动的战争除外?"(1984:45)。①

　　这是吃不到葡萄,说葡萄酸吗?千真万确!施米特人生最大的吊诡之处也许就在于,如果德国赢得了一战,那么他将永不会超越粉饰现状的平庸辩护者之水平;因为,如果他的思想为他的憎恶者们所描绘得越发不堪,那么他的思想的杰出之处也会越发闪光。就像一大批其他在政治上妥协的现代艺术家、知识分子和理论家

①　同样可以参见 Davidson(1998:271-98)以及 Davidson(1997:590),在那些著作中他写道:"在一些主要的斗争中,很显然确实如此,即一方一旦被成功地控诉为是侵略者或战争犯,那么这方将会首先败下阵来。没有一个胜利者会用那些名字(侵略者或战争犯)来称谓自己或者也不绝会使自己臣服于一个国际法庭(而且也并不存在这样的法庭),在那一法庭之上他要承受那种指控——侵略者一定是战败国。这样的情况也适用于战争罪和反人类罪委员会;只有战败方才能犯下那样的昭昭罪行。"自从"正义战争"和对"战争犯"的找寻在冷战后的整个世界里爆发以来,一种对这一问题的新探讨也许能够被很好地组织起来。沃泽尔(Walzer)(1992)为我们提供了考察这些被污名化为非正义之战争一个便捷的指南,但是由于这一权力问题(比如胜者与败者)从未被解决过,所以我们仍旧被弃于无尽的黑暗之中,这种黑暗与当我们在荒郊野外目睹这种生物时我们该如何应对的问题有关。从施米特式的视角出发讨论,可以参见 Quaritsch 为施米特撰写的"后记"(1994)。

一样——我们会一下子想到瓦格纳（Wagner）、庞德（Pound）和赛里纳（Celine）——施米特也无法清楚地甄别"善"与"恶"。即使某人可以做到这点，那么一个特殊实体——它打着普世原则之旗号试图从正义之战中区分出那些非正义的战争——的合法性问题也无法解决。施米特在他 1950 年的书《大地之法》（*Der Nomos der Erde*）（1988b）中对这一问题进行了冷静且颇具趣味的审查，他很暧昧地把这一问题推向极端情境，做出规范讨论。毕竟，由于正义之战必定是以善抗恶，其当然超越了粗鄙浅薄的自利。换言之，正义之战的目的必然是更高的道德秩序，如果某一民族的（经济的或其他）利益恰好与那种更高道德秩序的目的相一致的话，而这也仅仅出于偶然——又或，仅仅来自上天恩泽罢了。这种对自我超越的内心确证也许在中世纪是可能的，因为那时绝对标准（absolute standard）的贯彻似乎是可行的——至少对圣徒而言确实如此。然而施米特评论道，即使那时，中世纪最"圣"的两位圣徒——圣·奥古斯丁（St Augustine）和圣·托马斯·阿奎那（St Thomas Aquinas）——也有他们的困境（1988：126）。而此时，随着中世纪后期的不可知论、怀疑主义和决定论的日渐增长，决定正当理由（just cause）的尝试变得更加专横（1988b：127）。正如"失去"超越性就意味着没有充足理由（sufficient reason）在一国之内决断法律和政治秩序一样，"决断主义"的现代性困境因而也同样影响了国际舞台。施米特的主权观念此刻聚焦了国内外的"危机"，尽管这两场危机的理路截然相反。在国内舞台上，主权就是最终审级（instance），它不容反对，然而在国际场景中，却不存在这样的至高或最终的审级。没有一个主权被看作是处于其他国家之上的最终裁决者或元主权者（meta-sovereign）。于是，在国内和国际这两个层面都存在一个同样的问题，即谁来决断？而对此的回答也是相同的，即主权者。然而，由此产生的结果却迥然有别。在一国之内就像在诸国之间一样，主权者（也即做出决断的个人或统治集体）担负着排他的、权威的代理人角色，但是在国际关系中，多元的主权代表着多元的利益，监督两个相互争斗国家的至高、最终的审级并不存在。在这里对平等主权间的关系起支配作用的根本原则是：平等的主权之间互不干涉（*Par in parem non habet jurisdictionem*）。在国际层面，不存在足以引导决断做出的客观的、超越性的规范，而在国内层面，所能给予的只能是一个决断主义的回答；但是与在一国内做出决断不同，在国际层面，由多样性的决断所引起的斗争无法被一个统治性主权者（a reigning sovereign）所化解。如果两个主权实体之间产生冲突，那么其他主权实体就会站队为我方、敌方两个阵营。任何一个保持中立的国家都将成为一个中间派而被排除在外，这样的国家不可能化身为公正的裁决者，因为中立性并不能随之带来那种可追溯至更高的、"客观的"或"无偏袒"层面的权力。如果某一国家做出决断，那么它也就参与了斗争，如果某一国家参与其中，那么它也不再是中立的了。在国际层面，对于现存的斗争"矛盾"而言，并不存在"罗素式"（Russellian）的逻辑或法律上的解决方案。（Schmitt，1988b：128-9）。

　　我们知道，如果"决断主义"权威存在的话，这种彻底的主权观念将是把一国"从上至下"（top-down）的同质性与结构化的国家多元的异质性——它保证了合法的政治的存在空间——整合在一起的关键（linchpin）。然而，这一自组织的多元主义结构不仅仅依赖自治与分化的逻辑，而且同样依赖对欧洲历史的一种独特解读，而这一解读在两个相竞争的普世主义信条之间重构出一种田园诗般的插曲，这一插曲以欧洲的自治民族国家间的实力均衡和战争制衡为特征，这不能通过道德说教式的立法，而只能通过斗争的规范化才能实现。在施米特看来，欧洲16、17世纪的内战昭示了一种权力转移，即从一种普世主义的信条转向另一种。英国对西班牙的战争是一场在北欧与南欧之间、新教与天主教之间的世界大战。也许更为重要的是，那一时代的斗争是一场两幅"世界图景"（world pictures）之间的战争，一幅是欧洲大陆视野的、以陆地为基准的图景，而另一幅则是全球视野的、以海洋为基准的图景。英美的经济帝国主义逐渐从这一战争中浮现出来，在文明、人类、进步与和平主义的旗帜之下，这一战争形态被加以引导（1988a：271-2）。① 虽然这场征服肇始于16世纪，但是世界秩序直至20世纪尤其在一战的余波之后，才充分显露出来。在从普世的天主教到普世的（世俗化的）新教的中断期或转型期中——施米特把这一时期准确地划定为是从1713年到1914年——一种法律与外交体系发展起来了，它通过对战争进行规范从而限制了战争，通过清晰地界定国家间的战争与和平状态从而明白地定义了朋友与敌人。

　　在这里，史实是否确凿或历史书写是否精准对我们以及被我们所描述的体系结构并不重要。② 通过阐释借自康德的术语，施米特支持一个国内的、民主专政制度（它基于不可分割之主权），因为它能够建构一种国际共和秩序，而这种国际共和秩序又由于其内部诸权力间的彼此争斗而相互分立，所以它能免受恐怖之魅惑（temptation of terror）。③ 恐怖的消灭恰恰基于对斗争的规制化（regularization）。在施米特对18、19世纪历史的重构中，对于国际领域的行动不存在最终的审级，这是因为没有任何一个主权能够享有凌驾于其他主权之上的权威，也没有一位教皇、一个国际法庭

---

① 施米特在其著作（1993b）中大致勾勒出了对大陆权力与海洋权力的基本区分之轮廓，实际上，这本书可以被认为是海德格尔（Heidegger）的著名论文《世界图景》（Weltbild）的政治翻版。

② 近来对17、18世纪战争及其社会影响的调查，可参见Anderson（1998）。

③ 在这里，利奥塔（1993：15-16）提供了一种这种声称的"后现代"形式，他警告我们不要去，"……期待'语言游戏'间最无足轻重的那种调和。康德在把它们命名为才能时它们就已了然被一种渊薮（an abyss）所分离而且只有一种超越性的（黑格尔的）幻念才会希望把它们总体化为一个真实的统一体。但是他知道，这种幻念实现的代价便是恐怖的施用。"

或国际组织能够承担起裁决纠纷的重任。因此，鉴于不存在第三方或元主权以定纷止争，所以斗争在功能上就等同于主权了，它同时也是国家在极端或非常情况下做出决断的机制。然而，这一斗争"主权"（也许看似令人胆寒）却与索雷尔式（Sorelian）的对暴力之颂扬截然不同。这样的一种被规制化的斗争被施米特视作是一种限制斗争恶果的精巧手段。它被看作是欧洲文明的至高成就，是一种人们曾经短暂实现、后又再次错失的复合型秩序（complex order）。《大地之法》之后的篇章应该指明了施米特之后所想的：

> 欧洲国际法的本质即是对战争的限制[*Hegung des Krieges*]。这样的战争本质上是一种对军事力量——它在被见证之前，就在一种限定的空间之中而被加以引导——的有序衡量。它们与混乱（chaos）截然对立。在这些战争之中，挺立着人类所能构筑的至高秩序形态。这样的战争乃是一种自我保护措施，它们反对永无宁息的和日渐激增的报复行为，这其实也就是反对那些包含憎恨与复仇情绪的虚无主义行为，因为这些行为将会导致彼此的毁亡。只有寻觅到一种衡量相关军事力量的形式，歼灭式的战争（wars of destruction）才有可能被消除或避免。这一愿景反过来也只有把（与对战国地位相平等的）对手视作正义的敌人才有可能实现。正是通过这一方式，人们获得了一种限制[*Hegung*]斗争的坚实基础。（1988：158-9）①

在这所描绘的图景至多只是一种幻想，因为完全难以想象能够将它与当代的国际关系相比对。国家主权问题不仅已经变得或

---

① 施米特的看法也被中世纪英国军事史学家所验证。比如，参见 Liddle Hart（1946：45）："这一军事上的改善在 18 世纪时期的战争惯习中出现，从而减少了战争的邪恶性，形成一种文明的伟大成就。"同样可参见 Fuller（1968：15-41）。

多或少无甚意义——它只是曾经适用于欧洲少部分国家——而且
20 世纪战争的本质还不可逆转地脱离了施米特所希望的那些限
制，就像他自己认识到的那样，这种脱离尤其可归因于那种势不可
挡的歼灭技术手段的发展（1988b：285-99）。最后，施米特所痛
斥的那些准法律的、集体性的国际组织如今也成为了常态
（norm）。它们是否毒害过人类文明（就像施米特坚持认为的那
样），这点也是确有争议的。然而，有一件事是清楚的。这些国际
组织既没有对战争非法化或加以禁止，晚近的历史充分地显示了
这一点，它们也没有用道德训教（moral exhortations）成功地限制施
加于平民之上的暴力。宗教内战、"种族清洗"战争、"恐怖主义"
以及"外科手术式打击"（surgical strikes）——它不可避免地在切
除病变组织的同时，也把健康的组织一并切除掉——现在看来均
已成真。甚至那些愉快地将自身视同为普世原则之载体的国家在
某种程度上也犯下了他们经常谴责的那些残暴罪行。或许，那种
施米特所青睐的（斗争）结构已是不可挽回了，但是这并不必然意
味着取代它的一定是某个高高在上的存在（superior）。[①]

以斗争为业（Conflict as a Vocation）

施米特的当代价值更多地集中于他所勾画的斗争的结构，而
非重建承载这一结构的特定载体（主权国家）。我们知道，对于施
米特而言，主权是适当地把握这一结构的关键。国家的统一性
（它由一种超法律和人格化的主权观念来保障）确保了世界的多
元性，也由此使政治成为可能。对我们来说，个中的讽刺意味并未
消失。如果政治以区分敌友为标志，那么在国家之内，政治就不再

---

① 虽然哈贝马斯也十分清楚地如此认为。参见他对施米特观点的直接批判，in
　　Habermas（1997b）。

可能。因为国内的斗争被视作内战——旨在破坏主权,从而它也是以破坏由作为"支柱"的国家所支撑着的政治结构为旨趣的。施米特以一个简单的假设为其逻辑始点:要避免单一体系的霸权主义(hegemony)。就像他所说的那样,"只要还存在一个国家,那么世界上的国家将就不仅仅只有一个。一个包罗全球和全人类的世界国家是不可能存在的"(1976:53)。由此,"世界"必定是一个范围,它使多元的体系得以存在,而不会让统摄那种多元性的统一体成为可能。"世界"不是"世界体系"(world-system)。然而,他的国家并非是世界的缩影(microcosm);这里并不存在自相似性(self-similarity),也不存在对国际层面上所要求的那种分化的国内复现。在那些以自由、民主自我标榜的观点中,国家的同质化与平和化(pacification)是施米特宏伟计划的最大缺陷。施米特设定了两个层面的必要性,其一是"国内的"(或内在于国家)层面,其二是"国外的"(或外部于国家)层面,并且假定,政治只存在于更高的层面之上,而为了让政治得以存在,政治的一致性与压制性必定同时存在于国家内部。施米特所不能领会的是,一个支持分化结构的统一体其自身又是由分化所建构起来的。那么,我们正要就此提出质疑。如果我们将斗争视为政治的基本定义,并且认真地对待这一主张,即旧欧洲的战争制衡体系代表了"人类所能构筑的至高秩序形态"——毋宁说,新生的秩序超出了原有的计划——那么就有必要扩张他的斗争"逻辑",并"再次进入"(re-enter)到他的(国家之内的)敌友划分之中,而不必颠覆他所勾画出来的更加宏伟的结构。

然而,一旦不满足于仅仅重复差异的秩序,第二个困境就出现了。我们无法再讲述民族国家的历史现实(或神话)了。因为在主权国家的多元性与社团的多元性之斗争中,后者已然完胜。当然,国家依旧存在,但是现代化的进程已经很少让路于国家的边防警卫(border guards)。系统的边界切断了空间和政治的疆域,而且我们也目睹了世界细分为诸多自治的和平等的社会系统：经济系统、宗教系统、科学系统、教育系统、道德系统、艺术系统、甚至政治系统。故此，我们面对的结构与施米特所描述的国家和国际关系的结构相类似（却不相同）。也正因如此，我们对这些系统的秩序如何形成感到关切。是否存在、或是否应当存在一个单独的系统——比如说，经济系统或道德系统——它在与其他系统的关系之中处于元主权的地位？是否存在、或是否应当存在一个系统的联盟——比如说，经济系统、道德系统或宗教系统的同盟——它毫无偏私，在裁决上保持中立的角色？如果有人否认或希望否认的话，于是他就会追问，系统维系的原则又是什么呢？如果通过理性维系它们就要假定传统的哲学或科学系统主宰了其他系统，而实际上，这种做法暴露了一种天真的信念，即理性是用来维系而非分化其他事物的。① 如果要通过规则维系各种系统的秩序，就需假定道德、法律或宗教等规则主宰了各系统。这种情况里，起初对等的秩序最后将回到一套隐性或显性的等级结构中。但是，如果我们假定，均衡的差异（equilibrial difference）只有当差异存在于统一体内部，成为基于同质性的异质性才能实现的话，那么进一步的智识质疑就变成了统一体内部对差异的再次进入，就变成了打开运行中的黑盒（black boxes）以揭示更深一层、位阶更低的黑盒的存在。因此，如果我们假设，施米特在全球层面上所欲重构的多元主义的混乱秩序同样存在于国家内部的话，那么我们就必须要构想出使有序与文明的权力激斗得以存在的政治和社会结构。这就保留了一个令人心醉神迷的任务，即设想社会该如何引导政治和文化斗争，因为这些斗争不是作为需要消除的动乱（disturbances），反而被视作一种至高秩序的组织化成就（organizational achieve-

---

① 比如参见 Larmore(1996: 12)："这点极为重要，即理性往往不是将我们糅合成一块，而是倾向于推促我们分离。"

ment）。

这样的一种离散的、明确的且无法克服的异议结构被利奥塔在一种简练与准逻辑的形式中找到了，就如我们所知的，利奥塔的现代性视域正是奠基于差异的必要性，从而也奠基于斗争的必要性。面对现代社会不可挽回地分化为诸多不可通约的价值域、语言游戏或社会系统，利奥塔并没有这样追问，即为了让现代社会在政治上得以维续，统一体的功能等价物能否获致——哈贝马斯就这样发问——而是面对重建的和谐已经不可能，甚至不可欲的情况，现代社会在政治上又该如何维续。在《异识》（*The Differend*）一书的"前言"中，利奥塔假定了我们当下困境的两个特征：（1）避免斗争的不可能（也即冷漠的不可能）以及（2）调节斗争的普遍话语样式（a universal genre of discourse）的稀缺（你也可以说，法官的不公正在所难免）（1988：xii）。利奥塔对异识的司法式定义因如下预设而产生，"两方之间的异识"，他写道，"会发生在一种情况中，即对斗争的'调节'（它是反冲突的）以一方的习语（idiom）做出，而另一方所遭受的不公正却不会在那一习语中得以表示"（1988：7）。不是所有的斗争都会导致异识，只有在不可通约之习语间的斗争——在两相竞争的价值之中，在运行着的闭合或自治的社会系统之间——才必然要排除调和性的第三语词（conciliatory third term），以及由超然、中立的普遍性话语宽宏大量地（magnanimously）为对立所提供的调解。"这种观念"，根据利奥塔：

> ……一种把一切关涉的事物都包摄于内的至高样式，期冀能够为奠基于"罗素困境"之上的多种多样的关键问题提供至高的回答。然而，这一样式要么是样式集合（the set of genres）的一部分，要么其关涉的样式也与其他样式相关，使得它的回答并非是至高的。否则，这一样式将不是样式集合的一部分，那么它也由此无法包摄所有关涉的样式，因为它把

在其自身关涉的样式排除出去了……某一样式绝对战胜其他样式的原则毫无意义。(1988:138)

因此,对异识的觉醒提升了这一观点的重要性,第三语词只不过是第一语词的新斗争、新对立或不可调和之差异。它在一种元级也因此是超然的中立性的伪装之下并不能免于争斗。不管斗争是否可欲,但是它总不可避免的,对斗争的解决涉及如何决断,而非如何消除。裁决完毕全部争议同时宣告了一场新战争的肇始。

决断由此不能被渲染做武断之举,然而,一旦承认决断的不容回避,那么如何在缺乏必要逻辑的情况下规制决断便首先成了政治的、可争论的和可异议的问题。对利奥塔而言,决断是由康德的观念论所要求的非决定性判断所引导的,因此政治判断就与认知性判断区分开来。政治决断总是导致"一种对判断的反思性应用,也即,任何现实知识之外的概念的最大化。因此,这种抉择并非存在于理性的政治与意见的政治之间"(Lyotard and Thébaud,1985:75)。而是在否认自身政治特性的政治,即那种一旦掌权就否认自身的政制,却宣告"了解"正义社会特质的政治,与把自身视作战场的政治,即其中派系的斗争不为胜败所消灭,因此派系间也绝不可能完全和解的政治之间。正是这样,利奥塔明确地将这一非和解性的多元性条件等同于政治空间。"政治",他写道,"乃是异识之威胁。"它不是一种"样式",而是:

> ……多重性的样式,多元性的目标以及最典型的问题链……如果你愿意的话,它是一种语言状态,但是它不是一种语言(a language)。政治存在于事实之中,即语言不是一个语种,而是由一些片语(phrases)组成,或者说"存在"并非"存在",而是"存在者"的"存在"(Being is not Being, but *There is*'s)。(1988:138)

故此,政治并不能弥补统一体的缺失,反而通过其自身效应确保了这一缺失。它并非是要以良善生活之名来压制暴力,而只是建构和限制暴力。就像理查德·比尔兹沃思(Richard Beardsworth)最近在其《德里达与政治性》(*Derrida and the Political*)一书所强调的那样,以法律或共识之名,政治并不是要避免对随之而来的所有选择的强制排除,毋宁是认识这一必要性,就像认识决断中必然存在暴力的本质一样。确实如此,对决断必要性的认知促使做出一种有关决断的决断。"基于决断的不可避免性",比尔兹沃思写道,"就存在着诸多决断的类型———一些决断认识到了它们立法的与行政的强制力,另一些决断则把这种强制力隐藏在那些声称是中立的'理论'或'客观科学'之下"(1996:12)。于是,决断的暴力性或者被承认和反映,或者保持未加思索状(unthought)。在偶然域(contingent universe)中,决断认识到自身以竞争的方式构建了一个场域(因为正是这种偶然性使得在相互竞争的可能性之间的选择成为必然),①或者决断将自身视为对预先建构的现实(a pre-constituted reality)的被动反映,如同预先存在给定秩序的知识,无论是施特劳斯式的自然状态或世界历史的终极命运,再强令我们去观察它。换言之,决断能够反身性地确认它们作为决断的地位,或者它们也能够无声地否认它们的偶然性并装出一种逻辑上包容差异的姿态。对德里达和利奥塔而言,施米特也一样,正是那种对后一可能性的不假审思之暴力造成了更大的危害,那是一种将自身伪装成清白中立者或普世调解者的暴力。正是这种暴力将自身装扮成和平之士并由此把对手贬为罪人。

这种对"后现代主义"提纲挈领的揭示(顺便提一下,后现代

---

① 对做出决断和偶然性的论证,参见 Luhmann(1981:337-9,344-6,1995:294-8)。

主义最初仅仅是为现代化进程辩护罢了)①也检验了施米特立场中的一些关键部分，即使国家主权从未在这一检验中出现过。利奥塔的语言游戏、样式论几乎是轻而易举地转化为各种各样的多元主义，从科尔和拉斯基的社团到韦伯的价值阙域以及帕森斯（Parsons）和卢曼（Luhmann）的社会系统。但是利奥塔的学说与科尔和拉斯基看法不同（或与至少与施米特对他们的解读不同），而与韦伯和卢曼观点相同，也就是说，并不存在"人类"、"语言"或包罗万象的元系统等足以涵括多元性"存在者"（There is's）的统一体。利奥塔的"后现代主义"、卢曼的"极端现代主义"（ultra-modernism）以及施米特的"反现代主义"都有一个共同的基础，就像阿尔伯特·维尔默（Albrecht Wellmer）评论过的那样，即"对现代的批判（由于它对自身情况的了解）其目的只可能是拓展现代性的内部空间而非超越它"（1991：vii）。这一永在拓展的"内部空间"的结构在被不断地被再生产出来，就像诸多自治和彼此对抗的统一体那样不断分化，此时它们不能被描述为主权国家，而是被描述成运行着的闭合性的功能系统。现代性的系统分化业已表明，对这种分化的描述也必定会自相矛盾地变成一种政治强制。

卢曼的现代性理论是（就像它一度成为的）对社团理论凯旋的颂扬，因此，一瞥之下，他的理论恰恰反对施米特那种将现代性从社团理论中拯救出来的意图。所以对卢曼而言，国家观念仅仅

---

① 保守的德国哲学家 Odo Marquard（1989：7）总结了后现代性与现代性的关系，如下："后现代之后会是什么？在我看来，是现代。'后现代性'程式要么是一种反现代主义口号，要么就是一种多元主义的口号。作为一种反现代主义的口号，它是一种危险的幻象，因为对现代世界的终结一点都不可欲。作为一种多元主义的口号，它肯定了一种古老的和令人敬重的现代主义主题。现代世界是、也总是理性化和多元化的。"同样可参见 Keane（1992：91）："利奥塔所捍卫的后现代主义并未构成对现代化进程的根本性（或甚至间接）的瓦解，反而辩证性地强化了现代性的民主动力。"

是政治系统的自我描述罢了,①因为那种系统与其他系统之间不存在等级性的秩序,所以国家既不能处于市民社会的反面,也不能承担其统合差异的统一体角色。因此,就像施米特所害怕的那样,国家参与到市民社会之中;或者,正是因为市民社会观念失去了它的对立者,从而也就失去了它的政治意义,国家就此参与到了功能分化之中。相似的是,虽然"法治"在逻辑上永远无法实现,但是它作为自由民主社会中唯一可行的治理原则已如此根深蒂固地存在着,以至于它的起源甚至定义问题能够被傲慢地(cavalierly)加以抹消。"法治"施为性(performatively)地统治着,实行着自身的主权,这样,就像卢曼所指出的那样,"法治"甚至不会作为联邦德国宪法中国家奠基之原则而被提及。如此涵括"一种附加的、概念性的(奠基于法律之上)国家决断将是多余且令人迷惑的",说其多余是因为一部宪法这一事实就可标识出法治的基础地位,而之所以令人迷惑则是因为它不必要地引入那个棘手的同义反复和自我指涉的逻辑难题(1990a: 187)。社会的自组织(这是施米特也是卢曼的术语)全权性地(sovereignly)取代了国家主权,这也就是说我们拥有了一个自治的法律系统和政治系统,它们与经济系统、宗教系统、科学系统以及教育系统等系统相伴;而且这些系统彼此相互独立。通过闭合性的运作,它们发展出了高度的内部复杂性,从而对来自外部(比如来自其他社会系统)的"侵扰"和"刺激"格外敏感(1990a: 197)。但是除了彼此的共振(resonance)之外——或许也正是因为共振——诸系统之间既不会彼此主导也不会相互隶属。与韦伯的价值阙域相同的是,它们服从命令以使自

---

① "国家此时并不是政治系统的子系统。它不是公共官僚机构。它不只是做出决断的集体人格的法律拟制。它就是一种政治系统,它被重新引入政治系统而作为政治行动的参照物。"(Luhmann, 1990b: 143-6)。

身合法化，即使这种自我的合法化必定采取一种"原初"悖论的形式。① 它们并不接受它们的源于命令"之上"或"之外"那种正当性。因此，政治（或"元政治"）的斗争肇始于此，亦终结于此。在"社团"的层面上，我们拥有一种施米特所描绘出的主权国家间相互碰撞的结构。就像对施米特而言不存在主宰一切的"元主权"或调解国家间争议的第三方一样，对卢曼来说也不可能存在某个系统或诸系统的"联合体"以指导任何其他系统的"内政外交"。

再次与施米特一样，卢曼系统论的关键也是那种自治性。如上文所述，即对施米特而言，主权国家服务于一个双重目的，一方面它保证统一性，另一方面它又是通过保证统一来确保差异。对卢曼而言，自治的、运作上闭合的社会系统也有相似的旨趣，因为功能性分化只可能是自治实体之分化。然而，这种系统的"统一性"或一致性（与施米特式的国家不同）并不能通过自上而下的强加实现。恰恰相反，系统——包括作为政治系统的"国家"——是通过差异而进行自我再生产的。就像卢曼观察历史进程后的敏锐发现，中世纪的君主（也即"主人"）被视作自然秩序（某人也可以说是"逻辑"秩序）的一部分。欧洲内战扰乱了这一自然秩序，由此就需要霍布斯式的解决方案，即渴求一位作为专断的（不再是逻辑地决断）合法律性源头。在这两种情况中，处在政治顶端的统一体（主权）都君临天下，而唯一存在的有效区分则仅仅是一张在（不可分割的）统治者与臣民之间签订的"庇护-臣服"之契约。而另一方面，现代性则是以分歧和差异为表征的，在现代性之中主权者的统治早已是明日黄花了。"主权者"也即统治者此时被分割了，即分割成一种运行于国家治理内部的统治者/反对者（government/opposition）的区分，分割为一种能够使政治不仅在国家之

_____

① 这涉及韦伯对科学、医学、法学等学科中存在的那些必要的无根据假定的探讨，参见 Weber(1946：143-6)。

间而且也在国家内部得以合法化的二元符码(a binary code)。正是这种"政治顶端上的分歧"(bifurcation at the top)决定了现代政治系统的同质性(1990a：169-71)。[①]"每一个符码",卢曼写道：

> ……都具有一种积极的价值,它表征了系统存续的能力……它同样也具有一种消极的、反向的价值,以表征那些可能不同的情势。这也就支持了系统的偶联性(contingency),尽管随着系统持续的运作,这种偶联性在不断地消减。不难发现,这种情况即使是在统治者/反对者这样的区分中也是真实的。只有统治者能够正式地在政治系统中持续作为。只有统治者能够合法性地将政治权力施用于其事务中。另一方面,也只有反对者能确保持续性地反思与镜鉴,人们可以从中看到情势在未来的不同可能,或者过去的不同可能。(1990a：177)

于是,现代议会民主制的标志便是存在能够包容反对者——比如,那些反对派政党——的制度化和组织化的载体,这种载体能够交替性地作为稳定性的"占位符"(place-holders)和偶联性的"占位符"而发挥作用(1990a：173)。"自从这一(统治者/反对者)的区分创建之后,操控政治系统的已不是统一体,而是一个差异体,一个分歧化的政治顶端"(1990a：174)。

因此,我们拥有一个自治的政治系统,它通过统治者与反对者之间的差异或斗争而绵恒不断地进行着"政治性"的再生产。于是,这种"差异体的自治性"(autonomy of difference)便承载了更高位阶的"自治体的差异性"(difference of autonomies),也即承载了更高位阶的、自治的社会系统的分化。低位阶的统一体需要高位

---

① 对这一问题更加充分的论述,参见 Luhmann(1989)。

阶的差异性来实现,而高位阶的差异性其自身又是由统一体的差异性带来的。换言之,斗争以冲突为基——二者相生相灭。那么,该如何维护这一不太可能的和脆弱的秩序? 这同样也是一个政治问题——不仅仅是在政治系统内部提出的问题,而且也是一个关于“政治性”的问题。卢曼所描绘的统治者/反对者的区分也许看上去十分平庸和无趣,因为这一区分只是对敌友区分所做的十分乏味的驯化(domestication)罢了。他所描绘的是自由民主社会的日常运作,是“统治者”和(想成为“统治者”的)“反对者”的日常操作(manenuverings),顺便提及,这些操作导致了“约束性决断”(binding decisions)的产生,而这种决断又是政治系统也由此是激扰其他系统的那些干扰之结果。在统治的意义上,所有的这一切都是“政治”。然而,作为现代性组织原则的功能分化能够回答这两个问题,即是什么使得政治成为可能以及什么样的政治能够可能。“只要社会整体是根据层级分化的原则而被等级性地加以组织的话”,卢曼写道,就像直接回应施米特的那样:

　　……那么这样的一种在政治顶端上的分歧就不可想象或它只与那些经历有关,比如政治分裂和内战,也就是与那些混乱和灾难的经历有关。只要社会被如此结构化,那么作为社会,它就不再需要一个顶端,然而,当它是被非等级性地纳入功能系统时,政治就有可能与一种分歧化的顶端相伴运行。(Luhmann,1990a:233)。

因此,“政治的”(或“元政治的”)最紧要的当务之急乃是通过观察保存差异。这项任务即使乐观地说也是自相矛盾的。不存在为了保持分化而又监视分化的“主权者”位置,“主权者”一旦消失,那么其负责保护的结构也土崩瓦解了。不存在保存差异的包罗万象的社会的统一体——非“存在”,而仅仅是“存在者”。“世界"成为了一个范围(horizon)，而非是某个有利位置(a vantage point)，而"人类所能达致的至高秩序"则仍然危机重重。

　　就像卢曼谨慎承认的那样，这一秩序既被区分所保护，又能保护进一步的区分。一部分区分总是为更进一步的区分所观察。对既有符码做道德判断的能力一直存在，无论接受还是拒斥之。政治符码亦是如此，虽然这一行为自有后果。"如果统治者/反对者的二元符码被作为'民主'加以接受的话，那么过渡到一种附加的区分(就接受/拒绝这一原初区分而言)的任何意图都会导致'非民主'。"这一第二个添加的区分此时"转变为主权并且能够在所有领域中施展——因此它通过仍在持续地进行统治的统治者而拒绝了统治者/反对者这种区分"(1990a：175)。简言之，这种超区分(super-distinction)定义了一种"政变"(coup)，而这(政变)正是施米特借助其主权观念要加以避免的，但是这也是应用施米特的主权观念时不可避免的结果。因此，卢曼才预设了一种自由民主的秩序。[①] 他的分析既不适用于"后民主社会"，也不适用于"那种自下而上的政治恐怖，在那里不再有统治者与被统治者的区分，每个人都是邪恶的(除了他们自己)"(1990a：176)——当然，情况不免极端，这一夸张讽刺也直指1968年代，但是这一情况类似于霍布斯、施米特的理论中令人胆寒的内战狂热。何况，使这种"狂热"得以保全的并非是不可分割的主权，反而是可分的主权。加冕礼早已不再，因为"主权"的现代形式已经无法被代表；它只能被再生产为一种区分，如同"异识的威胁"所表明的，每个系统都在再生产他自身的自治性。那种古老的对"调解"的"幻想"(它

----

① 　于是，一些保守的施米特分子(比如哈贝马斯)就会把卢曼视为德国的美国化之产物。然而，卢曼区别于哈贝马斯(那与卢曼的理论设计无关)之处在于他缺少哈贝马斯那种道德性和劝导性的思想气质(Gseinnung)。有人愤怒地、近似歇斯底里(如果这会令人感到愉悦的话)地将哈贝马斯批评为最彻底的"再教育"文化的代表者，参见 Maschke(1987：115—64)。

被利奥塔视为"恐怖"）将自身揭示为那种最真实的"去分化"（de-differentiation）的威胁。为了对付这一威胁，卢曼将矛头指向了那些"满口胡言的政客"（1990a：233）以及那些"迷醉于道德"的人（1990a：237），这是因为他们希望瓦解那种政治性的敌友划分，这种划分平等地赋予统治者与反对者以合法的角色，并想用一种道德性的敌友划分来替代之，这种划分想象着彻底地消灭"邪恶"的敌人，由此也一并摧毁那种允许敌人发声的系统。摧毁道德的和政治的符码就是为了要使政治系统隶属于道德系统。一旦如此，那么整个分化的结构就岌岌可危了。这样，系统内部以及系统之间的斗争均被剥夺了合法性，因为普世的道德总会导致"调解"的出现，而罔顾某一方的意愿。这样的对某一方的"非法化"是从不会中立性地运作的；而且这样的"调解"也总是会掩盖异识并伪装成和平。

虽然卢曼的现代性的领域与施米特所纪念的"法"（*nomos*）不尽相同，但是这场超越于系统自治性的斗争并没有越出国家主权的范畴，他们所面对的敌人都是相同的。对霍布斯和施米特而言，（敌人）是普世主义的威胁（不管它是以罗马天主教会和新教良心为代表，还是以英美的海洋"教会"和人道主义精神为代表），对利奥塔而言就是调解的恐怖，对卢曼而言就是"去分化"的威胁。因为与过去的一两个世纪绝大多数的坚持"去分化"的立场的政治理论相反，我们所有（对这些理论）的争辩者——施米特、利奥塔、卢曼——则都承认，政治性依赖于一种差异结构的维持。然而，吊诡的是，他们对分化的赞赏却与一些根深蒂固的意向相冲突。我们集体性的本能反映仍旧表明，我们应该蔑视异化、具体化、理性化和劳动分工。我们仍旧习惯性地渴求共识、共同体、和解（*Versöhnung*）以及一种市民宗教——倘若不是一种实质上的内心超越，至少也是一种世俗性和变革性的宗教救赎。并且我们仍旧梦想着整体性的全球和平，梦想着有一天雄狮与羔羊相互依偎，而罔顾豺狼在旁咆哮不止。或许总有一天我们会梦想成真,不过上帝或历史的手段也比道德手段更具效用。分化也许并不具有弹性或必然性,就像它的那些悲观批评者有时认为的那样。不存在——是可以存在的——一个监视和保护分化的主权,存在的仅仅是为着自治而展开的多重斗争。描述是我们唯一的方案。虽然,有人会想知道:如果这种维持这些斗争的秩序消失了,或被效率(efficiency)和气质(*Gesinnung*)所吞噬掉的话,那么我们是否也会像施米特曾经深情款款地追忆欧洲的正义共同体(*Jus Publicum Europaeum*)那样,终而饱含情感地追思这一秩序呢?

参考文献

Agamben, Giorgio (1998) *Homo Sacer: Sovereign Power and Bare Life*, trans. Daniel Heller-Roazen. Stanford, CA: Stanford University Press.

Anderson, M. H. (1998), *War and Society in Europe of the Old Regime*, 1618–1789. Montreal and Kingston: McGill-Queens University Press.

Arendt, Hannah(1982)Lectures on Kant's Political Philosophy, ed. Ronald Beiner. Chicago, IL: University of Chicago Press.

Beardsworth, Richard (1996) *Derrida and the Political*. London: Routledge.

Bendersky, Jossph W. (1983) *Carl Schimtt: Theorist for Reich*. Princeton, NJ: Princeton University Press.

Bendersky, Jossph W. (1987) "Carl Schmitt and the Conservative Revolution", *Telos* 72: 27–42.

Colas, Dominique(1997) *Civil Sociery and Fanaticism: Conjoined Histories*, trans. Amy Jacobs. Stanford CA: Stanford University Press.

Davidson, Eugene(1997) *The Trial of the Germans: An Account of the Twenty-two Defendants before the International Military Tribunal at Nuremberg*. Columbia: Missouri University Press.

Davidson, Eugene(1997) The Nuremberg Fallacy. Columbia: Missouri University Press.

Derrida, Jacques (1992) " Force of Law: The 'Mystical Fundations of Authority' ", pp. 3–67 in D. Cornell, M. Rosenfeld and D. G. Carlson(eds) *De-*

construction and the Possibility of Justice. New York: Routledge.

Derrida, Jacques (1997) *The Politics of Friendship*, trans. George Collins. London: Verso.

Fuller, Mai. Gen. J. F. C. (1968) *The Conduct of War, 1789-1961: A Study of the Impact of the French, Industrial, and Russian Revolutions on War and Its Conduct*. New York: Minerva.

Habermas, Jürgen(1989) "Modernity vs. Postmodernity", New German Critique 22: 3-14.

Habermas, Jürgen (1989) *The New Conservatism: Cultural Criticism and the Historians' Ddebate*, ed. and trans. Shierry Weber Nicholsen. Cambridge, MA: MIT Press.

Habermas, Jürgen(1997a) *A Berlin Rrepublic: Writings in Germany* , trans. Steven Rendall. Lincoln: Nebraska University Press.

Habermas, Jürgen(1997b) " Kant's Idea of Perpetual Peace, with the Benefit of Two Hundred Years' Hindsight", pp.113-53 in James Bohman and Matthias Lutz- Bachmann (eds) *Perpetual Peace: Essays on Kant's Cosmopolitan Ideal*. Cambridge, MA: MIT Press.

Hirst, Paul(1987) "Carl Schimtt's Decisionism", *Telos* 72: 15-26.

Kant, Immanuel(1970) *Kant's Political Writings*, ed. Hans Reiss, trans. H. B. Nisbet. Cambridge: Cambridge University Press.

Kant, Immanuel(1974) *Kritik der Urteilskraft*. Werkausgabe, vol. 10. Frankfurt: Suhrkamp.

Keane, John (1992) " The Modern Democratic Revolution: Reflections on Lyotard's *The Postmodern Condition*", pp. 81-98 in Adrew Benjamin (ed.) *Judging Lyotard*. London: Routledge.

Koselleck, Reinhart (1985) "The Historical-Political Semantics of Asymmetric Counterconcepts", pp.159-97 in *Futures Past: On the Semantics of Historical Time*, trans. Keith Tribe. Cambridge, MA: MIT Press.

Larmore, Charles(1996) *The Morals of Modernity*. New York: Cambridge University Press.

Leibniz, G.W.(1989) "On the Ultimate Origination of Things", in *Philosophical Essays*, ed. and trans. Roger Ariew and Daniel Garber. Indianapolis, IN: Hackett.

Lessing, Gotthold Ephraim (1957) "On the Proof of the Spirit and Power", pp. 51-6 in Henry Chadwick (ed.) *Lessing's Theological Writings: Selections in Translation*. Stanford, CA: Stanford University Press.

Lewis, Wyndham (1984) *Rude Assignment: An Intellectual Autobiography*. Santa Barbara, CA: Black Sparrow.

Liddell Hart, B. H. (1946) *The Revolution in Warfare*. London: Faber and Faber.

Löwith, Karl(1995) "The Occasional Decisionism of Carl Schimt", pp. 137–69 in *Martin Heidegger and European Nihilism*, ed. Richard Wolin, trans. Gary Steiner. New York: Columbia University Press.

Luhmann, Niklas(1981)"Organization und Entscheidung", pp. 335–89 in *Soziologische Aufklärung*, vol. 3. Opladen: Westdeutscher Verlag.

Luhmann, Niklas (1989) "Staat und Staatsräson im Übergang von traditionaler Heerschaft zu moderner Politik", pp. 65–148 in *Gesellschaftsstruktur und Semantik: Studien zur Wissenssoziologie der modernen Gesellschaft*, vol. 3. Frankfurt: Suhrkamp.

Luhmann, Niklas (1990a)*Political Theory in the Welfare State*, trans. John Bedbarz Jr. Berlin: Walter de Gruyter.

Luhmann, Niklas (1990b)"The 'State'of the Political System", pp. 165–74 in *Essays in Self-Reference*. New York: Columbia University Press.

Luhmann, Niklas (1995)*Social Systems*, trans. John Bednarz Jr with Dirk Baecker. Stanford, CA: Stanford University Press.

Lyotard, Jean-François(1988)*The Differend: Phrases in Dispute*, trans. Georges Van Den Abeele. Minneapolis: Minnesota University Press.

Lyotard, Jean-François(1993)*The Postmodern Expalined: Correspondence 1982–1985*, ed. J. Pefanis and M. Thomas, trans. D. Barry er al. Minneapolis: Minnesota University Press.

Lyotard, Jean-François and Jean-Luop Thébaud (1985) *Just Gaming*,trans. Wlad Godzich. Minneapolis: Minnesota University Press.

McCormick,John P. (1998)"Transcending Weber's Categories of Modernity? The Early Lukács and Schimtt on the Ratinalizaion Thesis", *New German Critique* 75: 133–77.

Marquard, Odo (1989) *Aesthetica und Anaesthetica: Philosphische Überlegungen*. Paderborn: Schöningh.

Maschke, Günter(1987) *Der Tod des Carl Schimtt*. Vienna: Karolinger.

Mejer, Heinrich (1995) *Carl Schimtt and Leo Strauss: The Hidden Dialogue*, trans. J. Harvey Lomax. Chicago, IL: University of Chicago Press.

Mouffe, Chantal(1993)*The Return of the Political*. London: Verso.

Nack, Paul(1996) *Carl Schmitt: Eine Biographie*. Frankfurt: Ullstein.

Seheuerman, William E. (1994) *Between the Norm and the Exception: The*

Frankfurt School and the Rule of Law. Cambridge, MA: MIT Press.

Schimtt, Carl (1912) *Gesetz und Urteil: Eine Untersuchung zum Problem der Rrchtspraxis.* Berlin: Verlag von Otto Liebmann.

Schimtt, Carl (1976) *The Concept of the Political*, trans. George Schwab. New Brunswick, NJ: Rutgers University Press.

Schimtt, Carl (1985a) *The Crisis Parliamentary Democracy*, trans. Ellen Kennedy. Cambridge, MA: MIT Press.

Schimtt, Carl (1985b) *Political Theology: Four Chapters on Concept of Sovereignty*, trans. George Schwab. Cambridge, MA: MIT Press.

Schimtt, Carl (1988a) *Psitionen und Begriffe im Kampf mit Weimar-Genf-Versailles*, 1923-1939. Berlin: Duncker and Humblot.

Schimtt, Carl (1988b) *Der Nomos der Erde im Völkerrecht des Jus Publicum Europaeum.* Berlin: Duncker and Humblot.

Schimtt, Carl (1993a) *Legalität und Legitimität.* Berlin: Duncker and Humblot.

Schimtt, Carl (1993b) *Land und Meer: Eine weltgeschichtliche Betrachtung.* Stuttgart: Klett-Cotta.

Schimtt, Carl (1994) *Das internationalrechtliche Verbrechen des Angriffskrieges und der Grundsatz "Nullum crimen, nulla poena sine lege"*, ed. Helmut Quaritsch. Berlin: Duncker and Humblot.

Schimtt, Carl (1996) *Der Hüter der Verfassung.* Berlin: Duncker and Humblot.

Schneewind, J. B. (1998) *The Invention of Autonomy: A History of Modern Moral Philosophy.* Cambriedge: Cambridge University Press.

Strauss, Leo (1976) "Comments on Carl Schimtt's Der Begriff des Politischen", pp. 81-105 in Carl Schimtt, *The Concept of the Ppolitical*, trans. George Schwab. New Brunswick, NJ: Rutgers University Press.

Ulmen, G. L. (1991) *Politischer Mehrwert: Eine Studie über Max Weber und Carl Schimtt.* Weinheim: VCH Acta Humaniora.

Walzer, Michael (1992) *Just and Unjust Wars: A Moral Argument with Historical Illustrations*, 2nd edn. New York: Basic Books.

Weber, Max (1946) "Science as a Vocation", in From *Max Weber: Essays in Sociology*, ed. And trans. H. H. Gerth and C. Wright Mills. New York: Oxford.

Weber, Max (1978) *Economy and Society: An Outline of Interprtive Sociology*, ed. Guenther Roth and Claus Wittich. Berkeley: University of California Press.

Wellmer, Albrecht (1991) *The Persistence of Modernity: Essays on Aesthetics, Ethics, and Postmodernism.* Cambridge, MA: MIT Press.

Wolin, Richard (1992) *The Terms of Culture Criticism: The Frankfurt School,*

Existentialism, *Poststructuralism*. New York: Columbia University Press.

Wolin, Richard (1995) *Labyrunths: Explorations in the Critical History of Ideas*. Amherst: Massachusetts University Press.

道德、政治与自然法：V.赫斯勒访谈录

[德]维多利奥·赫斯勒　郑琪　著

[编者按] 维多利奥·赫斯勒(Vittorio Hösle)，现任美国圣母大学高等研究院院长(the Notre Dame Institute for Advanced Study)。1960年出生于意大利米兰，21岁在图宾根大学获得博士学位，25岁通过教授资格论文。他著作等身，包括《道德与政治》(Moral und Politik，1997，英译本 Morals and Politics，2004)，《黑格尔体系》(Hegels System，2卷，1987)。其中《道德与政治》是他最主要的一部政治哲学著作。2014年12月他来复旦大学讲学。此篇文稿即为他此次讲学期间，华东师范大学法律系讲师郑琪博士对他的专访。

郑琪： 赫斯勒教授，非常感谢您接受我们的采访。我们很多留德的学者都知道，您是黑格尔和柏拉图研究方面一名非常著名的学者。您不仅撰写有一些专门的研究专著，比如《黑格尔体系》，同时也撰写有一些富含哲理的通俗读物，比如多年前由卫茂平教授翻译进来的《哲学家的咖啡馆》。据我们所知，到目前为止您已经出版30多部著作，可谓著作等身，但中国学界对您的思想还不熟悉。您能否简要地向我们描述一下您的哲学立场？

赫斯勒： 在哲学的图景中，我可能因三个原因而显得与众不同。首先，我拒绝在当代哲学的某个单一领域内作专门化研究的

强有力倾向,因此我在哲学的不同领域上拓展,从生物哲学到政治哲学和美学。这是基于我的信仰,即哲学是一个融贯一致的领域,而对此的可信证据只能在不同学科的关联处中找到。其次,我相信哲学史的研究是体系性哲学的内在组成部分——我们不应该只是为了满足历史的博学而投入其中,而应是为了激发系统性的思想。因此我研究了传统中的一些重要人物,如柏拉图、维柯和黑格尔,但我总是试图找出那些对我们依然有效的东西。第三,我坚定地捍卫客观观念论(objective idealism)的哲学立场,这个立场首先由柏拉图阐述,并定期地在哲学史中重现——我的确相信有一个无法化约为心理过程或历史事件的客观理性,它展现在世界中,既在自然中,也在人类文化的进化中。这个立场在今天并不常见,但我依然把它看作是能解释宇宙之可知性(intelligibility)的唯一哲学。

郑琪:据我们了解,您21岁就博士毕业,25岁就通过教授资格论文,可谓很早就确立了您在德国学界的名声,我们想知道到底有哪些特殊的经历塑造了您的哲学观点?

赫斯勒:我将提到三个相关的因素。我出生在意大利,六岁时去了德国,因为我的父亲是德国人,而我母亲则是意大利人。当我十二岁时,我又进一步在西班牙待了一年。后来我又娶了一位韩国太太,并成了美国公民。所有这些可能都促使我形成了一种高于一般的跨文化敏感性,并使我去寻找各种并非单纯基于文化传统、而是超越其上的规范:为此它们必须是普遍的。其次,在我孩提时代,我依然看到了纳粹在德国统治所遗留的后果,如在我们学校的某些老师那里的意识形态。我在雷根斯堡(Regensburg)长大,它离铁幕(Iron Curtain)①只有一小时路程,我清楚地意识到来自苏联的极权主义威胁。这很早对我来说就是一个关键问题了:

---

① 指第二次世界大战后苏联及东欧国家为阻止同欧美各国进行思想、文化交流而设置的一道无形屏障。——译注

如何防止政治权力被可怕地滥用？我的家族中有一位有趣的人盖莫奈（Mario Geymonat），他是一位出色的拉丁语学者，娶了我母亲的妹妹，我写过一本关于他的小书。他曾经是意大利毛主义党的领袖。尽管我并不认同他的政治评论，但他很早就在我的心里唤起了对您伟大国家的强烈兴趣。第三，我早年对宗教问题感兴趣，但却没有可用的现成答案。我曾受洗成为天主教徒，当我八岁时，我父亲就让我改上宗教中的路德宗课程。青少年时期我花了很多时间阅读路德，他那华彩的圣经德文译本以及他的一些神学著作。我也阅读了整部《可兰经》译本。在大学期间，我除了学习哲学之外，也研习古典学和梵语（追随著名的 Paul Thieme），并开始熟悉印度宗教。这给了我关于人类宗教发展的某种概观，当我后来决定回归天主教会时，那是因为它与我的哲学信念更为相符，我所信奉的是一种非常开放的和自由的天主教。在中国，我利用我在北京的几天去祭拜了利玛窦（Matteo Ricci）的墓地，因为我确实景仰这位耶稣会士学习中国语言和文化以及他为西方科学在中国的传播奠定基础的方式（由于他和徐光启一道翻译了欧几里得的《几何原本》）。

郑琪：您在您的《道德与政治》一书中多次提及，黑格尔的《法哲学原理》是到目前为止政治哲学中最重要的一部著作，而且我们也知道黑格尔的著作对您产生了非常深远的影响。那么我们是否可以据此称您为一位黑格尔主义者？或者说，黑格尔的思想在您的政治哲学中占据着一个什么样的位置？

赫斯勒：在德国的教育系统中，在完成博士论文后，要成为一名教授你就不得不写第二部著作，即就职论文，而我的就职论文研究的是黑格尔的体系。这是关于黑格尔的最为详尽的著作之一，而它不可避免地塑造了我看待世界的方式——即将世界看做是一个融贯的整体，人类历史则朝着缓慢的道德和政治进步发展（但这种进步也可能轻易地崩溃）。然而，在一些根本性的问题上，我认为我们已经做出了许多超越黑格尔的进步,因此我不愿称自己是"黑格尔主义者"。我更喜欢"客观观念论者"这个术语。

郑琪:您这次来复旦所演讲的主题基本取自您的《道德与政治》一书。或许这部著作也代表了您最基本的政治哲学思想,乃至您最基本的一些哲学观念。这部著作出版于1997年,听说此书当时在德国国内还引发了一些激烈讨论,并出版了一本专门评论您这部著作的论文集。此书后来于2004年被译成英文,听说韩文本马上也要出版,同时,此书的中译本也已在计划中。所以,我们知道此书应该是您的心血之作,也是您的代表之作。我们很想知道,到底是什么动因促使您去撰写这样一部近百万字的巨著,而这样一种囊括诸多个学科领域的宏富之作在当代已经不多见了?

赫斯勒:这本书源于我的愿望,即想给我在1990年于莫斯科所作的关于生态危机的五次演讲中提出的许多主张奠定更全面的基础。那本小书相当成功(以六种语言出版,有的还印了许多版),但太短了,我觉得我应该提出一个更具贯联性的版本,并解释我关于生态可持续的国家图景为什么既是新颖的,又深植于政治哲学的传统中。上个世纪90年代的政治振奋是很难向今天的年轻人解释的,但那时我们见证了两个政治奇迹——冷战的和平终结和南非相对和平地向民主的转型。这显示了政治中伟大个体的重要性,如戈尔巴乔夫和曼德拉,而这本书的很大一部分处理的就是权力心理学和有道德的权力持有者的性格特征。

郑琪:那么您想在这部书中处理什么问题?

赫斯勒:根本就无法在短短的几句话里总结1200页的内容。一般而言,我可以说我所致力的是面向21世纪的政治伦理学——我想为政策的选择提供道德标准。这是在最后九章中做的,但我在前面的八章奠定了一个漫长的基础,它涉及对伦理学、哲学人类学、国家理论和法哲学的长篇讨论。

郑琪:那么在您看来,这部书到底有什么独到之处,您觉得它有何特殊贡献，或者说对所谓的政治哲学有何贡献？

　　赫斯勒：比起那些原创和独特之物来说，我总是更喜欢谈论那些真实之物，因此我的书重复了许多先前已经提出过的观点。但是，仍有许多新的内容——从对权力的研究到自然法学说。我认为它的主要优点首先在于它的综合性——我不知道有哪本书如此清楚地区分过政治哲学中至关重要的一些描述性和规范性的议题，且又进一步把它们重新联系起来。这本书就其伦理进路上来说是康德主义的，但同时它又深植于德国的"国家学说"传统中，这个传统最终要回溯到黑格尔。为了撰写这本书，我不得不研究生物学、心理学、社会学、政治科学、经济学、法理学，当然还有哲学。其次，本书是由环境的挑战所启发的——正如过去20年的许多其他著作那样。但它们主要研究单一的问题，且经常缺少可信的理性基础，《道德与政治》则提供了对一些基本概念（如财产和民主）的体系性思考，并把当代的议题与古老的争论结合起来。顺便提一下，当我在中国读到孟子的书时，发现这位伟大的思想家早已有了关于可持续性的观念（《孟子》1.3），我对此感到兴奋。

　　郑琪：此书由三部分构成，就我们现代的学科划分来看，第一卷处理的基本上是有关于道德理论的，第二卷则是一些经验性研究，包括对于人、权力以及国家本性的研究，第三卷又转向讨论规范性问题，尤其是提出了一种正当的法体系。我们想知道，这是一个松散的结构，还是有您特殊的考虑？

　　赫斯勒：我对三分法的偏好自然是黑格尔式的。这本书的第一部分是规范性的，第二部分是描述性的，而第三部分则是从前面两部分的前提中得出的规范性结论，就如一个混合的三段论那样。每一部分都分三节。第一卷从政治思想的哲学史开始。接着我区分了道德和政治的概念，并捍卫一种互补性的论题（complementarity thesis）：存在着对政治的道德评价，但你也可以分析对道德观点的政治运用——这种分析自身又要受制于道德评价。最后，我展现了伦理的原则——以一种修改过的康德精神,它包含了来自黑格尔和功利主义传统的重要洞见。第二卷的第三部分致力于研究国家,它在其他社会制度中的位置,它的特定形式和功能,它的历史发展。而前面两部分研究的则是人和权力,因为国家是使用权力的人类组织。在第三卷中,我在第一部分开始于对自然法的勾勒,接着讨论了政治伦理在非理想状态下的挑战——比如,我提供了一种关于正义战争的理论。最后一部分处理的是我们时代所需的具体政策。

郑琪:您认为政治不只是权力斗争,但那额外的东西也不仅仅是利益。您能否简要地告诉我们政治对于您来说是什么?

赫斯勒:我用的唯一新词是"权谋"(cratic)①——一个和权力斗争相关的概念。对我来说,政治不可避免涉及权力斗争,但它必定只不是一种权谋上的努力——它必须是由道德上正当的国家目标的规定和适用所引起的。在这一背景中关键的概念是共同善(common good)。

郑琪:您宣称有一个独立的道德领域,道德应该有权评价每一种人类活动。而你相信道德的自主性还未完全恢复。恢复道德作为一个独立的领域到底意味着什么?为什么这是"现代欧洲文化最为重要的任务"?

赫斯勒:这个任务对所有的人来说都是重要的,但在欧洲,道德的恢复尤其紧迫,因为自然主义的世界观和价值无涉的社会科学的兴起几乎已经摧毁了这种自然的信念,即有些事不是因为它在历史上是成功的就是道德的,相反,我们之所以应该帮助它实现

---

① 赫斯勒在《道德和政治》里提到,"'权谋'(cratic)指的是与权力斗争相关的现象。""权谋(the cratic)比政治(the political)更为宽泛:有些权力斗争并不是在一国之内或国家间争夺权力,因此他们不能被称为是'政治的'。政治权力斗争是权谋的一个特殊例子,尽管它——正如我们已经提到的那样——是一个极为重要的特殊例子,因为所有的权力斗争最终在他们那里达到高潮。"Vittorio Hösle, *Morals and Politics*, trans. Steven Rendall, University of Notre Dame Press, 2004, pp.63-64。

是因为它是道德的。我认为极权主义兴起的其中一个原由就是这种信仰，即认为国家可以虚构什么是道德的——在我看来，它只能帮助实现基于实践理性的自主性上、在其自身的基础上是道德的事物（孟子在《孟子》2.16 中接近这个概念）。尽管在最近的几十年里，极权主义在世界的绝大部分地方已经消亡，但我担心，当人类丧失对道德本质的正确观点的时候，它仍然会回归。

郑琪：为什么您认为权力的概念对于我们理解国家的本质来说是不充分的？

赫斯勒：正如我已经提到的那样，国家只有当其践履道德理念的时候才是值得尊重的，而这些理念并不源于权力的概念。但即使在一个纯粹描述性的层面上，权力的概念也要比国家的概念更具一般性——在公司里甚至是大学里都有权力斗争……现代国家的特定本质在于它获得了对强制的合法利用的垄断，但强制并非权力的唯一形式：经济和意识形态的权力超越政治权力。

郑琪：您为什么认为契约理论无法解释一个政治共同体的基础？

赫斯勒：我的书中对契约理论的反对是多方面的。首先，在描述性的层面上，正如休谟的著名表述所说的，很少有国家把他们的起源归为契约。其次，在规范性的层面上，我不知道契约理论如何解决囚徒困境。在不再是对他们有利的情况下，公民们为什么还要尊重协议？以及他们为什么应该信任其他的契约参与者会尊重协议？理解霍布斯的唯一方法是把他的第三条自然法即"合约应该被遵守"理解为一种绝对义务，正如沃伦德（Howard Warrender）建议的那样——但这与霍布斯所主张的利己主义的伦理学不相契合。因此，我们需要一种具有绝对义务的伦理学，为了有一种可行的契约理论，我们需要那种能产生信任的社会制度。第三，但即使是那时，我也不知道代际正义的义务如何能被纳入到契约的理念中。

郑琪：施米特和凯尔森对国家和法律的关系有着完全不同的理解。您能否评述他们的观点并告诉我们您自己对国家和法律关系的看法？

赫斯勒：我既不喜欢施米特，也不喜欢凯尔森，相较于他们，我更喜欢魏玛共和国时期第三个伟大的国家理论家黑勒（Hermann Heller）。非常不幸的是，他过早地去世，以至对法律话语没能产生类似的影响力。凯尔森和施米特都不承认自然法——对凯尔森来说，是完全空洞的"基础规范"保障了法律体系的效力，对施米特来说，是某一权力主体的决断通过了宪法。我相信，宪法的正当性最终是奠基于于这个事实，即每一法律秩序确保了稳定性，并因此保护了诸如生命和财产的价值，一个良好的法律秩序使得正确的价值和规范成为社会现实，它们在国家之外是无法实现的。

郑琪：在你的政治哲学中，自然法的概念是很重要的。您为什么对这个主题特别感兴趣？这个概念在您的理论中起到什么作用？

赫斯勒：我对自然法概念感兴趣的主要原因是我们需要一个区分正义法律和非正义法律的标准——最晚至斯多葛学派以来，这个标准就被称为自然法。但这难道不是涉及对法律的过分道德化，甚至对无论如何都应该被遵守的法律要求的颠覆吗？不是的。首先，我确实接受遵守甚至是不正义法律（但是只在一定程度的不正义之内）的当然义务，因为法律的无政府状态危及那些我们有道德义务予以尊重的基本善（basic goods）。其次，自然法对我来说是道德律的一个恰当的子集。这意味着自然法只能要求那种从道德上说有义务的事务——但它不能要求所有义务性的事务。因此，有一些道德义务国家不需要甚至是必定不能实施的。纯粹道德规范和自然法规范的严格分界是困难的——我自己的分界受到了自由主义的启发，但又与自由主义相抵触。因此，比如说，我不接受自我伤害的权利，我确实支持某些重新分配机制，也就是说,我承认一种帮助最贫穷人们的可强制执行的义务。

　　郑琪：根据我们通常的哲学史理解,康德和黑格尔的思想代表着对于现代自然法(比如 Grotius, Hobbes, Locke)的批判。而且我们也知道,在自然法传统中,占据核心的思想流派是阿奎那(Thomas Aquinas)的自然法理论。不知您是如何理解您的自然法理论在这个自然法思想传统中的位置的?

　　赫斯勒：尽管我很景仰阿奎那和后来的经院哲学家的自然法理论,但我确实认为它有两个局限性。首先,它没有真正地解决刚刚提到的分界问题,其次,它提前发动了伦理学中的普遍主义革命,这场革命事实上是在 18 世纪发生的,并摧毁了旧制度。因此,我认为康德和德国观念论的自然法理论是更为优越的。然而,黑格尔的理论在其形式结构上更接近于阿奎那而非洛克,因为阿奎那和黑格尔都避免了契约主义的思想。

　　郑琪：您肯定知道,在您们学校的法学院有一位颇富盛名的自然法理论家 John Finnis。他在当下英美法学界有很大的影响,我想您在那边应该对他的学说不会陌生,不知您是如何评价您的这位学院同事的?

　　赫斯勒：在我看来,菲尼斯的重要著作缺乏对康德和后康德的自然法传统的了解。阿奎那是他的指引者,这是好事,但人们也应该理解和承认发生在现代的伦理进化。

　　郑琪：在您的书里,您把施米特看做是一个把政治和伦理区分开来的负面人物。施米特其实是非常关注伦理对政治的影响。他认为对政治的道德化会使得政治更加残酷和非人化。因此,为了限制政治中的残酷程度,我们有必要把政治和伦理道德区分开来。由此可以说,在某种意义上,施米特的立场的目的是道德化的。您如何看待施米特的立场?

　　赫斯勒：施米特智识上的才华并没有伴随着相应的道德原则,正如他在第三帝国期间的行为所充分说明的那样,因此,他是对政治道德化最为危险的批评者之一。存在着一些攻击性的、却没有用处的道德化原则，就这一点来说施米特是对的，但他拒绝承认，这样一个判断——为了被严肃地对待——就已经预设了道德原则，而他不能也不愿去设计一种明晰的伦理学，这种伦理单独就能正当地拒绝那种愚蠢的道德化形式。比如，在他的《游击队理论》中，他正确地批评了游击队员破坏战争中的正义（jus in bello）——但同时他拒绝对开战正当性（jus ad bellum）的任何限制。

郑琪：正如您所知道的，战后德国不再有非常重要的思想家。因为语言的缘故，中国读者对德国的思想的了解也并不全面，除了哈贝马斯（Habermas）等在英美也比较有影响的思想家之外，对于其他人，中国读者所知甚少。在您看来，在政治哲学和法哲学方面，您可否大致介绍下战后德国政治思想的基本状态，还有哪些人值得关注？

赫斯勒：哎，当代德国政治哲学的东西并不多。我个人认为汉斯·约那斯（Hans Jonas）的环境伦理学是对世界哲学的最为重要的贡献之一。

郑琪：您在著作中提到"一个普遍国家"（a universal state）。"普遍国家"是您对未来的希望吗？它意味着什么？

赫斯勒：希望人类在以后的几个世纪里将会发展出一些普遍的政治结构——从联合国的宪章开始——主要有三个理由。首先，如果国际领域依然被无政府状态支配，那么和平的问题不能被持久地解决，而战争在大规模杀伤性武器的时代则可怕得令人无法忍受。其次，市场预设了一种政治框架，全球化必将导向越来越多的国际私法和世界法律体系的同质化。最后，环境问题涉及全人类，我们在联合国很快将需要一个类似环境委员会的机构，执行类似于安理会的任务。在这个方向的漫长道路上，我只是希望世界的主导国家如中国和美国能彼此互信地合作。

郑琪：能否告诉我们您对21世纪的政治伦理的愿景？什么

将是对这个新政治伦理形成的最根本挑战？

赫斯勒： 在我的愿望清单中，靠前的有消除战争的威胁、教育民众、克服狂热、在两性之间有更多的平等、通过包括国际贸易在内的方法增加一般的财富、寻找一个可持续的经济框架、使得政府对其人民和国际社会负责。同时，巨大的跨文化差异将是一个很大的障碍。我希望我们会成功地塑造一种世界性的精神特质（world ethos），它使不同国家的精英联系互通，并承认基本的道德原则，而在这些道德原则中，我们对未来子孙后代的责任必定是最为重要的。

阿奎那《论法律》讲义 *

[西班牙]维多利亚 著　杨天江** 译

[编者按] 中世纪晚期,在奥卡姆(William of Occam)和司各特(Duns Scotus)的批判下——哲学上的唯名论之于唯实论的批判,政治上的意志论之于理性论的批判——阿奎那的托马斯主义全面

---

* 【英译者说明】这些以《论法律》为题的讲座内容是维多利亚逐日讲授阿奎那《神学大全》的组成部分,发布于1533年到1534年的学术会期。那时正值维多利亚职业生涯第三次完成这种讲授(整轮大约需要7年)。这也是他最后一次把《神学大全》第二集第一部分纳入到授课内容之中。第四轮于1539年开始,但由于病患的困扰不得不由他人于1540年圣诞节接替。这里选译的片段由第121到129讲以及136到137讲组成(全部内容包括154讲)。西班牙的学年开始于10月15日圣路加日之后的星期一。因此,这些讲座大约是在1534年的圣神降临周进行的,这大致相当于我们夏季学期的开始时间。按照规定,维多利亚应当讲授大学课程设置的神学文本《伦巴德嘉言录》,但是他却选择了阿奎那。这并非维托利亚所享有的唯一自由,正像我们这份手稿的抄录者所指出的,他还整个地略过了25-29这些容易的问题,"以便在学期末能完成整个文本"(ut possemus hoc anno finem imponere toti 1e2e', fol.29v)。在下面翻译的内容中,维多利亚省略了阿奎那的部分章节,或者仅仅以只言片语打发它们。这些讲授内容只在学生的笔记中幸存下来。我们翻译的部分采自匿名的梵蒂冈手稿Ottob. 1000.290讲座的序号出现在左边空白处的栏外标题处,每节评论所援引的阿奎那的章节以黑体标题的形式补充在文本之中,并且在栏外标题中用括弧括出。关于阿奎那的引文以斜体字形式标出,采用吉尔比(Gilby)的布莱克佛埃尔英文翻译(the Blackfriars English translations)(第28卷问题90-97)以及伯克和利特戴尔版(Bourke & Littledale)(第29卷问题98-105《论旧约法律》)。

** 杨天江:西南政法大学行政法学院讲师。

败退,并在接下来的一个多世纪内迅速衰微。不过,到了 15 世纪末 16 世纪初,托马斯主义又开始了一股强劲的复兴,此时它的中心转移至西班牙。当时讲授阿奎那的那批思想家几乎都来自萨拉曼卡大学(University of Salamanca),所以这批托马斯主义者也被称为萨拉曼卡学派(School of Salamanca)。而弗兰西斯科·维多利亚(Francisco de Vitoria, 1483 – 1546)就是该学派的创始人。他延续了阿奎那的诸多东西,也包括他有关正义战争的理论。因针对西班牙殖民者对待美洲印第安人的态度,维多利亚撰写了一篇《论美洲印第安人》。虽然是一篇应时之作,但此文却给他带来了流芳百世的声誉,后人也正是基于他在这篇文章中所阐发的学说而将他视为"现代国际法之父"。他的这套学说经由该学派的另一位重要人物苏亚雷斯(Francisco Suarez)在其《论法与作为神圣立法者的上帝》中的系统阐发,而被扩展成一种成熟的有关自然法和万民法的理论。而据某些学者考证,格劳秀斯(Hugo Grotius)的工作正是在阅读苏亚雷斯这部著作的基础上开始的。因此,就法哲学思想之演进来讲,尤其是围绕着自然法和万民法(国际法)的讨论,自中世纪(托马斯主义)到现代(格劳秀斯),期间有着一个不容忽视的延续性,无论期间出现何种断裂。而在此,有两样东西尤其值得我们关注:一是有关正义战争的理论以及由此而产生的现代国际法观念,二是有关法(ius)之内涵的论辩以及由此而产生的从"自然法"向"自然权利"观念的转变。在此,前者的核心围绕着万民法观念的变迁而展开,而后者则围绕着自然法观念的变迁而展开,"自然法与万民法"是那几个世纪最流行的书名,也是那几个世纪最吸引思想家思考的话题。前者(万民法)的讨论渊源于从奥古斯丁开始的正义战争理论,而后者(自然法)则围绕着一位思想家的文本,那就是阿奎那《神学大学》中的《论法律》部分,我们可以说,自然法从中世纪向现代的转变,对于该文本的研究、阅读、阐释和批判在其中占据着主导作用。录入在此的就是维多利亚针对阿奎那《论法律》部分而展开的论述。从中,我们多少可以看到思想变迁中某些值得我们予以关注的重要环节。

《神学大全》I-II.90：论法律的本质

第1节 法律是一种理性能力吗?

阿奎那的回答是:法律是一种理性的能力,因为发布命令的行为来自理性,而且法律是一种人类行为的规则或尺度,名词的"法律"(lex)即派生于动词"约束和强制"(ligare)。显然,法律属于我们的理性本质,并且只能存在于感觉或理智之中。但是,它不存在于感觉之中,所以只存在于理智之中。

疑问产生于法律是属于意志还是属于理智?里米尼的格雷戈里(Gregory of Rimini)似乎认为法律是神圣意志,所以属于意志(伦巴德的《嘉言录》卷一"根本的区别")

1. 为此目的他引证了奥古斯丁《驳法斯特》卷二十二第十七章:"永恒法是天主的理性或意志"。因此,法律属于意志,或者至少说是天主的理性或意志。现代神学家们在谈到法律时都同意这一点。

但是,另一方面,彼得·伦巴德本人却明确指出法律不是意志的问题(《嘉言录》卷一第四十一章)。

在回答这一问题时,伦巴德区分了神圣意志的两个范畴:一个是天主的实际快乐或内在意志(uoluntas beneplaciti),另一个涉及它的某种外在表现(uoluntas signi),这正如我们说"天主的愤怒"时,我们意指愤怒的某种表现。在这种意义上,法律是意志的一种外在表现,而不是严格意义上的内在意志。伦巴德指出,当我们念主祷文"愿你的旨意奉行在人间如同天上"时,我们必须知道,这不是指他的快乐和内在意志应当实现(因为这是我们愿望与否都会发生的),而是指他的意志应当在外部表现出来。这就像是说"愿你的法律得到执行"。我们也必须知道这段话中的"意志"(will):"不是凡向我说'主啊! 主啊!'的人都能进天国,而是那承行我在天之父旨意(will)的人才能进天国"(《玛窦福音》第 7 章 21 节)。这是因为,不论是虔诚者还是异教徒都理所当然地实现着天主的内在意志(uoluntas beneplaciti)。对此进一步的证据是,天主有时规定法律的效果,有时却规定他不愿去做的事情,比如在亚巴郎用依撒格献祭的例子中。伦巴德似乎在《嘉言录》卷一"根本的区别 2"中采取了同样的观点,他在那里证明人有义务服从神法,对于神圣意志更是如此,他说神法是"神圣意志的效果";这就相当于是在说神圣意志与法律不是同一事物。

圣·托马斯在前面已经讨论过这个问题:人的意志是否必须与神圣意志一致方成为善的(《神学大全》I-II 问题 19 第 9 节)。他的回答是它必须与之一致,因为神圣意志是人的意志的一种尺度;如果它是一种尺度,那么就必须是一个规则,如果它是一个规则就必须是一条法律。而且他在这里对第三个反论的回答中,似乎也坚持了同样的观点。因此,同时承认神圣意志和神圣理性都是法律这似乎并非不合逻辑。就法直接基于理性而言,可以提出证明,如果教皇颁布一条法律说:"我希望所有基督徒都斋戒",这个行为不是法律,因为他的希望不具有约束力,而只有他的命令才具有约束力。因此,法律不是意志的行为。另一方面,可以证明如果他规定了某些他不希望去做的事情,那么在这种情况下我们就被他的愿望所强制,如此等等。

有人会反驳这一点说:"我希望所有基督徒都斋戒"不是一条法律,但是"我希望迫使所有基督徒都斋戒"却是一条法律。但是,我坚持认为,即使这也不是一条法律。义务只有体现在一个规定中才被包含进来。对此可以提出证明,意志并不具有一种依照自然法行动的倾向。它具有做出相反行动的倾向,这是一个确定的事实。因此,自然法不是意志的问题,而是理性和光照的问题:"上主,望你向我们显示你光辉的仪容"(《圣咏集》第 4 章 6 节)。① 进一步的证明是,劝告是法律的一部分,正如经文所言:"你若愿意是成全的,去! 变卖你所有的"(《玛窦福音》第 19 章 21 节)。劝告属于理性,而不是意志。发布命令同样属于理智,而不是意志,这正如以上所证明的,因为"作出规定"即是"进行宣布"或者用词语表达,而且说话是一种理性的行为,而不是意志的行为。

有人会问,何种理性的行为是法律? 这是阿奎那在回答第二个反论时解决的问题。他在那里说:在外部行为中,我们需要考虑活动和活动对象,在理性行为中,我们需要思考理性自身的行为,以及由这种行为产生的结果。然后,他把理性的行为定义为一种形成一个三段论结论的同意或判断。

请注意他对第三个反论的回答。这里一切都确证了,因为所有博士都同意善的行为就是与法律一致的行为,而恶的行为则是与法律不一致的行为。但是,何者与法律一致,也与理性一致;何者与法律不一致,同样也与理性不一致。

第 2 节　法律总是指向共同善吗?

阿奎那的回答是每一法律都指向共同善,理由在人生的终极目的是幸福,其他目的都趋向这一终极目的。

法律指向共同善可以通过两种方式加以理解:首先,在法律上,应当如此;其次,在事实上,不仅因为它应当如此,而且因为如

---

① "上主,求你仰起脸来,光照我们。"维多利亚引用的是《圣经》武加大译本,间接提到了下一问题的一个论证,阿奎那在那里把圣经段落中"光照"(lumen)解释为"我们借以辨别善恶的理性之光(属于自然法),圣咏作者却意指天主之光在我们身上的铭刻"(《神学大全》I-II 问题 91 第 2 节)。

果它不如此就不再是法律。同样,我们会论及一些通过规定而必然的事物,以及另外一些在事实上必然的事物。

既然如此,我们可以回答说,法律在这两种意义上都指向共同善。一位国王不会创制一部与共同善无关的法律,否则这法律就是暴君的法律,而不是正义的法律。[①] 国王履行着一种公共职责,这种职责本身即指向共同善,国王是共同体的一位仆人。他当然会追求自身的私人利益,但却不是通过法律。

再者,我坚信,一部法律不仅不能在法律上,而且也不能在事实上违背共同善,因为那样的话法律就不再是法律。如果一部绝不关心共同善的法律被制定出来,那么就不应服从它。

从这一点可以得出下述推论:对于一部具体的法律而言,尽管它正当地颁布,并且本身公正,但由于历经长久而变得无用,那么这部法律就不再有效,就失去了约束力。由此可见,一部法律不论多么公正,如果它在一些国家中无用或者有害,那么就不应在该国保留(尽管有人一定会说一部法律对共同体有用,但对某些个人却无益)。如果斋戒不再有用,也不再具有理由,那么就无需进一步撤销该法律以停止斋戒;或者换一个例子,如果确定禁止某种范围内的血亲通婚不再有用,那么那种法律就不再有效,也无需进一步撤销,因为它不再具有任何约束力或者强制效力。

第3节　任何人都能立法吗?

阿奎那回答说,制定法律并不是任何人理性的职责,而只属于关心共同体的人或代理人,因为他的任务就是为共同善筹划,而这正是法律的关注重点。法律的制定或者属于全体民众或者属于关心全体民众的公共人格者。

---

① 把"暴君的法律"(tyrannical law)定义为一种以统治者私人利益为目标的法律,这是根据亚里士多德的《政治学》1279b6 和《尼各马可伦理学》1160b8;参见《神学大全》II-II 问题 42 第 2 节和第 3 节。

卡耶旦(Cajetan)在这点上提出了一个疑问,但在我看来这似乎只是在吹毛求疵。他声称尽管这个结论对于公民共同体是正确的,但对于精神共同体却不正确,因为天主既不是一个共同体,也不是共同体的代理人。因此,教皇不是共同体的代理人,他也不是从共同体那里获得其权力。对此的回答是,阿奎那用"代理人"(vicegerent)这个词指的不是教皇必须从共同体那里获得其权威,而只是指他必须关心共同体。

人们可以提出一个更为合理的疑问:是否任何大众群体都可以颁布一部法律。阿奎那在对第三个反论的答复中回答了这一点。他认为存在着两种群体或共同体(ciuitas)。一种是不完善的,它是另外一种群体的部分,比如说家庭;这种共同体(即是说,家庭的统治者)不能制定法律,因为它只关心自身的私人利益,但它可以发布戒条和现行命令要求在家庭范围内遵守。另一种共同体是完善的或者说自足的共同体,它当然可以制定法律。①

有人曾经问我,如果某个城市在某个圣日前夕作出斋戒的宣誓,那么人民是否仅仅因为大多数人都进行了宣誓就必须斋戒?我的回答是,他们并不一定非要因为宣誓才这么做,因为没有人能够代表其他人宣誓,但如果这样的一部法律通过了,他们会受到法律的强制。

第4节　公布为法律所必需吗?

这个问题是公布是否为法律所必需。例如,如果国王禁止养骡子,在法律公布之前我就知道了这一点,那么我要服从这条禁令

---

① 如阿奎那所言,把共同体定义为"完善的"或者"不完善的"源于亚里士多德《政治学》1252a5;参照《论政治权力》1.2 脚注 18。

吗?① 与此相对,格拉提安在《教令集》中说,"当法律公布时就制定了出来"。

阿奎那的回答是,公布是法律所必需的,因为规则必须对它意图规制和引导的那些人适用,而公布就是这种适用。因此,从前述四章我们获得了法律的下述定义,即它是"为着共同善的命令",等等。②

但是仍然存在着公布是否为法律所必需的疑问。问题在于,法律是否在通过之即而尚未公布时就变成法律。例如,教皇即将改变从周五到下周三的现行斋戒规定,如果我们想在这条规则公布前的一个周三吃肉,那么我们违反法律了吗? 这是与问我们是否因无知而被宽恕不同的问题。毕竟,虽然野蛮人破坏了基督的法律,但如果他们从未听说过它,这仍是可以宽恕的。

考虑下述问题:如果教皇今天禁止五等亲之内的婚姻关系,我们非常清楚地知道萨拉曼卡(Salamanca)的一些人今天与他的五等亲之内的亲属结婚并不是在犯罪。但是他违反了法律吗? 这个案例是有疑问的,双方都有辩护理由。一方面,一部没有公布的法律显然不是法律。理由在于,正如我在第一节所言,实施法律在于"制定一项命令",然后"宣布"。但是,在这个例子中,教皇既没有制定一项命令,也没有向任何人宣布他的禁令,因此它不是法律。对此的确证在于,如果它是一部真正的法律,虽然违法者的任何罪行都会被宽恕,但他的婚约仍没有约束力,他的婚姻就是无效的。这正如一些人由于无法克服的无知建立了一种实际上使他成为私通者的关系,因为他的妻子被证明与他有亲属关系,这在法律上就

---

① 从 14 世纪晚期直到 1889 年西班牙都存在着禁止养骡子的王室禁令(认为这对饲养纯种马匹构成了威胁)。但是这仅存在于塔霍河以南。维多利亚显然对此很感兴趣,他再三援引这条荒诞的法律:参见 122、125、126(两次)和 127,第六个命题。

② 阿奎那的完整定义是"法律不过是由关心共同善的人公布的以共同善为目的的理性命令"。

不是婚姻关系。

但是,在另一方面,法律明显无需公布,因为一个娶四等亲亲属为妻的人同样不是法律上的婚姻关系,然而从来没有宣布过这样效果的法律。

我通过下述几点主张回答这个问题。法律有两类:神圣的和人类的。对于前者又有自然的和实在的之分。

1. 我的第一点主张通常适用于这三种:任何因法律未能公布而无法克服地对法律无知的人都要宽恕所有的罪过,并免除法律所规定的全部惩罚。对此,我已经在前面解释过了。如果有人不知道教会法,那么既要宽恕那些属于教会法内容的全部罪过,也要宽恕逐出教会的惩罚。①

2. 我的第二点主张涉及自然法,旨在表明自然法是真正的、强制性的法律,不管人们对它的无知是多么难以克服。如果一个人在不知道受自然法禁止的情况下触犯了通奸罪,那么他就违反了法律,尽管可能由于无知而受到宽恕。对此的理由在于人们的一般同意。每个人都说这个人一定是无知的,但是如果他不受到法律的约束,那么他就不能由于无知而受到宽恕。无知就是当一个人以为不受法律约束时,实际上却受到法律的约束。例如,如果一个人得知周五禁止吃肉的法律之前在某个周五吃肉,而另一人则在这条法律通过之后公布之前这么做,二者都是可以宽恕的。但是,只有第一种情况是基于无知的宽恕。或者换一个例子,这次是发生在自然法中:如果一个人娶了他的姐妹,甚至处于(对法律)无法克服的无知之中,这个婚姻是无效的,但这个人却是基于无知而受到宽恕。这意味着那条法律甚至对于未被公布的对象也是真实的、有约束力的和有效的。同样,按照所有博士的意见,这

---

① 教令禁止普通教徒"渎圣",即禁止在身体上触犯教士。维多利亚这是在勾起读者的幽默感,说明任何人都可以不知道它。

个人是可以基于无知而受到宽恕的。

进一步的理由在于,自然法或者它的任何部分都是无法免除或者撤销的。因此,它一直具有约束力(由于免除实际上意味着法律对于某人不具有约束力)。这说明就自然法而言,无需等到它的公布就具有约束力。圣·托马斯在说公布为法律所必需时,他是在一般性地谈论所有法律,如果你对此表示反对,我会回答说,我的意思并非是说法律不应当公布,而是说它在特定数量的人中公布就足够了,这已经足以使得它成为全世界的法律了。

我的下述主张涉及梅瑟法律这样的神圣实在法,所要回答的问题是在它公布之前人们是否受它的约束,尽管他们可以基于无知而受到宽恕。他们能够像以前那样吃猪肉吗?

3. 这个标题之下的第一个主张是这种法律在公布之前不具有效力。梅瑟禁止若干亲等和血缘之内的人通婚,我认为其中有些并非自然法的部分,比如与兄弟的姑姨或者妻子结婚等。如果有人在梅瑟拿着写有法律的石版从山上下来之前与这样的女人结婚了,这种婚姻是无效的吗?我认为这种婚姻是有效的,具有约束力。还有涉及割损礼的例子。在有关割损礼的法律给予亚巴郎之后,尚未公布之前,一个孩子碰巧实施割损礼,这并没有获得同样的意义,因为那时尚不存在法律或者义务。理由在于,这种法律永远存在于天主的心中,但却不具有永远的约束力,因此,它显然是从公布时才开始具有约束力的。对此的确证是,"规定"亦即公布和"宣布",但是天主并不是对自己做出命令,而是对人类,他通过对他们说而实现这一点。在他宣布和公布他的法律之前,它们不具有法的效力。

4. 我的第四个主张是神圣实在法在它对全体人公布之前即对全体人具有效力和约束力。公布的单纯事实是充分条件。因此,福音的法律从它首次公布时起即对所有人具有约束力,尽管那些没有收到它的讯息的人会受到宽恕。而且,世上的每个人仍然真正地受到基督法律的约束,尽管那些没有得知它的人会受到宽恕。在福音法律推行之前,一个人可以和他的妻子断绝关系,并给她一纸休书(《申命纪》第24章1—3节;《马尔谷福音》第10章2—9节)。但是,如果一个不知道福音法律的人现在要做这样的事,在他归附基督法律的情况下,教会就会强迫他回到第一个妻子身边。这可由犹太人的例子加以确证。犹太人无法克服地不知道基督的法律:割损礼具有赐予他们美德的能力吗?我认为绝对没有。说一个人通过割损礼获得美德这是错误的,因为《旧约》已经完全停止了效力。其他的法律,即福音法律,在其公布之后对全体人具有了效力和约束力。

我的下述主张涉及人类实在法,现叙述如下:

5. 人法不公布就不具有约束力,也不具有任何的实际效力。这可以通过理性证明。实施法律即进行规定,规定即是宣布和公布,因此在公布之前它就没有效力。如果一个国王要制定一部关于限定继承物转让的法律或者类似的法律,那么从法律制定时起,在法律公布之前任何涉及继承物买卖的合同都是无效的,而在公布之后却是有效的。这即是说,法律在公布之前是没有效力的。这说明立法者扮演着公共角色,因此,除非他在公共生活中公布法律否则就没有权力颁行它们。再者来说,在一个案件的审理中宣布了判决的法官可以在事后撤销它,前提是他尚未发布它。这证明他的判决在为公众周知之前就不具有约束力,而法律的情形与之相似。

6. 关于这个范畴我的下一个主张是在少数人之间的私下公布并不足以使得一部人法具有约束力,甚至对于那些知道它的人也是如此。使法律具有约束力需要一种庄严的公布行为。这是某些圣典学者的观点,特别是尼克拉斯·德·图德西斯(Nicolaus de Tudeschis)。其理由在于,只有公共代表才有权力制定法律,而且一部私下公布的法律不是法律。由于人法旨在拯救众生,而不是与之为难,那么,上述说法是合理的。但是,如果私下公布对于制定具有约束力的法律是充分的,那么这就是一个值得考虑的陷阱。

7. 在这个问题上我的第三个主张是,人法要对所有人具有约束力,它并不需要对每个人都公布。如果一部法律在大教堂或者类似的公共场所进行公布,那么它就对所有人具有约束力,甚至对于那些没有在场者也是如此。但是,如果不在场者违反了法律,他可以提出不知道的辩解。对此的确证是,违反人法合同的行为,例如少数看护人对货物的出卖行为,将会被取消,尽管合同的其他各方在不知道法律的情况下可能已经履行了合同。

8. 对于这个问题我的第四个主张是,国王的法律和属吏的法律之间存在着差异。属吏的法律要具有约束力,一种公开的公布是不够的。这种法律必须在我自己的国家公布方使我受其约束,即使我知道它在其他地方已经公布过也是如此。

9. 对于这个问题我的第五个主张是,国王的法律要具有约束力,它在每个独立的省份都公布就是充分和必要的条件。因此,如果一个国王要在弗兰德颁布一部对其整个王国都普遍具有效力的法律,并且在那个国家进行了公布,那么它在弗兰德是有效的,但在西班牙却无效,除非也在西班牙进行了公布,尽管在此之前西班牙人可能已经知道了它。

10. 对于这个标题我的第六个主张特别涉及教皇谕令。这种法律要具有约束力,只要它某天在罗马公布就足够了。因此,如果教皇今天禁止了五等亲之间的通婚,有人恰好缔结了这种婚姻关系,那么这个婚姻就是无效的,即使他不知道这个教皇谕令。这是圣典学者尼克拉斯·德·图德西斯等的意见,出现在他对教令集 Nouerit(X.5.39.49)的评论之中。无疑这是较为保险和虔诚的意见。但是,对于其他学者,如安格鲁·迦勒底·达·席瓦索(Angelo Carletti da Chivasso)在《安哲罗全集》(*Summa Angelica*)所言,这种教皇谕令如果不在西班牙公布就不具有在那里的约束力,至少对于那些不知道它的人不具有约束力。这似乎是更为真实的意见。结果，无论何时实施了《教会法大全》之外的教皇逐出教会（papal excommunication）①，它们都是不具有约束力的，即使对于那些知道的人也是如此，因为它们没有得到恰当的公布。公布必须公共，否则就不可接受。

问题 91：论法律的种类

第 1 节　存在一种永恒法吗？

阿奎那的回答是存在。理由在于永恒法即是天主永恒地拥有的实践理性的命令。至于每一神法是否都是永恒的，这是后面要探讨的问题。眼下我们可以说的是，每一神法在天主里都是永恒的，但在我们内却不是。

第 2 节　我们人内存在一种自然法吗？

阿奎那的回答是肯定的。因为尽管法律的规则在天主之中是以作为规则的事物存在的，但对它们的认识作为一种神圣规则的效果灌输到我们内部，也称之为一种规则和尺度。从本节可以推断出，我们在命令必须做出某种行为时所依赖的判断和知识并非自身即具有强制力，而只有在它派生于永恒法的范围内才如此。认识到这一点其他的都清楚了。

第 3 节　存在一种人法吗？

阿奎那之所以提出这个问题，不是因为他对此有任何疑问，而仅仅是为了澄清。人法以某种方式派生于自然法。正是因为存在

---

① 教令 Nouerit 涉及教宗何诺理三世（Honorius III）。

这种自然法,共同体才必须加以捍卫。据此才推导出禁止养骡子的人法。

第4节　需要一种神法吗?

他这里是指"除了自然法之外"是否需要。答案是除了自然法和人法依然需要一种启示的神法。对此,他提出了四点原因加以证明。对于第三点原因,人法能否惩罚、禁止,或者指引内部行为,我们稍后讨论。在这个问题上存在着各种不同的意见,但有一个无疑具有份量的论据认为它不能,因为它从来没有成功地做到这一点。但是,也有人指出在教令 Dolentes(X.3.41.9)中,教士被命令"仔细地、虔诚地"默念他们的礼拜时刻。而且,异端可能因内心行为而被逐出教会。对此,我在后面要详加说明,这涉及阿奎那自己提出问题的那个段落。

综观整个问题可以提出一个疑问:如果不存在神法,是否任何人都可以在自然法中得救? 宗徒说:"他们虽然认识了天主,却没有以他为天主而予以光荣",等等(《罗马书》第 1 章 21 节)。圣·托马斯问道(《神学大全》I 问题 1 第 1 节),除了物理学之外,是否还需要任何启示的知识。他的回答是需要。理由同上,而且还因为人类科学充满错误,需要大量的时间加以完善。他又问(II-II 问题 2 第 3-5 节)是否需要信仰,并且回答说需要。对于一些人会在自然法中得救的论据,可以回答说,阿奎那并不是说神法对每个人都是必需的,只在天主的信徒之中才如此。怎样地需要是清晰明白的,"凡在法律之外犯了罪的人,也必要在法律之外丧亡"(《罗马书》第 2 章 12 节)。其次,我断言,在一个民族或天主教会中,它的成员没有通过其先祖解释或启示过神法,这样的民族或天主教会是从来不存在的。即使它对于成人不是必需的,但对于孩子一定是必需的,没有神法他们永远无法得到拯救,因为他们生于罪中,养于恶中(《圣咏集》第 51 章 5 节)。

第 5 节 只存在一种神法吗？

阿奎那的回答是,法律可以在两种方式上相互区别,首先是在种类上不同,(其次是同种事物的完善者与不完善者)。因此,只存在一种神法和一种信仰。这是非常清楚的。

第 6 节 存在一种欲火的法律吗？

他提出这个问题仅仅是为了澄清宗徒的说法,"可是,我发觉在我的肢体内,另有一条法律,与我理智所赞同的法律交战"(《罗马书》第 7 章 23 节)。

问题 92：论法律的效果

第 1 节 使人成为善人是法律的效果吗？

阿奎那的回答是,使人成为善人是每位立法者的愿望。他又补充了第二个结论,法律的品质决定着臣民的善良。①

这里只有一个难题。那就是要问怎样理解第一个结论"法律使人成为善人":它对于所有法律都是真实的吗？毫无疑问,对于自然法是真的,对于神圣实在法和教会法也是如此。疑问出现在民事法中,国王的意图是使人变善,或者富足,还是安全。

我们必须指出阿奎那所说的这一点,即道德美德使人变成绝对意义上的善人。因此,一位伟大的哲学家不能恰当地说是绝对意义上"善"。我们只能说他是"一个好的哲学家",或者"一位好的神学家",等等。问立法者的意图是否是使人变善,就等同于问他是否应当把人引向绝对意义的道德美德。

---

① 这两个结论都是基于亚里士多德的理论,前者根据《伦理学》1103b3,后者根据《政治学》1260a15-33。

然而,也有人不这么认为。他们认为,如果立法者真的这么做,也只是由于他自己是一个善人,而不是因为他的职责即是要使人变善:

1. 他们说,立法者就像匠人,主要关心的是实现技术的精良,而不是道德的卓越。国王的目的与共同体的目的相同,那就是不应使人像野兽那样生活于荒野之中,因为个人不是自足的,缺乏很多他所必需的东西,而他无法全部提供它们。人不可能独立生活,他需要别人的帮助。由此可以看出,共同体的聚合并非为了道德的善,而是为了满足需要。但如果立法者与共同体在目的上一致,那么立法者的目的和意图就不是把人引向道德善,而是自然的善,即需要的满足。

2. 对此的确证是,果真如此的话,民事的和教会的立法职能就变得不可区分了,因为教会法的目的同样是使人成为绝对意义的善。但是,这些职能应当通过它们的目的区分开来。进一步的确证是,果真如此的话,确立教会的圣礼就成了民事权力的任务,因为这些显然是使人成为绝对意义的善的必要条件,而这将意味着国王负责制定教会法,这显然是错误的结论。

3. 然而,圣·托马斯对第三个反论的回答提供了另外一个确证。这个反论认为,尽管一个人可能在其自身事务方面是恶的,但就共同善和民事法而言,他却可能是善的,是遵守法律的。例如,一个人可能犯私通或者伪证,或者因通奸而杀害妻子,但却没有违背民事法。但是,这么做的人都不是绝对意义上的善。

但是,另一方面,一般的答案会否认一个人可以在共同善方面表现出善,而在自己的行为上表现出恶。只要还存在争吵、小偷、窃贼,那么共同善就无法兴盛,因为共同善是由各个善良行为构成的。不能用坏的部件盖成一座好房子。但是,圣·托马斯在他对第三点的回答中插入了一个短语,似乎把这个全部破坏了。他说

"只要国王是善的"共同善就能兴盛。这个短语似乎承认即使所有人都是恶的共同善也能兴盛,因为在不成为一个好人的情况下是可能成为一个好公民的。

我对这个问题的回答是,国王的意图显然是使人变成绝对意义上的善,并把他们引向美德。其理由在于,正如阿奎那在前面所说的(I-II 问题 90 第 2 节),法律的最终目的是共同善。因此:

首先,法律必须把共同善作为首要关注的问题,这即是幸福(beatitudo)。亚里士多德也说,"那些试图带来并维护幸福的规定是正义的"(《尼各马可伦理学》,$1129^{b}17$)。其他的哲学家把幸福的源头置于美德之中。亚里士多德本人虽然承认财富之类的东西(其他的思想家却认为这是无关紧要的)可以有助于幸福的实现,却说幸福的实质存在于美德之中。[1] 因此,由于较大部分的"满足"(felicitas)存在于美德之中,人不可能仅仅因为他们的富足而成为好公民,而只有当他们执着于美德时才会如此。[2] 这也可以由《圣经》的权威加以证明:"每人要服从上级有权柄的人,因为没有权柄不是从天主来的"(《罗马书》第 13 章 1 节)。这意味着权力的目的也来自天主。并且经上继续说:"所以谁反抗权柄就是反抗天主的规定"。如果法律产生的仅仅是自然的利益,那么为何抗拒掌权的人要抗拒天主的命令呢? 它补充说:抗拒的必自取刑罚。"你愿意不怕掌权的吗? 你行善吧!"这表明,立法者是要把人变成绝对意义的善。伯多禄说了更多同样意思的话,在那段经上写到:"你们要为主的缘故,服从人立的一切制度"(《伯多禄前书》第 2 章 13 节)。

进一步的证据在于,共和国有权把人引向有用的、令人高

---

① "其他的思想家"显然是指斯多亚学派,对他们而言,"中性的"(adiaphora)是一个指代不影响真正幸福的善的技术用语。

② 维多利亚写到美德的学习(studiosi virtutis):参见《论教会的权力》1. 2,脚注 15。

兴的善,这些是较小的善。它必须拥有把人们引向美德的权力。权力只有通过法律才能行使。因此,法律的目的即是这些,等等。再者,一家之长要负责教育子女举止端正,但家庭是共同体的部分,所以共同体更具这种权力。最后,国王已经通过了涉及道德善的法律,比如禁止渎神、鸡奸等,法律必须关注道德行为,否则这些法律就是无效的。即使在有些案件中它们似乎只涉及私人的善,比如阿尔卡巴拉税(alcabalas),但它们还是为着共同善。

关于第二点,民事的和教会的立法职能将变得不可区分的,我的答复是,世俗君主试图通过人类需要的满足使人变善,而教皇则把人导向永恒的幸福。前者处理的是人类的幸福,而后者则针对永恒的幸福。这也为这点确证提供了答案,即关于君主具有制定圣礼法律的权力。我说过忽略圣礼并不在君主的职能之外。但是,一旦他们注意到它们,并熟悉它们,君主就会执行这些法律,只要它们不弄乱他们的权力。因此,关于烧死异端这种事项的非宗教法律得以通过,这其实关注的是超自然的善。

关于第三点,我们承认,虽然这种承认很困难,一个人可能遵守所有民事的法律,但仍然不是绝对意义上的善,例如,可能因为他是一个私通者。然而,这个结果是要被否定的,因为否则的话通过同样的论据你也可以证明即便是教皇也不试图让人变得绝对的善,因为一个私通者可能也不破坏他的任何法律。因此,一个君主使人获得的不是绝对的幸福,而只是人类的幸福。

第 2 节　法律的行为模式定义得恰当吗?

对于这个问题我没什么要说的。①

---

① 四种"法律的行为模式"是命令、禁止、准许和惩罚。

问题 93：论永恒法

对于第 1 节和第 2 节都没有什么需要澄清的。①

第 3 节　每一种法律都源于永恒法吗？

阿奎那的回答是肯定的。其理由在于，低级的工艺从属于高级的工艺，正如制造马鞍要从属于战争的技艺。② 天主是最高的立法者，因此，所有其他法律都源于永恒法，等等。

这会产生一个疑问，即神圣的实在法是如何源于永恒法的。卡耶旦似乎辩称在这里应当把"永恒法"仅仅理解为是指"自然法"。但是，按照我的理解，圣·托马斯把"永恒法"理解为绝对意义上的神法整体。如果你反驳说，在那种情况下，所有人法都是神圣的，因为它源于神法，我会否认这个结论。我意思仅仅在于它与神法并不矛盾。人法的指令在于确保神法的遵守，它必须以某种方式派生于后者，因为在任何关于它的实践推导中，人们总是需要一个来自自然法或神法的大前提。③

第 4 节是关于永恒法所统治的事物的。

第 5 节　自然的偶然事实从属于永恒法吗？

阿奎那回答说，除了天主外所有的事物都处于永恒法之下，因

---

① 这两节证明了永恒法是天主心识中的至高理型（summa ratio），这是所有人都承认的。

② 对于这种亚里士多德式的对比维多利亚情有独钟（参照《论教会的权力 I》5. 5-6，脚注 53），而阿奎那却言之寥寥，他只是说"在一个国家中要做什么的规划从国王的命令延伸到其下级的官吏；而在技艺的事物中，通过技艺做什么的规划从首席的工匠向下级的手工工匠传达"。

③ 关于维托利亚对于自然法的认识效果是通过一种实践演绎推理从首要原则推导出次级原则的观点参见《引言》第 14-15 页。

为没有人为其自身行为制定法律。据此,卡耶旦评述说君主不受自己法律的约束。我稍后回到这个问题上来。

第 6 节 所有人类事务都服从永恒法吗?

阿奎那通过区分两种服从永恒法的方式回答了这一问题,一种是通过知识,从这段可以推导出圣·托马斯并不把"永恒法"理解为仅仅是指"自然法"。他得出结论说,每一种事物都通过自然的内在要求(inclinatio)服从永恒法,只有理性造物才是通过知识(cognitio)。但是,请注意他在解释下述段落时做出的重要区分,"但如果你们随圣神的引导,就不在法律权下"(《迦拉达书》第 5 章 18 节),对此,他以两种方式进行了解释。①

问题 94:论自然法

第 1 节 自然法是一种习性吗?

反证采自奥古斯丁的陈述,"习性是指必要时以此做某事"(《论婚姻的价值》卷二十一)。阿奎那确定的结论是,在严格的、本质的意义上,自然法不是一种习性,因为习性不是一种由理性构成的东西,而法律却是(某种判断或者判决)。但是,对于一个习性也可以从派生的意义上进行理解,正如当一个行为被称为习性时或风俗时,仅仅是因为它习惯性地重复。在这种意义上,自然法有时也被说成是一种习性,这不是因为它就是一种习性(habitus),而仅仅是说它是习惯性的(in habitus)。而且,正如我们在理论科

---

① 即是说,属神的人通过爱德成就其自身意志的法律,而不是像那些"处于法律之下"的人基于对惩罚的恐惧;或者换言之,圣神不处于法律之下,因此圣神感动的行为也不处于法律之下。

学中并不把首要的不可证明的思维原则说成是思维习惯,同样在伦理行为中我们也不使用这个词。因此,自然法不是因为天生地存在于我们之中才这么称呼:孩子不是因为它存在于他们之中而拥有自然法和习惯。它这么被称呼是因为我们通过自然倾向判断何为正当,而不是因为一些自然地植入的品质。

我们应当注意阿奎那对第一个反论的回答内容,他在那里解释了亚里士多德的一个困难段落。亚里士多德说,"灵魂中存在的事物分为三类:感受(passions)、机能(faculties)和习性(states, habitus)",美德一定是其中之一(《尼各马可伦理学》1105^{b}20)。① 现代学者对于他未能把行为(actions)包含在这个目录之内而感到惊讶。他们认为,他没有使用严格意义上的"感受"一词,而是广义地把"行为"包含其中。② 但是,亚里士多德的意思并不是这样,因为他接下来证明了美德不是一种感受:"我们并不是根据我们的感受而被称作好或者坏,而是根据我们优与劣"(《尼各马可伦理学》1105^{b}29-31),因为感受不是像这些现代学者认为的那样是自由选择的问题。因此,阿尔曼(Almain)断定,"感受"甚至可以被广义地理解为代表着欲望或意志的行为,但他并没有大胆到说亚里士多德也这么理解。在这种关联中,请注意无论是圣·托马斯还是亚里士多德都没有努力去证明这些自身明确无误的要点,即美德是一种善良的原则,它不是一种能力或者感受。而且,除了这三者之外,还存在着其他心理现实,例如某些行为,等等。这是

① 对于亚里士多德的 hexeis 一词,经院主义学者翻译为 habitus,牛津译本翻译为 state。亚里士多德在同一段落把它定义为"我们借以与激情友好或恶劣相处的事物"(参照《神学大全》I-II 问题 49-54)。Habitus 进一步被定义为一种品质(quality)或者性情(dispositio)(《神学大全》I-II 问题 49 第 1-2 节;参照亚里士多德《范畴篇》8b25-9a9;《形而上学》1022b20);维多利亚在前面段落结尾处暗指的即是这个定义。把 habitus 翻译为 disposition(习性)即是澄清这种用法的一种尝试。

② 原文为"3 d. 22"添加了一个引注,这仍是无法辨认的;通常认为是伦巴德的《嘉言录》III. 22,但伦巴德绝非一个"现代学者"。

不证自明的。(《神学大全》I-II 问题 94 第 2 节答复 1)。

第 2 节　自然法是包含许多命令还是只有一项?

阿奎那通过一种区分回答了这个问题,他由此得出了三重结论。正如在理论科学中存在着许多不证自明之物,在伦理行为中也是如此。但是,诚如亚里士多德所言,"自然本性上的不证自明与对我们而言的不证自明并非一回事"(《后分析篇》71ᵇ34–72ᵃ2)。有些事物在它们的本质上是不证自明的,但对我们来说却不是,比如天主的存在问题。按照亚里士多德的说法,在这些事物上我们的理解力表现得就像处于阳光下的蝙蝠的眼睛。但是,其他的一些事物本身是不证自明的,对我们来说也是如此,例如整体大于其部分这一事实。这些命题称之为公理,每个遇到它们的人都会赞同。① 然而,还存在着第三种事物,它们自身是不证自明的,但仅仅被智慧者认识,而不是被所有人都认识,不管他们的知识状况如何。

在伦理行为中也是如此:一些原则被每个人都承认,比如应当行善,而其他一些原则却不是对所有人都不证自明。存在着若干原则即是对此的证明。违背自然倾向的行为也违背自然法,但存在着各种不同的自然倾向,因此,就存在若干原则。阿奎那的论证继续:每个人都具有一种自我保存的倾向,因此,每个人都有义务保存自我。

但是,这是否是一个有效的推论尚存疑问。有些人否认它。然而,我想问一下质疑者,如果这种推论无效,那么在成文法阙如的情况下,如何证明自杀是一种罪过? 除此之外,没有其他证明。因此,我肯定,阿奎那的证明是充分的:如果某事违背自然倾向,那么它就是应禁止的;如果它符合自然倾向,那么它就是一项命令。借助质

---

① 这个短语带着一个奇怪的技术术语 dignitates,是阿奎那从波依修斯《论七天创造工程》(PL 64, 1311)引用过来的。

朴理解力的判断,我认为生命是一种善,应当孝敬父母,如此等等。我的意志自然地倾向于这些事情。从这条原则我们可以有效地推导出一个人自然地倾向的即是善,自然地憎恶的即是恶。否则,如果我的倾向欺骗了我,那么这种欺骗一定错在天主,因为是他给了我这种倾向。理解力告诉我的只有真实之事,意志倾向于它。因此,符合意志的倾向的所有事物都是善的。由于正如亚里士多德所言,在恶之外善没有其他对立之物,如果生命的保存是一种善,那么生命的毁坏就是一种恶。这里还存在着第二种证明。一种自然倾向不能趋向恶,因为它是来自天主的,这正如阿奎那在亚当之罪的问题上所论证的,那么恶就会被归咎于作为给予者的天主。

　　圣·托马斯的证明是成立的。存在着三种类型的自然倾向,①违背它们即是恶,即是一种违反自然法命令的罪。

第3节　每一种美德行为都属于自然法吗?

　　阿奎那回答说,可以在两种意义上说行为是"美德的":首先,作为纯粹的美德行为自身,它们不属于自然法;其次,作为具体条件下的美德行为,它们属于自然法。这里没什么可评述的。

第4节　自然法对所有人都是相同的吗?

　　阿奎那的回答是,就事物的真理而言,自然法对所有人都是共同的,但它却不被所有人同等地认识。但是,在具体的适用中,这种法律并非总是对所有人都是一样,它对于病人和健康人就不一样。

第5节　自然法能够被改变吗?

　　阿奎那对此的回答是,这可以从两个方面加以理解,即增加或

---

① 阿奎那把这种自然倾向定义为自我保存的本能,这是所有本体都分享的;生产的本能,这是所有动物都分享的;以及认识和社会交往的本能,这是所有理性造物都分享的。

减少。自然法可以通过增加改变。而对于减少,如果那意味着去
掉某种首要原则,则是无法改变的。但是,对于不是首要原则的东
西则可以改变。一夫多妻就是一个例子。它是违背自然法的,但
不是所有人都这么认为。婚姻的目的是繁衍后代,而一夫多妻并
不直接与此目的抵触,但它却是部分地违背的,因为一夫多妻无助
于甚至在某种程度上有碍于后代的繁衍:与一个男人相比,两个男
人可以更好地令两个女人受孕。

　　从这个章节我们可以清楚地发现,自然法不仅由首要原则构
成,也包含着这些原则的结果,只要这些结果可以视为首要原则的
恰当推论。

　　本节的第二个反证在于,杀害无辜者是违反自然法的,通奸和
偷窃也是如此,然而,我们发现天主改变了这些规则(《创世记》第
22 章 2 节、《出谷纪》第 12 章 35 节和《欧瑟亚》第 1 章 2 节)。①
因此,可以认为自然法是可以改变的。阿奎那回答说,天主是生命
和死亡之主(《撒慕尔纪上》第 2 章 6 节),是所有事物的共同主
人,他可以把一个女人,甚至把埃及的财富给予他所选定的任何
人。关于这些分施可以提出很多问题,但由于阿奎那在问题 100
中讨论了是否存在自然法的免除问题,所以我会在那里处理这个
问题。②

---

① 阿奎那引证的段落涉及天主要求亚巴郎祭杀自己的儿子、以色列人偷窃埃及人以
　 及欧瑟亚娶娼妓为妻的命令。

② 维多利亚关于《神学大全》I-II 问题 100 的讲授内容(未译出)讨论的是《旧约》法
　 律的训令是否属于自然法,以阿奎那的观点结束,道德训令确实属于自然的法律,
　 所以仍然有效,而司法训令和礼仪训令却不属于自然法,所以被《新约》法律取代
　 (《神学大全》I-II 问题 100 第 1 节)。因此,他反对“现代学者”的观点,例如戴尔里
　 (D'Ailly),奥卡姆(Ockham),加布里埃尔・比尔(Gabriel Biel),杜兰德(Durandus
　 de St-Pourçain),里米尼的格雷戈里(Greory of Rimini),他们认为甚至天主自己也
　 无法豁免《十诫》(《神学大全》I-II 问题 100 第 8 节)。

第6节　自然法能否从人心中废除?

阿奎那用一个区分回答了这个问题,结论是首要原则不能废除,但是,那些类似首要原则的推导结论的次级原则却可以废除。我在前面已经讨论了在自然法之中是否可能存在一种关于无知的有效情形。

问题95: 论人法本身

第1节　人类制定法律有用吗?

阿奎那回答说这不仅有用而且必需。

第2节　所有人类实在法都源于自然法吗?

阿奎那回答说,如果这法律是正义的就是源于自然法。在本节正文第一段的末尾,要更正一下,expellendas 应当读作 explendas。① 此外,本节就没有理解的困难了。

这里有一个疑问,所有人法都派生于神圣实在法这是否足够? 人法派生于自然法这有何需要? 对此的回答是,即使是神圣实在法自身也在某种程度上依赖于自然法,因为天主"从容治理万物"(《智慧篇》第8章1节)。因此,从来没有一种神法是没有②一些自然法中的理由的,尽管我们无需在天主意志之外寻找其他的理由。例如,他命令不要吃猪肉,这既是因为猪肉不健康,也是因为法律规定如此。③

---

① 阿奎那的这段说:"人可以运用理性的武器消除贪欲和野性";但维多利亚宁愿说"满足人的贪欲和野性",这或许是根据亚里士多德《政治学》1253a31,阿奎那也援引了这一点。

② 手稿中是 non om。

③ 这里没有对第3节"伊西多尔对实在法性质的描述恰当吗?"进行评论。

第4节　伊西多尔对人法类型的划分是否正确?

阿奎那在《神学大全》第二集第一部分问题 100 第 1 节,第一集问题 105 第 3 节,第二集第二部分问题 57,以及《反异教大全》第四卷第 114 题中的论述与这里相互矛盾。我在讲到问题 100 第 1 节时再回头探讨这个问题。

问题 96:论人法的权力

第1节　人法应当以一般的而非具体的方式制定吗?

阿奎那的回答是,法律与共同善相关,它的规定应当以一般的方式制定,以便在共同体中保持恒定。

第2节　压制所有罪恶是人法的任务吗?

阿奎那的回答是并非如此。但是请谨记他的理由,这与许多人所认为的不同。他的理由是,由于法律是为不完善的人制定的,它们应当以不完善的人所能保持的方式呈现。有些著者所给出的理由是,法律不审理没有扰乱共同体和平的事项,比如私通等。①

第4节　人法在良心上约束一个人吗?

问题在于人们是否必须以严重的犯罪为代价去遵守人法。阿奎那得出的结论是,如果人法是正义的,那么它就使人背负良知法庭上的义务,如果是不正义的,那么就没有。他所使用的论据来自宗徒伯多禄的权威:"谁若明知是天主的旨意,而忍受不义的痛苦:这才是中悦天主的事"(《伯多禄前书》第 2 章 19 节)。

---

① 这里没有对阿奎那的下一个章节(第三章"人法规定全部美德的行为吗?")进行评论。

那么,首先这种良心义务的问题可以先询问民事法律,因为与教皇法律相比这是一个更有疑问的问题。似乎它们不具有良心上的强制力:

1. 否则的话,会得出这样的结论:王权与教权一样是真正精神性的权力。这个结论是错误的,因为王权与教权的区别恰恰在于一个是精神性的权力,而另一个却不是。然而,这个结果也是必要的,因为如果王室法律能够约束灵魂,它必然具有一些纯粹精神性的效果。

2. 民事法律的目的纯粹在于自然的幸福,而不是像教皇法律那样针对超自然的幸福。

3. 如果民事法律无法免除罪,却能够使人在罪的方面负有义务,这是不可思议的。

4. 可以得出这样的结论:同一个人为了同一罪行遭到两次惩罚。这是显而易见的:国王在世俗意义上惩罚了我,而我还要在精神惩罚方面负担义务。

5. 对于没有被授予惩罚权的罪行任何人都不得科处,例如,逐出教会,这是一种精神性的惩罚。

6. 国王就具有了决定是否使得他们的法律具有在良知法庭上的约束力的权力,这就和高级教士有权制定我们自己秩序的章程这样的纯粹惩罚法差不多了。① 如果国王真的具有了这种权力,那么,教皇在何种意义上是高于国王的呢?此外,即使他们具有了,难道法律不应该一直"以其较为宽缓的方式"加以解释吗?但是,如果他们不具有,那么整个论证就是荒诞的,因为国王没有被授予决定法律是否具有良心上的约束力的权力。

但是,另一方面我们也可以在宗徒的话中发现对这个问题的正确解答:"谁反抗权柄,就是反抗天主的规定,而反抗的人就是

① 参照《论政治权力》3.1,脚注61-2,以及词汇表"义务"(obligation)。

自取处罚"(《罗马书》第 13 章 2 节)。彼得说:"你们要为主的缘故,服从人立的一切制度"(《伯多禄前书》第 2 章 13 节)。对此我们再补充说:"不只是为怕惩罚,而也是为了良心"(《罗马书》第 13 章 5 节)。没什么比这更清楚的了。

对于本章的证明和澄清,我们必须注意"在良知法庭上负有义务"(in foro conscientiae)完全不同于"在罪过上负有义务"(ad culpam)。这是非常清楚的,因为宗教修会的成员即使不从罪过上负有遵守教规的义务,也"从天主的角度"(apud Deum)负有义务,这即处于良知的法庭上。其理由在于,如果任何人宣称"我拒绝遵守教规",他就犯了罪,因为不服从即是严重的罪过。但是,如果他们不具有良知法庭上的义务,那么,说"我厌恶遵守加尔都西会教规",或者其他类似,就没有任何罪过。因此,那些宣称这些教规不使人负有良知法庭上的义务的人是错误的。民事法律不仅使人以这种方式负有义务,而且也使人在罪过上负有义务。

问题 96 第 4 节续

这是显而易见的,但需要进一步解释。我们必须注意阿奎那在前一问题所说的内容,即罪的根据在于善意和恶意的程度,因为衡量一件事物优缺的标准在于它的良好或恶劣。① 因此, 首先,神法的效果在于使之前本身中性的东西变得或好或坏。一周的某天吃猪肉是合法的,但当神法禁止之后它就变成恶的了。相反,在法律使它变成好事之前割损礼是中性的。其次,神法和人法的区别仅仅在于它们的制定者不同。前者仅仅来自于天主,而后者则来自天主和人。因此,每个都和另一个一样具有约束力。天主既是那些他独自直接制定的法律的原因,同样也是他通过第二因果律

---

① 参照《神学大全》I-II 问题 21 第 1-4 节。

制定的法律的原因。神法的首要效果(effect)[①]在于使一件事物或好或坏,人法的首要效果在于确立一件事物在本质上是好或者坏(in esse uitii uel uirtutis)。在被禁止之前,星期五吃猪肉是好的,但现在却是坏的。因此,我确信民事法律使人在罪过上负有义务。

关于教会法律以及它们在罪过上是否具有约束力的问题上,天主教作者之间没有争议。但是路德否认它们具有约束力。反对他的证据不计其数:"如果他连教会也不听从,你就将他看作外教人"(《玛窦福音》第 18 章 17 节),等等。它们不仅指友好的矫正,也指所有的教会戒律。对于"听你们的,就是听我"(《路加福音》第 10 章 16 节),异端们把它解释为"当他们宣讲法律时",但是这是在扭曲这些话的意思。同样地,"凡你在地上所束缚的,在天上也要被束缚"(《玛窦福音》第 16 章 19 节),以及"经师和法利赛人坐在梅瑟的讲座上:凡他们对你们所说的,你们要行要守"(《玛窦福音》第 23 章 2–3 节);还有,"你们应信服并听从你们的领袖"(《希伯来书》第 13 章 17 节),以及"你们原来知道:我们因主耶稣给了你们什么诫命"(《得撒洛尼前书》第 4 章 2 节)。另外,"因为圣神和我们决定,不再给你们什么重担,除了这几项重要的事"(《宗徒大事录》第 15 章 28 节),但是,由于禁止食用"窒死之物"(第 29 节)在神法中没有规定,所以这一定是人法的规定。"若有人擅自行事,不听从那侍立于上主你的天主前供职的司祭,应把这人处死"(《申命纪》第 17 章 12 节),这不是指"法律诫命上的事",而是指其他的事。《申命纪》第 21 章 18–21 节规定,悖逆不孝的儿子应当砸死,因为他不听从父母的劝告。如果不服从自然的父母被视为一种极其严重的过错,那么精神上的父母更应当要求服从。

由于上述原因以及其他原因,我们必须把教会的法律在罪过

---

① effectus:在手稿写作 affectus。

上施加的义务视为信仰问题。对此可以阅读乔斯·克里斯特后福（Josse Clichthove）的《反路德》（Antilutherus）10–11 章,他说,基督通过福音说话就像是在面对面地以现场的声音给我们发布命令。基督说"你们应信服并听从你们的领袖"（《希伯来书》第 13 章 17 节）。就义务而言,神法和人法之间没有区别。

　　这里会产生一个疑问,其中包含的义务是否与或者严重或者轻微的罪有关。让·盖尔森（Jean Gerson）捍卫下述主张:对于人法而言,不管是民事的还是教会的,它本身都不能在严重的罪过上施加义务（De uita spirituali animae）。他的理由是,严重的罪与轻微的罪的不同之处仅仅在于可责性（culpability）不同,这取决于罪犯是应受永罚还是仅仅应受暂时的惩罚。但是,人类立法者不能施加永罚的义务,因为他们没有实施这种惩罚的手段,正如一个国王不能科处逐出教会的惩罚。因此,盖尔森得出结论认为,人法对于严重的罪过没有约束力,除非是在出于蔑视（ex contemptu）的情况下。① 对于反证,一个人一年都没有进行忏悔确实犯下了严重的罪,盖尔森的回答是,这确实犯下了严重的罪,但却不是根据人法,而是根据神法。区分的根源在于,人法是解释性的,而不是义务式的。换言之,如果一个医生指示我说,如果吃肉就会死掉,那么我吃了肉并且死掉了,我的罪就不在于违背了医生的命令（他没有被授予命令我的权力）,而在于他向我解释了一项自然法,根据这项自然法我有义务避免自杀。同样地,教会法命令我们忏悔,但这只是解释神法的一种方式。

　　我并不确定盖尔森的论证是否比其他人更为深入。杜兰德（Durandus of St-Poursain）在他的论文《论管辖的起源》（De origine iurisdictionis）中似乎也持相同的观点。许多圣典学者同样认为人

---

① 对于例外,参照多明我会规的表达"non obligent nos ad culpam sed ad poenam, nisi propter preceptum uel contemptum"。

法只在出于蔑视的严重罪过上具有约束力。这是红衣主教沙巴雷拉(Zabarella)在其著作中(X.3.46.1)表达的观点,同时也是达·基瓦索在《安哲罗全集》中表达的观点,他增添了"出于蔑视或者风俗",并且还援引了伯纳德(Bernard)的《论命令和分施》(De praecepto et dispensatione)(尽管我相信圣·伯纳德说的是其他事物)。《安哲罗全集》同样也援引了理查德《神学争论》(Quodlibet)第1章19节。①

　　然而,神学家的共同意见是,人法可以通过自身的能力施加严重罪过的义务。这是圣·托马斯在评论《伦巴德嘉言录》第四章十五节,以及在《神学大全》第二集第二部分问题158中表达的观点。尼克拉斯·图德西斯(Nicolaus de Tudeschis)、吉多·贝西奥(Guido de Baysio)以及许多其他的圣典学者也这么说。这就是下面的意见。这个主张由保禄的权威加以证明,"反抗的人就是自取处罚……凡人应得的,你们要付清;该给谁完粮,就完粮"(《罗马书》第13章2、7节),等等。其次,正如教令 Sacris est canonibus(X.1.40.5)所言,逐出教会属于实在法,但我们仍然有义务避免与犯下严重罪过而被逐出教会的人接触。进一步的论据是,有些法律要求承担死亡结果的义务,并且正如卡耶旦所指出的,对于轻微过错不存在极刑。另一证据是《宗徒大事录》第15章提到圣神不再给我们什么重担"除了这几项重要的事"(《宗徒大事录》第15章28节。这里的"重要"不是指轻微的义务。同样地,如果《旧约》以死亡的威慑禁止不服从祭司或父母的行为(《申命纪》第17章12节;第21章18-21节),那么《新约》的诫命就更应该对严重的罪过施加义务。

　　然而,阿尔曼在他的论文《论教权》(De potestate ecclesiastica)

---

①　维多利亚引出的这个作者仅仅说是"理查德",这是难以辨认的,可能是理查德·米德尔顿。

中说,这只有对教会法才是正确的,而对民事法律则不是。但事实上这是错误的看法,因为民事法律在根源上同样是神圣的:"没有权柄不是从天主来的"(《罗马书》第 13 章 1 节),而且"你们要为主的缘故,服从人立的一切制度"(《伯多禄前书》第 2 章 13 节)。共同体的统治是必要的,并且已经由天主委托给了世俗的君主。

但是,即使承认人法和神法同样都施加义务,但也不能肯定所有法律,不管它们是民事法律还是教会法,都在严重的罪过上具有约束力。因此,这就会产生疑问,它们何时在严重罪过上施加义务,何时在轻微罪过上施加义务?就此而言,我们似乎必须对每种类型法律的立法者进行区分,因为不管是严重罪过还是轻微罪过义务似乎都取决于立法者的意图。可以进行如下论证:如果你问,"不是所有法律都施加严重罪过的义务,这会怎样?"我会解释说,这取决于立法者的意图和宣布,他可以实施那些在任何罪过上都不具有约束力的法律。这是一种回答的方式。但是,你还会问:"我怎么知道这何时是他的意图?"导师对此的回答是,存在一些我们据以推测的公式,例如,"以逐出教会为惩罚"的戒律,或者"通过圣神和虔诚的服从"。这些都是发现严重罪过上的义务的线索。当不存在这些时,戒律就变成了单纯的命令,只具有轻微的义务。

但是,就民事法律而言,这些线索是不可能获得的。君主并不具有教会那样的施加义务的权力,也不具有宣布他何时在某种行为施加义务的权力。因此,我的观点是,关于严重或轻微罪过的义务并不依赖立法者的意图。理由在于,如果依赖的话,立法者的意图也必然是任何罪过如何严重或如何轻微的控制因素。例如,假定存在着两条戒律:其一,不去做弥撒是一件严重的罪过;其二,不去禁食也是严重的罪过,而且比前者更为严重。那么,这种更为严重的根源是什么呢?它不可能是立法者的意图,因为即使他希望这样,他也没有权威。在这个例子中,这两种义务都不取决于立法者的意图。

让我们来做另一个论证。假定人法和神法之间没有区别,那么你怎么知道私通是一件严重的罪过,而玩笑式的谎言或者无聊的话语只是轻微的罪过呢?当然,这取决于事情的本质,取决于它的目标。阿奎那在之前的段落中已经解释过确定一个罪何时严重何时轻微的规则:如果它是违反对天主或邻人的爱心的,那么它就是严重的,否则就是轻微的(第二集第一部分问题88第2节)。因此,我肯定这个问题取决于罪的质料性本质,没有其他的判断手段。如果人法关注的是一件严重的事项,那么违法就是一种严重的罪过;如果它关注的是琐碎的事项,那么罪就是轻微的。甚至教皇也不能使得一条关于琐碎事项的法律具有严重的罪过上的约束力。他所能做的只是在法律对严重的罪过具有约束力时进行解释——即当所涉事项严重时——如当它施加"逐出教会"的义务时,或者"通过圣神",或者"遭受永罚"时。对于民事法律也是如此。严重的或轻微的罪过的义务不取决于国王的意图,也不能取决于国王的意图。它是待议事物的本质使然。人们不应养骡子绝不是一件非常严重的事情,所以违犯可能只是轻微的罪过。但是,在其他情况下,民事法律可以施加严重罪过的义务,国王也可以把那个事项解释为是严重的,因此,如果他以极刑威胁不缴纳阿尔卡巴拉税的人,那么这个犯罪就变成了一个严重的罪过,因为它违反了爱邻人原则(假设这项法律被公正地推行了)。

最后一个疑问产生于,纯粹的刑罚法对罪过是否具有约束力。这些法律把一百两金子罚金这样的确定刑罚具体规定到在公共领地伐木这样的行为上。根特的亨利(Henry of Ghent)回答说,有时一条刑罚法规既包含一条戒律,也包含一个惩罚,这种公式诸如"我们命令,并且违法者应当付出,等等";有时它只包含一个惩罚。前一种施加罪过的义务,后一种却不(《神学争论》第3章22节)。在这一点上,达·基瓦索是他的追随者。但是,西尔维斯托·马佐里尼·达·普利耶罗(Silvestro Mazzolini da Priero)和其他的圣典学者一致认为这些法律对良心总是施加义务。他们的意见较为可取,因为法律科处惩罚是为着禁止的目的,它们要求必要的服从。自愿的义务是一个不同的问题。

卡耶旦提出了一个更进一步的问题,在死亡的威胁之下,法律是否还能对某人施加义务?从已经援引的教令 Sacris est canonibus(X.1.40.5)的章节来看似乎可以。卡耶旦评述道,义务本身并不受死亡威胁的影响,但是它可以由立法者的支持而松动。但是,我认为,谦卑地请卡耶旦原谅,这个问题与立法者的好心没有关系。正如我刚才所说的,它取决于法律和所涉事项的本质。有时尽管存在着死亡的危险,仍然具有义务,而有时却没有。这有赖于事项的轻重。

关于挑衅的限制性条款的含义在同一教令 Sacris est canonibus(X.1.40.5)也得到了讨论,这是所有评论者都有话要说的地方,阿奎那在他的《神学争论》中曾言及。

第5节 所有人都服从法律吗?

"但是相反"是保禄的话,"每人要服从上级有权柄的人"(《罗马书》第13章1节)。阿奎那用一个区分回答了这个问题,并且得出了相应的结论。这个问题可以从两个方面进行理解:首先,就法律具有指引力(uis directiua)而言,所有人都要服从;其次,就法律具有强制力(uis coactiua)而言,并非所有人都要服从。在前一种情况下,一个人可能因两个理由而被排除:其一,因为他不是一个臣民;其二,他享有来自更高权力的豁免。在后一种情况下,那些真正正直的人并不能恰当的说是在受法律强制,因为他们遵守法律不是出于对惩罚的恐惧,而只是出于对正义的热爱。

这里会产生一个疑问:来自其他国家的访客是否受到我们法律的约束。答复是,外籍居民肯定受到约束,因为国王有权通过关于外籍居民的法律。如果允许法国人随心所欲地居住在西班牙，共同体就没有恰当的手段去管理他们。但是，共同体是自足的，除了它自身的法律外它无需其他法律。理由在于，如果外籍居民不受我们法律的约束，那么他们就免除了任何法律，因为当他们旅居国外时就不再享有或者受到他们自己国家法律的约束了。如果他们在国外走私货币，这就是一种犯罪行为。但是，如果他们骑骡子，却不会被直接驱逐出境。

进一步的疑问在于，教堂里的教士是否①服从民事法律。在答复这个问题时，法学家们在两种民事法律之间做出了区分：一种仅仅适用于教堂教士，传教士不受这种法律的约束，除非他们是为了教堂教士的利益，因为一种特权甚至延伸到那些被免除的人。另外一种是对所有人都适用的法律，涉及所有人的利益。这种法律无疑约束所有的教士，其中包括那些宗教修会的人。因此，那些反对穿纯纱衣服或者携带攻击武器的法律当然具有约束良心的义务，除非它是出于仇视教士而颁布的法律。如果其他条件相同情况就是这样的，但是如果存在一种绝对禁止骑骡子的法律，教堂教士就不受它的约束，因为对于他们而言骑马是不合适的。

阿奎那对这些论证的回答是值得评述的。在对第三个反论的回答中，②出现了一个疑问：教皇是否有义务遵守他自己的关于禁食、祷告、弥撒等法律的义务。同样的问题也适用于世俗君主。他回答说，立法者不受任何强制力的强制，也不因违法而受到任何上级的惩罚，理由就在于严格来说"没有人是受其自己强制的"（《法律汇编》卷四第八题第五十一条）。但是，就它的指引力而言，所有人都受约束，其中包括立法者，如果他违反了法律也犯下了罪。因此，如果教皇在别人禁食时没禁食，或者没有进行祷告，他就是

---

① an non：手稿中写作 nunc。

② 在答复3中阿奎那探讨了"君主免于法律"（Princeps legibus solutus）这一著名原则（参见词汇表）。

犯罪。然而,他可以根据时令和地点授予豁免,其中既包括他自己也包括别人。

至于说君主"服从法律的指引力而不服从它的强制力",这究竟何意,仍存在疑问:

1. 他或者犯罪,或者没有犯罪。如果没有犯罪,那么他就是免除了两者的力量。如果他犯了罪,那么,那不就是强制,而且是比单纯的世俗惩罚更大的地狱的强制吗? 因此,他必然也承受着世俗惩罚的强制。

2. 另一种反对的论证是这样的。国王既不服从他自己的法律,同样也不服从他人法律的引导力量。但是,他和我们都不受后者的约束。由是得以证明,等等。

3. 再次,国王像免于他自己的权力一样,也免于他自己的法律。但是他不能服从自己。由是得以证明,等等。

4. 又次,国王被谁施加义务? 不是直接被天主,也不是被他自身,也不是被共同体;由是证明不是被任何人。

5. 又次,他不能通过法律剥夺他自己的自由。

6. 又次,在阿奎那说国王服从他自己意志的法律时,存在着明显的矛盾。要是他不希望服从又会怎样呢?①

我的回答是,首先,尽管君主处于整个共同体之上,他仍然是共同体的部分。这并不像法国国王为我们制定法律似的。其次,我们可以说,共同体的负担应当在其全部成员之间成比例地分配,这是自然法的本质要求。从上述两个命题可以得出第三个命题:即,按照自然法,如果国王要分享共同体的利益,就一定要承担关于整个共同体的负担份额。而且,由此导致的结果是,在其他条件相同的情况下,国王必须承担他在所有事物中的份额。因此,如果

---

① 这里的 obiectum 暗指阿库休斯对难题的标准解释(参见词汇表 Princeps legibus solutus)。

教皇受到仅仅适用于臣民等级的法律的约束,这就是不公平的。做弥撒的义务既适用于我,同样也适用于教皇。如果一个主教确立了一个节日,那么他自己就有义务像其他人一样在那一天做弥撒。如果教皇宣布了一次禁食,他也要受到禁食命令的约束。由此可以看出,在其他条件相同的情况下,如果他不服从他关于整个共同体的那些法律,他的行为就是违背自然法的。因此,只要法律既适用于他人也适用于他时,他都是服从法律的指引力的。但是,即使国王颁布了反对穿丝绸衣服或者黄金衣服的法律,他自己仍然可以穿着它们,因为在这种情况下所有事物并不同等。

然而,仍然会产生一个疑问:即使事实如此,国王和其他人同等地犯罪吗?我不禁食或做弥撒这是一个严重的罪过,但是对于教皇呢?我的回答是,他并不同等地犯罪。尽管按照其他理由他的罪或许更为严重,因为他犯下了一个他用法律压迫臣民而他自己却不愿以举手之劳遵守这些法律的罪行。尽管如此,在法律效力上他的罪是不同等的,因为他通过为共同体的利益而承担其他更大负担的方式弥补了它。如果某人从教皇那里获得了特别许可,在没有合理原因的情况下免除了禁食的义务,那么当他未能禁食时,他犯下了罪。这不是在法律效力上,因为他获得了免除,而是因为他违背了自然法。但是,他的罪并不像其他的那样严重,因为(违背自然法)的罪行(与违反神圣实在法相比)不那么严重。这种情形下的犯罪仅仅是轻微型的。

最后一个疑问:如果国王可以豁免或免除法律,那么他也能选择施加或者消除他人的负担义务吗?答案是,如果他没有合理的理由而给予豁免,不管是对自己还是别人,这种做法都是错误的。

第6节　服从法律的人可以在它的文字之外正当行为吗?

阿奎那用三四个结论回答了这个问题。如果突然出现一种迫切的需要,在字面上遵守法律会明显违背法律的目的,那么应当执行目的而不是文字。但是,并非任何人都能解释法律,而是应当咨询主教,①如果可以求助于他的话,否则的话任何人都可以给予豁免了。

对此含义存在着疑问。这仅限于人法中存在着豁免的合理理由,并且在可以确定如果立法者在场会授予豁免的情况下吗?我不是在讨论一种严格必要性的情况,因为那时法律即使没有被豁免也会被忽略,而是在讨论这样的情况,比如,我们被敌人围困了,而且缺乏大斋戒期间的食物,这时在星期五或者星期三吃肉合法吗?我会用一个完全否定的答复回答这个问题。下述同样是显而易见的:与一个禁止亲等范围的妇女结婚在没有适当的豁免理由情况下是非法的。但是,在这种情况下这么做仍然是正确的:可以明确地确认立法者具有相反目的,立法者绝不希望我遵守法律,我不具有任何义务,并且可以毫无顾虑地违反法律。例如,对于某些具有这种效果规则的宗教修会的成员来说,就是这样的。②

进一步的疑问在于:当法律的理由停止时,法律的约束力是否停止。当骚乱停止后禁止在公众骚乱时期携带武器的法律停止其约束力吗?对此的答复是法律的理由可以通过两种方式停止。首先,它可以私下里对特定的人停止。例如,假如我知道即使携带武器也绝对不会发生危险。再者,之所以禁止赌博是因为它亵渎天主。我和我的搭档从来不会亵渎天主,那么我们可以玩骰子吗?在这些例子中,答案绝对是否定的。法律不适用的理由是纯粹私人的。相似地,即使鱼味比肉味更能激起我的肉体的反叛,无论如何吃肉也是不合法的。

---

① 维多利亚用的是 episcopus(主教)一词,而阿奎那说的却是 principes qui propter huiusmodi casus habent auctoritatem in legibus dispensandi(那些在这些情形中具有免除法律的权力者)。不知道维多利亚是故意地在阿奎那的论证中巧妙地为教会主教要求了一种特殊权利,还是仅仅在广义上使用 episcopus 这个词,用以表示"监督者"(overseer)。

② 维多利亚再次提到多明我会规的"纯粹刑罚"规定(参见词汇表 obligation)。

另一方面,如果法律的理由是一般性地停止,那么我可以毫无顾虑地违反法律(就像上述所提到的案件,当骚乱停止时)。这是显而易见的,因为法律已经变得无用,也不再像以前那样是为着共同善了。

问题97:论法律的改变

第1节　人法可以任何方式改变吗?

阿奎那回答说可以,并且把它归咎于两个原因。这都是清楚的。

疑问产生在第二个原因上,即,因为法律的约束对象已经发生变化,这时虽然法律对共同体仍然有益,但它已经不再被遵守,这一事实是否是改变它的充分理由? 例如,关于大斋期禁食的法律是非常有用的,然而由于只有很少的人遵守它,结果有人就会问改变是否合法,因为它的存在除了带来罪之外什么也实现不了。我记得曾经出席过一个类似案件的审判,那是关于某个宗教修会的法规的,一个进行审理的学识渊博的神父回答说,改变法律是不好的,"因为天主并不仅仅因为法律不被遵守而改变它们"。对此的答复是,如果这种法律被普遍地忽视,不管它多么神圣,多么美好,如果在未来也不存在遵守的希望了,那么就可以废除它。但是,如果忽视它的理由是由于高级教士的过失,那么就不应取消它。相反,应当付出代价以便保证它的遵守。同样的道理也适用于法律只被少数人遵守的情况。如果不存在遵守的希望了,就应当取消,衡量的标准是普遍的同意和共同利益。

第2节　每当更好的情况出现时法律是否总是应当改变?

阿奎那用两个命题进行了回答。首先,突然出现了一些改进,这对于变革法律是不充分的,因为习俗对于法律的遵守具有重大作用。例如,有人曾建议,用分布在一年四季四段时间的苦修来代替大斋戒会更好。如果这个事情第一次这么确定,那会很好。但是照现状来看,习俗已经使得目前的安排最好了。他的第二个命题是人法不能像神法那样保持稳定。如果一部法律包含明显的不正义,那么它应当改变。

这会产生一个疑问:立法者是否有权改变法律,即使不存在合理的改变理由?教皇没有合理理由地废除大斋戒,或者国王没有合理理由地废除其民事法律,这可以吗?看起来他似乎不能:

1. 国王有权建设但无权破坏。因此,他不能起草一部对共同善无用的法律,也不能废除良好的制度,比如一部有用的法律。对于教皇来说情况相似:如果他起草一部无用的法律,那是无效的,比如说他禁止十亲等之内通婚。因此,他也不能任性地废除法律。

2. 确证在于,正如我在之前问题中所言(问题95第5节到最后),君主不能没有任何理由地豁免任何人。但是,废除一部法律即是免除所有人的义务,这是比免除单个人义务更为严重的问题。

3. 这是可以证明的,因为即使教皇要对西班牙人免除禁食的法律,他们如果不禁食仍然是在犯罪,而且在良心上也是不安的。

对此问题我的回答是,如果一个立法者废除他的法律,那么这法律就不再存在,或者不具任何效力了,不管他的动机是多么的不合理。假定一个议事机构可以束缚教皇的手脚,防止他改变法律,这是执迷不悟的异端邪说。一位君主可以随心所欲地废除他的法律,即使这么做实际上是有罪的。

第一,一位国王或许没有权力违反他自己设定的义务,但是他可以废除它。因此,与国王相互一致的共同体也可以废除任何法律。

第二,任何人违反了没有正当理由而废除的法律,这是否属于犯罪?我认为这不是犯罪,甚至连轻微的犯罪都不算。

第三,"即使教皇免除西班牙人的义务,他们也在良心上会不安",等等,我否认这一结论。当只有一小部分人被免除时,他们会在自然法上触犯其他人,但当所有人都被免除时,却没有人被触犯。

第3节　风俗能获得法律的效力吗?

阿奎那的回答是可以,并且解释说立法者不仅可以通过语言表现其意志,而且也可以通过行为表现其意志。如果立法者怠于惩罚违法者,那么法律就会被风俗所取消。

这会产生一个疑问:风俗在没有法律的支持下能否具有良心上的约束力? 要回答这个问题我们先提出如下命题:除非通过高级权力的明确权威,任何风俗不管是在良知的法庭上,还是在法律的法庭上,都不具有约束力。从这个命题可以得到一个推论:不管一个风俗多么广泛,如果它的根源没有在立法者的意志中得到确认,那么在不引起混乱的情况下,它就不具有约束力。第三个命题:风俗可以成为立法者意图和意志的标志,并且因此而具有法律效力。但是,立法者不阻止人们遵循习俗,这并非一个充分的标志,因为如果做某事是好的,那么立法者就没有阻止它的任务。充分的标志是当专家经过判断认为它是必须的时候。[①] 在有争议的案件中,总是假定风俗不具有约束力,因为这些争论的焦点总会使人陷入绝境。当违反风俗者受到惩罚时,风俗就具有了约束力。这就变成了一个标志。

对于相反的论证,风俗能否取消义务(即,废除一项法律),答复是相同的。确实,与施加义务相比风俗更能取消义务。不能说教皇未能惩罚西班牙人在安息日吃碎肉、下水的独特风俗仅仅是由于疏忽。教令 Cum tanto(X. 1.4.11)明确规定,所有违背人法的

---

① 　quod obligat:手稿中写作 quod non obligat。

长期确定的习俗都具有取消人法的效果,因为经年风俗的权威不容轻视。

但是,要是某一法律包含着"尽管存在相反风俗"这样的条款又会怎样呢?这种法律也是一种人为规定,它能被风俗废除吗?博士们断言,当一项规定包含这种针对风俗削弱的非确认条款时,除非介入一些新情况,它一直具有效力。因此,带有使相反风俗无效的附带条款的宗教修会章程长期有效。

如果一项风俗从一开始就是错误的,那么它具有约束力吗?我的答复是,首先,当一部法律颁布时,如果没有任何人接受,那么它就被取消了,这不是由于相反的风俗,而是因为它从一开始就被视为无用和无效。但是,如果大多数人接受它,那些未能遵守它的人就犯了罪。我还可以补充,即使法律规定的惩罚是逐出教会,如果它不能被接受,如果教皇怠于惩罚违法者,那么它也不具有约束力。但是,一旦法律被接受,任何养成无视它的习惯的人就在犯错。然而,如果立法者怠于惩罚这些违法者,那么风俗就变得流行起来,直至正当地导致法律的取消。

第4节　人民的统治者可否在人法上授予豁免吗?

阿奎那在他的第一个结论中答复说,高级教士和统治者可以根据特定的人或事(在法律欠缺的情况下)进行豁免。他在第二个结论中答复说,他们如果是在没有原因的条件下豁免就是在犯错。

疑问在于"豁免"的含义:它仅仅是宣布法律在特定案件中不成立吗?

1. 如果教皇豁免了一个人的单纯誓言,例如去耶路撒冷朝圣,许多人会说他所做的是宣布(declarat)誓言在这个具体案件中不具有约束力,比如,可能因为这个人有妻子和孩子,等等。但是,"宣布"(declaration)在这里的含义不同于神学家的解释,后者试图以学术的语言(docendo declarare)说明这种誓言违反了爱,或者其他什么的。阿奎那的措辞似乎支持后一解释,但是,在依赖宣誓这类神法的事项上,许多权威人士认为教皇只能"宣布",不能"豁免"(declarare non dispensare)。而且,一些人还把教皇只能宣布不能做出其他豁免的论据进一步扩展到实在法上。

但是,另一方面,恰当地说,"进行豁免"不是"做出宣言",而是创造新的事物。其次,我认为"进行豁免"意味着取消义务并且废除之前人们受到约束的法律。

对上述问题的回答,我们先来看看导致博士们说教皇"仅仅宣布"的推理。他们争辩,法律的理由在那时或者仍然有效,或者无效。如果有效,那么他显然无法进行豁免。如果无效,那么人们从一开始就不受它的约束了。对此的回答,我们要注意我昨天讲座的内容,如果法律的理由只对特定的人停止,那么这个人并没有被免除法律。只有法律的理由对所有人都停止时,免除才能发生(问题96第6节到最后)。

对于第一个结论,我们认为法律在他的具体情形中缺乏理由。我否认他不受法律约束的推论。这个推论是错误的,因为法律的理由并没有对所有人普遍地停止,而只是对他个人停止了。教皇是以合理理由对他进行了豁免,这不是因为他不受法律约束,而是因为教皇免除了他的义务。这是一个无误的证明。一家之长可以撤销他的儿子的真实的、合法的、有效力的誓言。他并没有"宣布",因为他可以毫无理由地撤销,甚至没有罪过,这是他的权利。但是,这种父母对于子女的权威不是源于神法或者自然法,他们只能从教会获得它,并且教会拥有拿走权威的权力,甚至是错误地拿走。因此,教会不仅拥有做出口头宣布(declarandi)的权力,还拥有豁免(dispensandi)的权力。确证在于,这种权力是非常有用的,没有它许多麻烦会接踵而至。

对于第二个结论同样会产生疑问。依赖神法的事项的豁免需要合理的理由。那么,纯粹依赖人法的事项怎样呢? 我无法肯定教皇不能在这些事项上(没有合理理由)进行豁免,但是,我肯定这么做是不合法的。因此,疑问在于一个没有合理理由而事实上被豁免的人能否安心地利用这种豁免。

对此的答复是,如果这个事项依赖神法,或者属于自然法,那么,他不能利用以此方式获得的豁免——尽管很多人对此视而不见,教皇在某些时候确实没有合理理由地行为。但是,在人法的事项上,即使任何实在法的义务都一并取消了,某种自然法上的义务仍然有效,正如我昨天所言,这是因为他们在共同负担上减轻了,并且因此触犯了那些仍然承担重负的人。尽管如此,他们并不被认定犯下严重罪过,因为这种触犯是轻的,除非他们碰巧是富豪权贵,他们在星期五吃肉,或者诸如此类的事件,从而导致了重大丑闻。

问题 97 第 4 节续

我们继续讨论,前面正说到共同体的统治者能否进行法律的豁免,以及没有合理理由的豁免是否具有约束力。概括前面的要点我认为,如果是以神法去做的事项,这种豁免如果没有合理理由就是无效的。

什么才能称之为“合理的理由”呢? 这也会产生疑问。如果一个人已经发誓要去耶路撒冷朝圣,那么当违反誓言比遵守誓言更好时,这能称为合理理由吗?

答案是不能。因为他或许不能为此理由而利用一个豁免。我的意思是,虽然这明显是一个充分的理由,但却不是一个必要的理由。但是,另一个理由或许是因为他没有恰当地考虑这个誓言就鲁莽地做出了决定。他可能是在儿时或者年少时发的誓言。而且,如果他是在死亡的恐惧下发的宗教誓言,这可以成为根据当时情况进行豁免的充分理由。另一个理由在于誓言本身的性质,例如，它太艰难或者太危险而不能遵守，就像一个人已经发誓不去赌博，并且冒着违约的危险。还存在着进一步的原因：假定它是在有约束力的条件下做出的，而且没有危险，但仍然可能因为一个相冲突的、同等虔诚的誓言而被豁免。宽容的敕令包含着一个条款，它的效果在于"根据迅捷而不是报偿"进行豁免，这是因为前者更好，因此，公平起见，我们不仅应当因宽容而豁免。敕令不应因为一整年禁食的誓言只是为了一锭银子而给予豁免，特别是当誓言本身是神圣的、深思熟虑而非不假思索的时候。对于宣誓我持同样观点。在其他情况下，我担心豁免的有效性。

有人会问，一个发过誓言的人即使在永罚的威胁下也不愿遵守它，这个事实是否是豁免的充分理由。我的答复是，这是不充分的，因为这个理由出现在所有豁免之中。如果仅仅如此就是充分的，那么博士们继续探讨其他何种理由是充分的简直就是在浪费时间！但是，在依赖实在法的案例中，我承认高级教士可以——我不用"应当"——在没有合理理由的情况下进行豁免。那些以此方式受到豁免的人是安全的，至少就法律而言如此，至少如果他们是私人个体是如此。但是，那些给予这种豁免的人则犯下重罪。

问题98：论《旧约》法律

第1节　《旧约》法律好吗？

阿奎那对此的回答是肯定的，因为它与正当理性一致，并且禁止与理性相悖的一切罪。但是，他的第二个结论是，它并非完美的好，因为它不足以实现它预定的目的。

这个问题到底是何含义？这会产生疑问。回答是，问《旧约》法律好否即是问它是否禁止恶行命令善行。之所以提出这个问题是因为摩尼教徒不接受《旧约》，原因就在于他们认为它是坏的，禁止好的事物，却命令坏的事物：

1. 它似乎是坏的，因为它甚至宽恕高利贷这样的罪恶(《申命纪》第 24 章 20 节；第 28 章 12 节)，由此可以证明。① 而且，它还宽恕离婚(《申命纪》第 24 章 1 节)，这显然违反了自然法(《神学大全》补编问题 67 第 1 节)，并且在福音中被主宣布有罪："梅瑟为了你们的心硬，才准许你们休妻"(《玛窦福音》第 19 章 8 节)。

伦巴德《嘉言录》卷四的评论者们给出了这一问题的答复，他们指出，高利贷是不合法的，但只准许针对外邦人。先知达味强调，"从不放债，贪取重利"(《圣咏集》第 15 章 5 节)。然而，对于离婚，一些评论者说它是合法的，人们可以娶第二任妻子；其他人说它是不合法的，但是可以许可。

2. 说它坏的第二个证据是，它明确宽恕对敌人的憎恨："你们一向听说过：'你应爱你的邻人，恨你的仇人！'"(《玛窦福音》第 5 章 43 节)主以此表明这写于《旧约》法律之中的证据在于，他在同一《登山宝训》中说："你们一向听说过：'不可奸淫！'"(《玛窦福音》第 5 章 27 节)，而且这也是《旧约全书》的一条戒律。由此可以证明。

对此的答案是，这是文法神学家(grammatheo-logi)②的工作，就像雅克·勒菲弗尔·戴塔普勒(Jacques Lefévre d'Étaples)在其《玛窦福音评注》中所做的那样。他支持这一主张(我从来没有见过这种疏忽和无礼)，即《旧约》法律全心全意地宽恕，实际上是命令对敌人的憎恨，正因如此甚至像达味这样的圣人也会憎恨敌人("求你使灾祸报应在我的仇敌身上，求你凭你的忠诚奖他们消除灭亡"，《圣咏集》第 54 章 5 节)；而正是《新约》法律取消了这一律

---

① 参照《神学大全》II-II 问题 78 第 1 节。

② 维多利亚喜欢创造这些轻蔑的名称。对于他对人文主义者的态度，参见《引言》第 14 页。下面对勒菲弗尔·戴塔普勒的引述表明的是"基督教人文主义者"圣经批评家的看法。

条。对此的答案是，《旧约》法律既没有规定也没有准许任何的这类事情："若仇人饿了，你要给他吃；若是他渴了，应给他水喝"（《箴言》第 25 章 21 节）。而且，"我若真加害过我的友好，或无故把我的仇敌劫掠，就让敌人追逐我，擒获我"（《圣咏集》第 7 章 4-5 节）。奥古斯丁在解释《圣咏集》第 78 章时评论了勒菲弗尔·戴塔普勒所引证的那段圣诗以及相似段落，认为它们都是预言，而不是希望。当圣诗说基督"请在腰间佩带你的刀剑"（《圣咏集》第 45 章 3 节），并且"愿你驱散喜爱战争的民族"（《圣咏集》第 68 章 30 节）时，这并非是意欲这些事情，而是预言它们。正如勒菲弗尔·戴塔普勒所认为的，《新约》法律并没有修正《旧约》法律，因为基督说："你们不要以为我来是废除法律"（《玛窦福音》第 5 章 17 节）。奥古斯丁在写给马赛里努斯（Marcellinus）的信中说，《旧约》法律并没有被取消，只是通过使其无用而"终止"了，而后者却相信因为《旧约》法律的有害基督已经取消了它。对于"你们一向听说过：'你应爱你的邻人，恨你的仇人！'"这一段我的答复是，主从来没有以此表示这"写于法律之中"，而是"据先父和先祖所言"，仿佛是说他们误解了法律。显然，他的意思并非是指"写于法律之中"，因为在同一段他说，"你们一向听说过：'不可奸淫！'我却对你们说：凡注视妇女，有意贪恋她的，他已在心里奸淫了她"（《玛窦福音》第 5 章 27-28 节）。而《旧约》法律的训令说"不可贪恋你邻人的妻子、牛驴"（《出谷纪》第 20 章 17 节）。

仍然会产生疑问。如果《旧约》法律是好的，它在今天仍然要求遵守，那么是否要假定它既没禁止什么好事，也没规定什么坏事？毕竟，基督不取消好事。在反对这一点时宗徒说："若你们还愿意受割损，基督对你们就没有什么益处"（《迦拉达书》第 5 章 2 节）。对此的答复是，《旧约》法律的训令表现为三种形式，有些是司法的,有些是道德的,而有些是礼仪的。我认为不遵守①不代表基督未来降临的第一种和第三种形式是合法的,比如说对香蜡的规定等。

还有一个疑问就是,根据《旧约》法律做出的行为是否获得美德。答复是获得美德。请注意阿奎那对三个论据的解决方法,充满异乎寻常的含义。

第2节　《旧约》法律来自天主吗?

反证来自主的言:"你们就为了你们的传授,废弃了天主的话"(《玛窦福音》第15章6节)。阿奎那的回答是,它来自天主,而且来自天主的善,这恰恰与摩尼教徒所持的它来自恶的信念相反。

第3节　《旧约》法律是通过天使颁行的吗?

阿奎那的回答是肯定的,除了通过天主的特别授权,梅瑟无法制定任何诫命。否认这一点就是异端。经上写到:"拿过约书来,念给百姓听。以后百姓回答说:'凡上主所吩咐的话,我们必听从奉行。'"然后,"梅瑟遂拿血来洒在百姓身上说:'看,这是盟约的血,是上主本着这一切话同你们订立的约'"(《出谷纪》第24章7-8节)。梅瑟的这些完全相同的话又被伯多禄重复:"这是天主向你们所命定的盟约的血"(《希伯来书》第9章20节)。

疑问在于天使怎样对梅瑟说话的。天使呈现出某种身体的形式吗?我们无从得知,但是通常的意见是它表现为一种声音,没有呈现为物质的形体。在对第二个问题的答复中,论据是主对他"面对面"地交谈(《出谷纪》第33章11节),这意思是说"就如人同朋友谈话一样"。但是,博士们不能确定这是否意味着梅瑟清

---

① licet non servare:手稿中写作 licet modo servare。

晰地看到了天主的真身。有些人认为他看到了，而大多数人，其中包括奥古斯丁（《创世记文论》卷十二第二十七章；尽管在他在其他地方对这点有所动摇）却认为"面对面"意思是"熟悉地"。

第4节　《旧约》法律只应向犹太民族颁布吗？

阿奎那的回答是，应当如此，这出于两个理由，主要的理由是天主选择他们作为产生弥赛亚的民族。这种选择的原因仅仅是天主的恩宠和意志。

第5节　所有人都有义务遵守《旧约》法律吗？

阿奎那的回答是否定的，并且证明只有亚巴郎的族裔才受它的约束。

在第三个论据上产生了一个疑问：外邦人能合法地享有《旧约》法律吗？阿奎那回答说，如果他们愿意接受它就能够享有。但是进一步的疑问是，异教徒是否可以合法地接受某些部分，而拒绝其他部分，即，那些行割损礼的是否有义务遵守全部法律。根据保禄的话，他们要遵守："我再向任何自愿受割损的人声明：他有遵守全部法律的义务"（《迦拉达书》第5章3节）。

对此的答复是，显然这些人不受全部法律的约束。原因在于割损礼是在《旧约》法律之前执行的，据此异教徒可以行割损礼而不接受法律。对于保禄的那段话可以这样回答，他并没有否认这一点，而是否认说如果他们行割损礼了也是徒劳无益的，因为如果割损礼是好的，那么全部法律就会是好的，任何信奉割损礼的人也同样会信奉全部法律。

还有一个疑问是，异教徒能否获准供奉牺牲？根据阿奎那在此处援引的论据（《出谷纪》第12章48节），除非他们首先行割损礼，似乎难以获准守逾越节。但是，如果我们相信历史书，那么也存在着另外一个权威，约瑟夫说准许他们守节，而且很多人在那进行宗教崇拜。可能的答案是,他们在法律上并不被准许,但是他们派送捐赠。这就是约瑟夫对它的理解。或者说,那时整个体系已经败坏,他们不正当地准许异邦人做这些事。

第 6 节　在梅瑟时代颁布《旧约》法律恰当吗?

阿奎那认为这是恰当的,并且给出了证明。

问题 99:《旧约》法律的诫命

第 1 节　《旧约》法律只包含一种诫命吗?

阿奎那之所以提出这个问题或许是因为第二个论证,保禄宣布全部法律"都包含在这句话里:就是'爱你的邻人如你自己'"(《罗马书》第 13 章 9 节))。这与下述段落形成对比,基督说法律和先知都系于这两条诫命:"你应爱上主你的天主"和"你应当爱邻人如你自己"(《玛窦福音》第 22 章 35-40 节)阿奎那的回答是,这两条可以称之为首要的原则[……],①但由于它们并不表现在所有人身上,所以又增加了不同的训令。

疑问在于说全部法律"依赖"这两条诫命是什么意思? 一个含义刚才已经说过了,另一个含义是任何人违反了其他诫命也同样会违反这两条诫命。

进一步的疑问是,一个罪是否因为同时违反了两条诫命,例如通奸既违反了正义也违反了节制,从而更加严重? 对此的答案是,通奸并不包含两种不同种类的恶行,也不包含两种罪,但是反论却

---

① 这里的记录是不完整的,这从 dubium(疑问)紧跟着"depends"可以看出,后者在文本中省略了,而且维多利亚的总结在记录人的转换中也是不精确的。阿奎那论证说诫命在手段上是多个,但在目的上却只有一个,爱邻人和爱天主是相同的,因为爱邻人是为天主之故。维多利亚一定说过"这二者是其他所有诫命所依赖的首要原则"之类的话。

认为它违反了两条诫命。由此,结论是否定的。另一方面,渎神和通奸放在一起就更严重,因为它们违反了两条诫命。对此的答复是,渎神和通奸是"相对的两个",从某种意义上说是两个不同的种类(species),而"爱主你的天主"和"爱邻如己"这二者却是任何诫命中都包含的属类(genera)。

但是,我应当怎样在这条诫命上进行忏悔呢? 我的回答是,很少有人只违反爱的诫命,而不违反其他的诫命。只会出现恨天主的人①不遵守这两条诫命以及其他诫命的情况。因此,人们无需担心忏悔他不爱天主和邻人,因为除非这降到特定事件,具体表现为他所行伤害和憎恨的方式,就无足轻重。

第2节 《旧约》法律包含道德诫命吗?

阿奎那对此的回答是它显然包含,并且解释了何为道德训令。但是与此相悖的是从他的定义中推出所有《旧约》法律的诫命都是道德的,因为它们都与德性的行为相关(这正是他对道德训令的定义)。这种结论是错误的,与阿奎那的观点相左,因为割损礼就不是一条道德诫命。

对此的回答是,行为以两种方式与德性相关:首先,就其自身而言,通过自然法;其次,并非如此,而是由于实在法之故。例如,"不应杀人"通常就其自身而言与正义相关。在实在法阙如的情况下,在自然法上为善的行为被称为道德的。然而,其他由实在法,甚至神圣实在法决定的行为并不被称为道德的。例如,焚香就不是自身为善的。这后一种类型的训令之所以被遵守仅仅是因为它们为《新约》法律或者人类实在法所规定,而不是因着《旧约》法律。

---

① Nisi hic qui:手稿中写作 Nisi his qui. 这句话及其论证不甚清晰。

第3节　《旧约》法律在道德诫命之外还包含礼仪诫命吗？

阿奎那把"礼仪训令"解释为那些规定神圣崇拜的外部行为的训令。由此,他表明了我们目前教会的训令多么正义。他以此结论攻击那些破坏这些训令的新异端。

卡耶旦提出了一个疑问。阿奎那说人法主要规定神圣崇拜以带来人与人之间的和谐。如果他所说的只是基督教的法律,那么为人类目的而规定天主崇拜这是有罪的。但是,如果他所说的是异教徒的法律,那么他就不应举出这个例子。对此的回答是,这是一个关于为世俗利益规定神圣崇拜是否合法的普遍疑问。我相信为父亲的健康而去做弥撒这是合法的,即使我可以不这么做。当教会举行弥撒和为世俗利益而集会时也是这么做的。国王也会命令把那些不信教者驱逐出自己的王国,以防止国内民众的骚乱。只要这么做不会导致对天主崇拜的轻视,它就是合法的。卡耶旦反驳说人法依赖神法,它没有权威以纯粹的人类外观去作出神圣崇拜的命令;但是,立法者有责任发布关于其臣民和平的命令,即使它影响到了神圣崇拜。卡耶旦补充了一个警告:基督教会的立法者必须确保天主和人之间的友好关系(amicitia)。他不能仅仅满足于确保人与人之间的和平;但是,这却是世俗立法者所关心的全部。

第4节　《旧约》法律除了道德诫命、礼仪诫命还包含司法诫命吗？

阿奎那的回答是包含,并且解释了它们是什么。

第5节　除了已经提到的那些还存在其他训令吗？

阿奎那之所以提出这个问题是因为它们在法律中常以证明(tesimonies)、诫命(commandments)以及其他名称的形式出现,这有待我们思考。

产生疑问的原因是,在福音的法律中明显存在着许多其他的训令,例如关于信仰的训令和关于圣事的训令。阿奎那对此的答复是否认这些训令不属于前述的三种范畴(道德的、礼仪的和司法的),认为所有训令都可以还原为这些类型之一。那么,关于信仰的训令属于哪种呢? 我的回答是,它可以视为一种礼仪训令,因为它命令天主崇拜,在某种程度上可以看作所有礼仪训令的序言。毕竟关于服从的训令是一切法律的前提,没有它就没有其他的训令。人们也可以说,任何礼仪训令都是关于信仰的训令。同样,关于圣事的训令从广义上说也是礼仪训令,因为神圣崇拜是它们的当然之义。

(第 130-135 讲的内容涉及《旧约》法律的道德训令和礼仪训令,在这里被略去了。维多利亚的评论集中在对《十诫》的讨论上,以及由《旧约》规定并由犹太人和"普雷斯特·约翰"的埃塞俄比亚科普特教会所践行的割损礼这类礼仪活动是否因《新约》法律的颁布而变成异端。)

问题 104:论司法训令

第 1 节　司法训令是那些调整人与邻人关系的训令吗?

阿奎那回答说司法训令由两个因素构成。首先,它们调整人与人之间的关系;其次,它们的约束力不仅仅来自自然法,而且正如他所证明的还来自实在法。司法训令和礼仪训令之间的差别在那时和现在都是相同的。

第 2 节　司法训令是象征性的吗?

阿奎那回答说一条训令可以在两种意义上说是象征性的:首先,主要地和本质地(在这种意义上礼仪诫命可以说是象征性的）；其次，附带地，在这种意义上可以说司法诫命是象征性的。

第 3 节　《旧约》法律的司法训令永远具有约束力吗？

阿奎那的"但是相反"是保禄的箴言，"司祭职一变更，法律也必然变更"（《希伯来书》第 7 章 12 节）。他的第一个结论是司法诫命在我们的主受难时就不再具有约束力了。第二个结论是司法训令以一种不同于礼仪训令的方式停止了约束力。后者不仅是死的而且是致死的，而司法训令仅仅是停止效力，如果对共同体有益还可以再次援引。

由此以及阿奎那的前述区分可以推导出除了从自然法所派生的部分内容《旧约》法律没有剩下任何东西。经师说什一税属于神法。使得它们具有约束力的当然不是因为它们出现在《旧约》法律之中，这只是它们存在于神法之中的事实。也不存在任何要求说什一税必须是"十分之一"，它们也可以是"四分之一"，或者是服侍天主所需要的其他比例。什一税也可以废除，取而代之的是为教士建立一种教会财产制。

这里会产生一个疑问。如果这些训令就像来自天主的那样有利于对民众的统治，那么，我们当下的君主们为何不为着良好统治的职责而保留它们呢？对此的回答是，首先，这是一个似是而非的争论。如果《旧约》法律的任何规定出现在教会或世俗的成文法典中，那仅仅是因为这法律是合理的。如果现在的人们抱怨禁止与兄弟姐妹结婚的禁令，那么说是主在《旧约》法律中制定了这一诫命，它是合理的，这就足够了。同样地，如果现在的人们抱怨缴纳什一税，说主在《旧约》法律之中规定了它，这法律也是合理的，因此，他们不应当抱怨。其次，我的回答是，这个论证并不是说"这条法律存在于《旧约》法律之中，因此它必须现在也存在"。并非如此。"首先要确定你的时代，然后再制定法律以适合它们"。许多适合一个民族或国家的事物并不适合另一民族或国家。曾经有法律规定债务在七年之后应当免除,这样的法律不可能保留到今天并在所有民族中发生。对于古代关于离婚的法律也是如此。我们当下的君主们就是因此才选择了其中的一些训令而废弃了另外的一些。我们必须认为他们是受理性引导的。

第4节　司法训令可以划分吗?

阿奎那的回答是可以,并且解释了怎样去划分。①

问题105：论司法训令的原因

第1节　《旧约》法律关于统治者规定了合理的训令吗?

阿奎那用下述结论回答了这一问题:主在《旧约》法律中对统治者的职权(principatus)作出了最为睿智和妥善的安排。证据即在于最佳的统治形式(ratio gubernandi)是混合政体。[存在不同的政体形式,首先是君主制,统治权授予一人掌握;其次]②称之为贵族制,它由少数人进行统治;还有一种是金权制(timocracy),它由民众进行统治;最后一种是上述的混合形式,是最佳的统治形式。它是由天主规定的形式。由此可以证明。

为了解释阿奎那的意思,我们必须注意亚里士多德关于一个共同体的三种好的统治形式的观点(《尼各马可伦理学》1160^b31-^b 22;《政治学》$1279^a32-1288^b2$)。一种是王制或君主制,由一个人进行统治,例如在西班牙和法国。另一种他称之为贵族制,由少数贵族进行统治,这就像当前威尼斯或者古罗马的议会。还有一种

---

① 阿奎那确立了四种秩序类型:统治者和臣民,臣民相互之间,公民和外国人以及家庭内部(参照第137页,脚注51)。

② 手稿中是这么写的:optima ratio gubernandi est mixta, quae vocatur aristocratia.显然一个指 monarchia 的词略去了。方括号中的段落是从阿奎那的文本中补充进来的,这是维多利亚要在这里解释的。

是金权制或者"收入的权力",因为 time① 意指"收入、财富",cratia
意指"权力"。然而,我并不认为它是因为把财富交给贫民才称作
金权制,相反却是因为参与政府的资格取决于一个人的收入,那些
富裕者占据高位。② 如果由一种适当的法律进行调整,这将是一
种正当的、自足的统治形式。它特别适合于处于敌人边境的军人
团体。③

与这三种类型相对应还存在着另外三种坏的统治形式。王制
的对应物是专制,统治者为其个人私益进行统治。贵族制的对应
物是寡头制,极少数的人通过专制的手段行使着绝对的权力。第
三种形式的金权制以民主制为其对应物,即由平民(populace)进
行统治(demos 的意思是 populace),一切人在没有法律或理由的
情况下都享有进入政府的平等机会。

亚里士多德说,在三种主要的政体形式中王制或者说君主制
是最佳的形式(《尼各马可伦理学》1160ᵃ36;《形而上学》1076ᵃ3)。
对此一个有力的理由是必须关心和平、和谐和公民的善意。而这
一切在一个人的治理之下要比在多人治理之下更容易保持。如果
存在许多统治者,民众会在重负之下变得愤怒。而且,只要存在着
多数人就会存在混乱。亚里士多德还列举许多其他的理由。

博士们对王制是否是最佳的统治形式展开了讨论。

1. 亚里士多德说是,圣·托马斯也在他的《政治学评论》
(1288ᵃ16-29)和《论君主统治》卷一第二章中说是。④ 他在《神学

---

① 手稿中写作 thimos。
② 维多利亚对 timocracy 的解释是正确的。阿奎那并没有使用这个词,而是称平民政
体为民主制(参见《论政治权力》1.8,脚注43)。阿奎那在混合政体中发现"民主
的"因素,这不在于平民代表的形式,而在于公民分享政府的观念(partem habent in
principatu)"统治者从人民之中并由人民选出"。
③ 维多利亚考虑的可能是中世纪卡斯提边境镇区的传统市民法(fueros)(自治的特
权),或者是类似 behetrias(自由人享有选举最高领主的领主权地区)这样的设计。
④ 参照《论政治权力》1.8;2.1。

大全》第一集问题 103 中持相同的观点,他在那里证明整个宇宙是由唯一的统治者进行统治的;在《反异教大全》卷四问题 76 中,他的观点也是如此,他在那里证明教会需要一位至上的教皇,因为说基督在教会中留下了最佳的统治形式是合理的。

但是,另一方面,阿奎那也在这里说最佳的形式是"混合政体";而且他还在前面的问题 95 第 4 节提到过这个观点。因此,他的观点是前后不一致的。

我的回答是这个问题的答案有两个方面。首先,卡耶旦说当三种统治形式相互比较时,这是一种形式的和单纯的对比。就这三者本身而言,阿奎那说"君主制是最佳的形式",这是因为他把每一种自身与另一种进行比较,单纯对单纯。但是,如果两者可以结合,那会更好。但是我并不认为这是亚里士多德的意思。我们可以采取一种不同的方式进行回答,即存在着两种探讨这个问题的方式:单纯地和本质地,或者根据不同的条件和人。例如,祈祷在本质上优于施舍,但是,如果穷人因饥饿而濒死,那么施舍就会更好。在当前的例子中也是如此。正如亚里士多德所言,如果存在着一位在德性和智慧上胜过其他一切人的人,那么君主制就是最佳的统治形式;否认它就是不正义的(《尼各马可伦理学》1160^b 1-11)。那么,请告诉我这个人是谁,我们大家都应称赞他。同样地,对于职位而言:由于君主们在智慧上并非总是胜过其他人,那么为着民众之间的和平,就需要选择其他的人充任不同的职位,例如王室顾问、大臣和市政官员。①

还有一个疑问,那就是王制的本质是说君主应当拥有超过全体公民(supra omnes)的权力,还是只是拥有超过任何个人(supra singulos)的权力?

_____

① "例如,王室顾问、大臣、市政官员"。在具体说明西班牙政府机关时,维多利亚落入了卡斯提。

1. 他应当拥有超过公民个人的权力这似乎就足够了,因为他是共同体选出的,所以共同体似乎比王位更高(supra regnum)。在这个问题上,那些持主教会议高于教皇这一观点的博士认为,对于君主而言高于个人就足够了,并不需要高于全体公民。

但是,另一方面,阿尔曼和奥卡姆(Ockham)作出如下论证:"我们的论敌们也承认教会是以一种王制的形式进行统治的,但是,王制的本质是一个人应当拥有超过全体公民的权力。然而,我们的论敌们在这一点上陷入了矛盾之中,他们说君王只是高于任何公民个人。"

我的回答是,他们当然与这个定义相矛盾,至少在亚里士多德的理论形式中如此,家长高于家庭成员个人和整个家庭,这也是君王应当成为的样子。我断定在恰当的意义上王制的本质在于,君王既高于个体也高于全体。证据在于,如果不是这样的话,如果民众高于君王,而主教会议高于教皇,这个政体就是民主制而不是王制。因此,如果教会具有一种君主制的形式,除了说教皇高于主教会议之外我们不能持任何观点。否则我们就宁愿否认它是君主制的。

对于第一点,我拒绝这种推论,即共同体创造了君王,那么它就高于君王。一旦共同体把自身的权力转移给了君王,它自身就不再保有那种权力了,否则就没有发生转移。而且,当前最佳的政体显然是混合政体,这正如阿奎那所言。只要在基督教王国存在的地方,在不同程度上都是如此。

最后一个疑问与阿奎那的这一陈述相关:混合的统治形式以某种方式与所有公民相关。换言之,这是像有些人认为的那样,是因为君王是从他们之中选出的,或者是因为他们自己选举了他吗?对于是通过选举产生君王好,还是通过世袭继承王位好,这也是可以争论的。根据布利坦(Buritan)对《政治学》卷三问题 12 的评论,以及圣·托马斯的《论君主统治》,选举产生是二者中较好的方式。但是,有四个理由可以说明为何世袭继承是较好的方式。首先,它可以带来服从、尊敬和尊贵,这是从民众之中选举所不具备的;其次,可以避免无法选举时所导致的王位中坠;再次,可以避免选举中产生的纷争。①

第2节　关于人与人之间关系的司法训令规定得是否合理?

阿奎那用"但是相反"进行了回答:"他从未如此恩待过其他任何民族,也没有向他们宣示过自己的法律"(《圣咏集》第147章20节)。阿奎那说人们之间的社会关系或者由统治者的权威建立,或者由私人个体的意志建立。

由于阿奎那已经说过存在三种统治形式,它们都来自共同体,这就产生一个疑问:共同体能否根据意志变更其统治形式,这就像以色列的子民所做的那样,他们开始由士师进行统治,后来要求一个君王。他们有罪吗? 另一方面,当前的情况怎么样? 对于共同体而言,它毕竟有权变革人法,允许它拒绝接受自己的君王们,并且把他们转变为一种贵族的统治形式吗?

对此的回答是,作为统治权威的统治者职位(principatus)或者居于共同体之中,或者不在。如果说它是由金权法则统治的,那么它就统治自身;而且,在这种情况下它无疑可以改变自己的政体,因为它是以成员身份的形式持有着权力,并且可以把权力转移给它所希望的人。这对于贵族统治也是正确的:尽管共同体是由贵族统治的,但是权威仍不取决于私人个体,而是取决于共同体,共同体选出议会进行统治。因此,它也可以改变自己的政体,就像以色列的子民在处于贵族统治之下时所做的那样。他们要求一个君王并没有错。但是,如果共同体把权威转移给君王后会怎样呢?

---

① 这些记录的匿名编订者使得维多利亚的第四个支持王位继承制的论证不知不觉地遗漏了。

如果它把权威无条件地、永久地转移给了君王及其继任者,那么它事后就不能要回这种权威。它要改变它的统治形式就不再合法,即使这种改变是有益的。但是,如果君王在统治中成为暴君,共同体可以废黜他,这也是正确的。因为即使共同体交出了自己的权威,它仍然保有着保卫自身的自然权利;如果没有其他的选择,那么它就可以废黜自己的君王。

这会产生一个疑问。就世俗统治而言,君王可以恢复《旧约》的全部法律以应对共同体的统治吗? 他似乎可以这么做。

1. 君王拥有无限的权力;这些法律都是好的,而且所有司法训令也是好的。

但是,另一方面,《旧约》中也存在一些与自然法相悖的法律,例如那些处理一夫多妻、离婚和杀害无辜者的法律(如关于杀害所有阿玛勒克人的法律《出谷纪》第 17 章 16 节)。因此,显然君王无法全部恢复这些法律。

我以下述命题进行回答:

第一,一位君王无法颁布天主所能颁布的所有世俗法律。下述命题众所周知:天主可以为人民的利益而免除自然法义务,这是任何人都无法做到的。实际上,天主已经这么做了,他给予了一些人以豁免,他们可以娶一个以上的妻子,他们也被允许离婚。但是,你可以答复说如果这是真的,那么,君王就没有充分的权威颁布对共同体的统治有益的法律。对此,我们提出下一命题:

第二,违反自然法的事物不可能普遍地、一般地对共同体有益。因此,承认君王不能授予对自然法的豁免,这并不减损他的权威。事实上,共同体离开自然法就无法存在,自然法正是为着共同体的利益而颁布的。这正是违反自然法的事物无法普遍地有益于共同体的原因所在。然而,在特定时代、特别民族会出现一些违反自然法的事例:例如,一夫多妻,这是违反自然法的,无论是基于家庭和睦还是子女抚养,而且一个丈夫也无法令一个以上的妻子满意。同样,杀害无辜者也不能普遍地对共同体有益,但是在特定时代却是好的。阿玛勒克人因不虔敬而成为天主的敌人,天主决定"世世代代"地彻底消灭他们,甚至在天国也不留下他们的种(《出谷纪》第17章16节)。

第三,这是一个较为困难的命题。一位君王不具有一个共同体所有的全部权力。对于这个命题而言,学识渊博的博士们质疑君王是否具有对其王国之内的一切事物的完全支配权。有些人回答说他不具有,他仅仅是统治者,而不是主人。但是,与之相反的却是下述事实:所有人都称他"主人"(dominus),他的臣民是"奴仆"(vassals),这个词只适用于那些有一个主人的人。对此的回答是,他是一个主人,他不仅管理一切,还支配一切。但是,我要补充的是,他不是一个严格意义上的主人,他不能随心所欲地利用公共事物,即是说他不能颐指气使地像我自己那样对待我的马匹。他也不能突发奇想地把城池割让给法国,除非是为着共同体利益之计;他也不能把一个奴仆随意送给另一人,除非是为着共同体利益之故,比如赏赐勇士是有益于共同体的,因为这会激励其他人变得英勇。但是,他可以根据自己的意愿使用赋税,正像教士可以自由处分他们的地租。这为我们提供了第三个命题的证据,因为共同体可以任意地分配其领土范围内的事物——如果它是自由的,我的意思是它没有把自身的统治权转移给一位君王。然而,君王却不可以这么做。这也因下述原因而变得显而易见:共同体转移给君王的不是所有权的直接权利(dominium rerum),而只是它的受益权(gubernatio)。

第四,自由共同体所能颁布的任何法律,君王都可以颁布,因为统治形式在某种意义上是混合的,所以,在某种意义上也是有限的。

第五,君王可以制定有关下述四项事物的法律,对于这些事项阿奎那都有所提及,"统治者与人民之间的关系、人民之间的相互关系、人民与外国人之间的关系以及家庭内部的关系"，①只要它是有益于共同体的。随之而来的是君王可以征税。许多人质疑现在征收阿尔卡巴拉税（alcabalas, gabellae）的正当性，因为作为其征收基础的战争已经停止了。但是，提出这一点是无关紧要的。真正重要的是它们对于共同体的公共财政是否有益。实际上，君王现在可以要求并征收所有携带物品的关税，只要这对于共同体是有益的。另外，如果有来自其他渠道的充足的资金足以支付为共同体利益所开销的公共支出，那么，他可以废止需要支付的关税。尽管不是每个人都能对此作出评价，但是，可以公开地确定它是否有益。

第六，如果一条法律对于公共善是有益的，那么，不管它对于私人个体多么有害，都是正义的并且可以执行的。例如，把小圆盾全部驱逐出去，②这是有用的，但它可能对于某些人有害。或者发布一条禁止养骡子的法律。

第七，君王可以根据合理的理由豁免一条为共同善而制定的法律，即使这对私人个体有害。例如，假定已经实施了一条遗产信托（fideicommissa）的法律，即关于限定继承的不动产（de los mayorazgos）的法律，③君王可以根据合理的理由对某个人授予豁免。他可以授予某人转让一个庄园的权利，即使这对于限定继承的继承人是有害的。同样的情况也适用于下述法律：规定父亲不应把比自己财产的三分之一还多五分之一的份额给予任何一个儿子。这里君王也可以根据合理的理由授予豁免，就像他在准许遗产信托时所做的那样，由此选择创造或不创造一个限定继承。

第八，如果君王在没有合理理由的情况下授予了某个人豁免，

---

① 参照第136页，前面的脚注43；维多利亚在用语上进行了一些改变。

② "他们命令从王国之中驱逐所有的小圆盾［小的圆形盾牌］"。

③ "关于限定继承的不动产"（参见词汇表 mayorazgos）。下面段落所描述的"不相容的法律原则"旨在预防限定继承的不动产的积聚，曾广遭轻视。

而这又对另一人有害,这就是对后者的损害(iniuria)。因此,如果他准许父亲自由转让一个庄园,这就是对继承人的一个损害。

第九,如果没有合理理由授予了有害于第三方的豁免,这就会产生一个疑问:这个豁免在良知的法庭上是否具有约束力? 例如,君王准许某人自由决定是否转让他的限定继承不动产,那么就会产生疑问:任何人都可以合法地购买它吗? 回答是他可以,理由在于如果某人获得了豁免,那么,他在违反法律时就没有犯罪。如果说有人犯罪的话,那是君王犯了罪,而不是已经获准豁免于法律的人犯了罪。与之相对,显然君王不能命令一个较长的儿子在继承了限定继承的不动产之后,把他的继承财产在众兄弟之间分割。因此,这表明他在继承之前也不能这么做。

第十,即使君王在没有合理理由的情况下授予了豁免,这个豁免也很可能是具有约束力的,第三方可以合法地购买。这是显而易见的,因为原先遗嘱人制定遗产信托的唯一权利是遗产信托法,一旦这法律放宽,遗产就可以转让了。如果君王不能给出豁免的合理理由,那么,就可以在法律上假定这种豁免是欺骗性的和不恰当的,并且在我们的时代不再有效。这种看法是正确的。

第十一,一位君王可能无法在他有权颁布法律的所有事项上都公正地授予豁免。例如,他或许发布命令说所有限定继承财产都可以转让。毫无疑问,这迟早都会发生。所有共同体的理论家都可以指出限定继承的破坏作用,它允许所有的不动产都积聚在少数个人手中,而其他人则变得贫穷和低贱。君王可能因此而通过法律宣告所有遗产信托无效。然而,尽管如果在法律中予以颁布,这将是一种公正的措施,但君王不能同时通过一件件的豁免实现这一政策。法律应当对于所有人都是共同的,对一人有益的也应对全体人有益,这是法律的一个条件。同样,君王可以废止对偷窃执行绞刑刑罚的法律,并以其他的惩罚取代它。但是,他不能没有合理理由地豁免某些人的绞刑,从而伤害其他人。

第十二,一般而言,在世俗事务上君王所颁布的法律承认或撤销良知法庭上的权利。我在前面已经解释了法律在良知法庭上具有约束力。笼统地说,这就是王权的全部。

第十三,然而,我要补充一个特定方面的命题。一位君王可以毫无理由地,不考虑共同体利益地颁布法律,规定处死无辜者,甚至是那些不信教者,这是违反自然法的明确训令的。那些处死无辜者的人简直就是谋杀者。唯有天主才是生死的主人。这要从一种实质的方面加以理解,即在无辜者可以实际获得拯救的情况下。一次爆炸当然也能在杀死有罪者的同时杀死无辜者,但这只是偶然。也许有人说,如果我们不在他们年幼时杀死他们,他们成长为反对基督教王国的战士怎么办呢? 为了预防这一点有人可以把他们都变成囚徒。

贤人政治

张东荪 著

[**编者按**]张东荪"贤人政治"一文于 1917 年刊载于《东方杂志》第十四卷,第十一号。张东荪(1886-1973)是民国时期最富思想力和学识的学者之一。民国初年创办《正谊》、《中华杂志》,以其对于民初政治的评论而名噪一时。后因失望于现实政治而将主要精力转向哲学研究,引译柏格森的《创造进化论》,并撰述有多部深富创见的哲学著作。"贤人政治"即为张东荪早年参与民初政治论争的一部代表之作。正如他在自跋中所言,这是他十年来思考之产物。在此文中,他集中批驳了当时盛极一时的"民权论"。从某种意义上来说,中国现代思想对于民主的系统反思,或可以张氏此文为始。他一方面拒斥专制之制,提倡共和,另一方面又拒斥民主之论,提倡贤人治理。在"或专制或民主"的话语之下,张氏之论颇值我们玩味。从古典政治哲学对于"良好治理秩序"(贤人政治)的强调到现代政治哲学对于"合法治理秩序"(民主政治)的强调,其中忽视了什么,凸显了什么,孰优孰劣,深值我们反思。

1. 关乎支配国政之根本原理之两论系

夫近代国家,自表面观之,固有种种形态。然究其里面,则无不有一根本原理,以为支配。世间论者,每多忽诸。有国体之争,有法制之争,咸属枝末,而非根本。根本原理者何,即国之所由建,种之所由进也。勿论何种国家,亦勿论何种民族,其所以不致覆亡者,不外乎能领悟此种根本原理,而施诸实际耳。特关于此根本原理,自昔推究者,固不乏异说,然可综合分别之,为相反之两大论系。

2. 两论系成立之故

黑格尔①之论历史哲学也,谓主义必有正负之两面。有甲说焉,必有相反之乙说,以与对立。迨甲乙二说相调和而成丙说,则又有丁说生焉,与之相抗。甚且推至无穷,要皆准此法则以进化。验之於例,则哲学上於一方有一元论焉,他方必有多元论。於一方有唯心论焉,他方必有唯物论。於一方有观念论焉,他方必有实在论。於一方有定命论焉,他方必有自由意志论。吾尝细绎易经之旨,即言对立两系之理。如有乾必有坤,有阳必有阴,有天必有地。於是则得归纳而成定理焉,即宇宙间实有对待律。政治为人群所由自处之道,精微绵密,发源于哲学与伦理,其亦必有对待律行乎其间,自无疑矣。

3. 调和之需要

夫对待之两种主义,必为各得真理之一方面,不可偏废。故近代思想之精髓,即在认真理为多方面,实在为进化。是以现代之学说,无偏重于一方面而抹杀其他者,乃注重於调和。以为完美圆满,即调和之义也。趋向於调和而进,是为进化。然调和无止境,

---

① 详见 Hegel, *Lectures on the Philosophy of History*。

故进化亦无穷期。愈调和乃愈进化。此所以现代思潮无不以调和为出发点也。哲学上之思想如斯,科学上之思想,亦复如斯。政治上之思想,又何独不然哉。

4. 庸众主义与贤能主义

所谓支配国政之根本原理之两论系者何乎。曰其一为庸众主义,其二为贤能主义。

5. 多数决主义与少数决主义

庸众主义,以为人类平等者也。政治之运用,亦当人人而与焉。虽然,众人之所见常不能一,为之奈何。於是有多数表决之法。今有十人於此,八人之所言相同,虽有二人为之反对,然必即以决定。故以为国家所当执行者,多数之所欲耳。多数欲战,则国家必宣战。多数欲和,则国家必媾和。一政之施,一事之举,乃唯多数之意思是仰。所以设国家之体制者,专为达多数之祈求耳。故其为说,有一前提焉,盖即谓凡多数之所欲者必为善,是已。然而此不可仅恃想像,以为武断,而当验诸实际。夫事实上,所以诏告吾人者,凡多数之所欲,果尽为善乎。

贤能主义之成立,即由解决此问题而生者也。贤能主义,以为於事实上,多数之所见,不尽为是。多数之所欲,不尽为善。不特此也,且多数所见,往往流於舛谬。多数之所欲,往往陷于罪恶。凡此之事,史不绝书。盖是非无定,善恶无衡,因进化而变异,例如古者天圆地方之说,为常人所共信,迨哥白尼出,以一人之思考,破陈说而代以新诠。当其初时,鲜有信者,历世既久,始为不磨。苟断代以论,当时之多数,故尽为舛误也。又如蛮荒之民,有食人之俗,习於其群。无或非之者,推溯吾人之远祖。当其在僿野之际,亦未尝不如是。然率有今日之进化者，必赖有首出庶物之仁人，创立宗教，以驯其凶残之性，以育其高尚之德，合群之能事，文化之推进，胥於是成焉。顾此大智大仁大勇之一人，往往不为当时众庶所容。如耶稣之死於十字架，苏格拉底之死於狱。晚近之例，如俾斯麦之政纲，辄见否於议会，米拉伯之画策，不见用於朝野，类此之事，不胜枚举。要足澄多数之所见，於一定之时间，非徒不尽为是，抑且概为舛误，多数之所欲，於一定之时间，非徒不尽为善，抑且概为罪恶，於此实有二论据，详之如下。

第一，人类知慧之进步，本以个人心理较群众心理为速，此则千真万确之事实也。个人心理常静，对于真理能充分之推求，群众心理，则鲜不流于浮躁，不能沈思。黎本曰：群众心理者，不拘何时何处，及为数若干，概为一种特别心理状态，其思焉，感焉，行焉，要异乎其在个人独居之状态。黎本之论群众心理，以为乃係一种劣等心理，富於运动，而乏思考，易受暗示，而趋极端，多为固执，而不改进，如稚子，如妇人，如未开化之人。① 於是可知群众心理，非多数个人心理之集合，乃另为一种特别心理，而此心理，实较个人为劣，如常为无目的之运动，如易受无理由之暗示，即为最著者也。

第二，真理之认识，初不因多数之人所见相同，而得其正鹄。亦不因一二人所见独异，而损其真值，盖是非不当以头数定也。有十人於此，唯一人贤能智睿，余皆鲁钝，或拜火为神，或视影为鬼，此一人者独陈其非，此则是非不以头数决定之好例也。

由是以言，唯持多数，其不能得真是非也，明且审矣，盖数之多少，与理之是非及事之真伪，乃绝不相涉，故是非真伪之标准，当别求诸他途，而不能以头数多寡为判也。且不宁惟此，多数之心理，乃係一种特别心理，而非单纯之汇合，此特别心理，殊为劣钝，常激易蔽，对於事理之追求，转不如少数之为冷静公平与周密也。是则

---

① G. Le Bon, *The Crowd*, Chapt. I, II.

非但不能以数之多寡而判理之是非,抑且常呈反比例之现象矣。

此外犹有一端,曰:凡一社会,其积愈大,凡一团集,其数较众者,断不能止有正负之二种意见,夫既有数种主张,则事实上实无真之多数,不过比较多数而已。决定之方法,若即此比较多数为衡,则此比较多数之外者,乃适为真之多数,换言以明之,即真之多数,实反对此意见者也,宁非一至奇之事乎。

用是贤能主义不以多数为取决,以为人而贤也,虽为少数,其所造诣,必较众虑为深,其所贡献,必较群黎为大,其所负担,必较常人为重,出其所独得之确信,展其所自修之天才,以为一群谋福利,其功果必较诸群众之自谋为适当也。

吾人因认定庸众主义为多数决主义,贤能主义为少数决主义。

6. 代表主义与自由意思主义

虽然,庸众主义,既取决于多数矣,顾於大群之中,国家之面积既巨,人口之额数亦众。则取决多数之法,苦不能见施於实际,不得已而有代表之法焉。即选举若干人为代表,然其为说,亦有一前提,曰代表者之一举一动,皆足宣达被代表者之意旨是已。是代表之所产生,正由其能代达被代表者之意思耳,故曰代表由推举而成,然而於此亦复有疑问焉。

第一,代表者之主张,是否尽为被代表者之意思,设使二者永久契合,无或稍违,则代表原则不致破坏,固也。如其不然,纵不为完全歧异,即有一二点不一致,而代表原则,已不啻根本动摇,又况事实上,一二点之不一致,为习见之举,而完全歧异,亦复具有可能之性,是则代表原则之基础本不确立也明矣。

第二,代表之推任,当即为选举。选举果为代表者与被代表者之间所立之一种委托契约乎。然而各国之现行制,皆有议员在院内发言,对院外不负责任之规定。是不唯澄明选举实非委托之契

约,抑且破除此等性质之嫌疑。柏哲士尝论之,以为此乃所以得良
立法部之道。① 吾亦曾有说,详证其非。② 兹不赘也。

---

① Burgess, *Political Science and Constitutional Law*, II, p.122.
② 兹录拙作近世国家论之两节如下:通常谓议会为人民之代表,此说殊为欠通。兹详
述之,然其中亦有二种。(一)谓代表为法律上之委托关系,此为代理说。(二)谓
代表为一机关而代表他机关,此为代表说。

　　兹先辟代理说之谬,如下:代理者,法律上之委托关系,必为人格与人格之交
涉。易言之,即当事者勿论代理与被代理,双方必同为人格者。果尔,则疑问生矣。
曰代理之议会,果为一人格与否乎。被代理之人民,其全体亦为一人格否乎,抑各
人民为各各独立,而非由议会,乃由独立之议员以代理之乎。夫议会若有人格,当
为法人,全体人民,若有单一之人格,亦当为法人。夫人民全体相结合,即成国家。
国家为法人,自不待言。国家以外,更无全体人民,若云全体人民为法人,即不啻谓
国家为法人。离国家,别无全体人民。盖人民既云全体,是必为有组织有结合,既
有组织与结合,则即为国家也。国家为法人,诚属正当。特国家之法人,不能以议
会之法人代表之。其他司法行政等各部,皆同为国家之机关,实行国家之作用。固
不独一议会为然。设论之原意,在代表人民,今以三段论法演之,乃竟为代表国家,
可见原说之不合论理也。且国家既为法人,则凡为国家执行其作用者,皆当为国家
之机关,不得再为法人。何以言之,机关非人格,於前已言之矣。譬如人有人格,而
其手足不得再有人格。不过仅为人之机关耳。否则即为分裂,必生冲突。正如二
重人格之精神病者,有国如此,不能生存。且以议会代表国家,则与其同等之法院
元首等,又将代理何物。是以知议会与法院等相同,皆为国家机关,不能再为法人
也。若以人民各各独立为言,则代理者为议会乎,抑为各散在之议员乎。以议会
言,议会既非人格,又安能代理各人民。以议员言,则人民所欲各殊,是否先有代理
之契约,此层容次款详之。苟自抽象而论,普泛之民福,固属存在,然凡国家机关,
皆以谋民之福利为旨归,固不止一议会为然。又况各议员之权,由於机关而生,是
为机关体。若云代表各人民,当於机关之外,尚有作用,今则非於集会,其言乃等於
平民,此其明证也。加之集会之权,乃国法直接所赋与,初非因选举而得。由是观
之,谓各议员代理各人民,实无是处,不待辨矣。复次,代理关系,出於委托,为法律
上之契约行为,则必有所谓契约者,不可不一究之。此契约是否即为投票。易言
之,即为问选举投票,果为选举者与被选举者之间相互合意而成之代理契约与否是
也。果尔,则以通例言,契约关系,依当事者之意思,得以取消,而人民之取消议员,
实未之前闻。且选举所用无记名法及复选制,即欲取消,事实上亦复不能。此证明
选举非契约者一也。况取选举制者,固不独於议会。若总统,若地方长官,若自治
员,莫不自选举而出。未闻以之为其代表,何独於议会云然,殊不可解。若总统自
议会选出,则总统制代表议会矣,宁复可通。此证明选举非契约者二也。夫契约关
系,必被代表者先有一定之意思而不能自己实行之,於是委托於代表者,若有意思
而能自行,代表之原则,为之打破。他若并无意思,则代表亦复不立。　　(转下页)

第三，凡人格者皆有其固有之意思，凡机关皆有其特具之职权，若谓一人格之意思全由他人格移付而生，若谓一机关之职权纯以他机关委托而来，事实上均无是处，故一人格，其意思之是否正当，若全视乎其合否被代表者之旨趣，而为衡断，则其固有之意思，早不成立，此则於自由意思与固有职权之事实，大相背谬者也。

是故贤能主义，以为凡属人格，各有自由之意思，凡属机关，皆

（接上页注②）人民之意思，果何若乎。以私利言，人欲各殊，不复一致，无从而代表之。以公善言，人民虽无不是认公善，然能扑捉此公善者，厥惟国家之大意识，实较个人之小意识为亲切。故国家之各机关，无一而非谋公善之发展，决不止一议会。各国议会，有受理人民之提案与请愿，则人民有意思，尽可随时发布，不必预举代表，显与有意思而不能行之原则相背，此证明选举非契约者三也。且选举之票额，各议员未必尽同。得票多者，所代表之人亦应多，得票少者，所代表之人亦少。果尔，一议会之中，各议员之权利不等，则议事胡由取决，此证明选举非契约者四也。则选举非委托之契约也明矣。

代表说亦有二谬点，述之如下。

代表说以为议会诚非人民之法律上代理者。代理与代表有别，前者为法律行为之委托关系，后者不然。一机关不能执行其意思，於是乃设他机关以代之耳。此机关正乃彼机关之缩型。故代表者非指民法上人格间之委托，乃公法上机关间之关系也。然此说於肤视之，固不见若何之大谬。且在君主国，君民固有分界，君为国家之一机关，民亦宜为一机关也。然细按之，乃知其不然。盖此说之根本误点，即在认国民全体为国家之一机关，且此谬误，正出於机关与成分之混同，殊不知成分者，组织之原质也。机关者，作用之官品也。如人之细胞，乃所以构成其人者，谓之成分则可，谓之机关则不可。而人之耳目手足，所以实现人之行为者，谓之机关则可，谓之成分则不可。故国民者，国家之成分，而非国家之机关也。若国民为国家之机关，则既为机关，即无人格，而其行为又必皆为其背后人格者之国家之意思，然证之事实，国民乃自有意思，自有行为，初非皆属之国家。夫各各独立之国民，既非一一皆为国家之机关，而全体之国民，又不能集成一机关，且自其结合言之，即当为国家，初非二物。既为国家，又安能同时而为国家机关耶。若自其散漫言之，则既无组织，云何而能谓之曰机关。是则国民勿论为全体，为散立，均不得谓之为国家机关，夫国民既非机关，又何能设立他机关以代表之耶。

复次，今假定人民为机关，然何以必须别一机关为其代表乎。吾知论者必曰，以人民之机关无能力，不能自行实现其作用也。此言一出，适足证人民非机关矣。何以言之，机关以能实现其作用而成立，如目之所以为机关者，以其能司视之作用。若目不能视，是为废物。又安云机关耶。故以机械装置之假手足，不能视为其机关。以此种假手足，仅足壮观而不能司作用也。故人民必有机关以代行其作用者，则其自身必为非机关无疑矣。由是以言，代表说亦复不能成立也。

有独到之职权。其自身对於行为不行焉,负固有之责任,独立而判断是非,辨别善恶,於一事焉,信其善,则本於固有之职权与责任,当毅然行之,不必以是否合乎被代表者之意旨为判焉。

吾人因认定庸众主义为代表主义,贤能主义为自由意思主义。

7. 平等主义与等级主义

庸众主义,以为人类智能之不齐,由於社会待遇之不平,除天然不具者外(如聋盲废疾等),实无轩轾之必要。盖今日人智之不齐,乃食昔日社会制限与夫政治禁格之赐。以实例言,如贫富之悬殊,贫者不能与富者受同等之教育,其智能遂逊于富者。设一旦开放,则未必遽分高下。诚以人之才能,由天所赋,故在先天,概属同一,迨至后天,为境遇所限,凡此皆社会之罪也,往往因才能之等差,遂生阶级,待遇随之亦异。其间压抑才能,使无由表见者,事实上又比比然也。此又皆由政治与社会有以致之耳。是故欲齐一智能,当急谋平等之开放。

虽然,於此实有二问题焉。一曰:人类於先天绝无差别,所有异状果均起於后天乎。二曰:以平等开放之待遇,果能齐一民智乎。

於第一问题,不可不诉诸生物学,则有拉麦克与卫斯曼之争。① 拉之说,谓后天所赢得者,亦复遗传於子孙,其在子孙,遂生先天之异禀,而卫否之。在生物学上,洵多异议,然自有机进化说发生以来②,已认生物之进化,非纯为体质之进化,乃係有机之进化,抟精神与物质为一体,以适应外境,淘汰机能,而为进化。故葛尔顿之研究,以皇家学会之会员二百七人,而察其家系,每百人中,

① 拉卫之争论,详见 Kellogg, *Darwinism Today*, 第 262 页以下。
② 见前书第 208 页以下,及 229 页以下,及 Baldwin, *Development and Evolution* 第 37 页以下。

有四分之一,为属於知慧阶级。① 休斯透取渥克福德名册而研究之,以九十二年为衡,其中最有名之人,其父之为最有名或次有名者,百中得三十六次有名之人,其父为最有名或次有名者,百中得三十二,普通人之父为最有名或次有名者,百中得十四。② 是则可知不仅体魄可遗传於子孙,而知慧亦得遗传於后世。晚近有所谓进种学③者,即基於此原则。於此可断言者,自有生民以来,所谓原始人类者,即有境遇之殊,而境遇亦足影响於精神体魄,精神体魄上所生之变化,且遗传於子孙,故以先天无差别为言者,不知此先天何指,若谓不可穷诘之原人,则纵假定其无差别,然数世以迁,差别自生,是以自有历史以来,以个人论,其先天未有不差别者也。④

於第二问题,则应知待遇为缘,而非种因,自未必能获齐一智能之果。盖个人之利用外缘有不同也。譬诸庠序,有徒数百人,一堂授课,为之师者,同属一人,则其成绩,宜无出入矣。孰知事实上未有如此者也,智慧之童与鲁钝之徒,其学绩常为判然,此何故欤。曰待遇者不过一种机缘而已,人之提取机缘以利用之,不能尽同,有善用者,有不善用者,有用之得果十分者,有用之得果五分者,故同一机遇而不产生同一结果,事实上比比然也。若谓机遇既同,结果如一,实无是处。

於是对於此事实,以平等之开放以矫正之乎,抑依其天然之不等以徐图改造之乎。庸众主义取前说,其结果,后世之收效若何,

---

① 见 Kellicott, Social *Direction of Human Evolution* 第 145 页。
② 见前书第 146 页。
③ 原语为 Eugenics。其定义见前书第 3 页。
④ 摩根谓可分三端以言。一、个体作用,因适应生活之条件,有体魄之变化。二、种族作用,乃由此种新赢得之变化之遗传而成。三、种之进化即为累积此种遗传之结果。如 a>b+a'>b'+a">b"+a'">b'" 等至于无穷,其中 a a'a"a'" 为赢得者,而 b b'b"b'" 则为累积之遗传结果。见 Baldwin 书第 347 页。此说尤为主张先天有差别之最力者也。

虽不可知,而目前之形势,则大起纷扰。何以言之,使智与愚平等,贤与不肖同科,於是智者贤者不能展其所能,愚与不肖得逞其所欲,势必使智与贤悉被淘汰。愚与不肖独擅胜场,其流弊所及,必有不堪胜言者矣。故以平等之开放,以矫正天然之不平齐,必不足以达到目的,虽宗旨无舛,而手段适得其反也。

贤能主义取後说,以天然之不平等,决不能以遽然之开放矫正之,必先依其差别,设以制限,先於目前期得最大之福利,盖目前之最大福利不可得,则未来之改善,亦必无由企图,所以祈求最大福利之方法,即为因事设宜,依其等序,置以制限,俾人类智能之发挥,各适如所含之量,例如甲之智能,仅可举办某事,则使甲为某事而止,乙之智能,高超於甲,则乙应为之事,亦必重於甲。庶足使甲乙所有之智能,发挥至最高度,至无屈高就低之弊,复无提低就高之害,否则於一群之中,非轻减智能之度,即为事实所不能。故必使各适如其量度,於是一国之中,一社会之内,智者得发挥其特有之智,贤者得发挥其独具之贤,而愚不肖亦适如其低度之才能,以维持生计。此法一行,不仅使个人得发挥其智能至最高量度,抑且使一国中所有之智能得发挥至最高量度也。

吾人因认定庸众主义为平等主义,而贤能主义为等级主义。

8. 单调主义与复调主义

不宁惟是。庸众主义,既认人类智能可以齐一,人类待遇可以平等,於是於职务之异,方面之殊,不复注意,推其极端,必工可以为农,农可以为士,皆具同等之智能,不必有殊特之技术,而贤能主义,则以为流弊至此,蔑以加矣。

贤能主义,以为社会与国家,为多方面的,必多方面同时而成立而发达焉,则社会之能事始尽,国家之职掌始完,然於多方面之社会,必使人依其性之所近与习之所尚,以各事於一面,譬如甲之性习近於子事,则甲从事於子。乙之性习近於丑事,则乙从事於丑。以人言,甲乙以至无穷,以事言,子丑以至无穷。和合甲乙与子丑,则始得完成,而社会之自体与国家之大我,乃为之实现矣。

吾人因认定庸众主义为单调主义,而贤能主义为复调主义。

9. 非个性主义与个性主义

夫庸众主义,既谓人类本属平等,不惟漠视先天之差异,抑亦藐视后天之不同。而在贤能主义,则以为此种不平等,全由於个性之存在,个性於文化上有极大之影响,甚至可谓无个性之殊,即无文明,未尝不可也。故文明之起源,即在个性。哲人乾母斯尝论之,以为个人之差别虽微,而实属重要,并引泰德之说,谓社会法则为模拟,盖人於一方有独创性,他方有模拟性,二者相辅为用,遂使个性极微之差异,得为社会进化之原因。[1] 此诚透宗之论也。

复次,个性之殊与社会之为多方面者有关,盖必以人类各展其个性之特长,以当社会之一面,例如甲赋有宜於子事之个性,则得发挥其独具之才能,以从事於子事,则甲之为事,必较乙丙丁为优。乙之於丑事亦然。综合人类甲乙等之个性,以当一群之子丑等方面,各为特别之发展,则一群之福利,必得臻於最高之量矣。

吾人因认定庸众主义为非个性主义,而贤能主义为个性主义。

10. 齐进主义与率导主义

庸众主义,既不认人类有异禀与殊能,则必以为人类进化之向上也,但须各自为之,初不待有杰出之才,为之提携与率引,其谓各个人之发展,本无迟速锐钝之别,但得同一之机会,便有齐一之进

---

[1] 见 James, *The Will to Believe*, 第 255 页以下。至於泰德之说,见 Tarde, *Social Law*。

化。

而贤能主义以为不然,夫天然之不齐,前既述之矣,个性之重要,前已详言。故贤能主义,以为人类之进化,以平面为齐进,则迟且钝,以角形为锐进,必猛而速,此盖物理上之公例,而应用於人事者也。有一群焉,其群中之各分子,齐致前进,各自发展,而为平面之进行,必不若有首出庶物之人,具超群之特识,挟持而进,提率以趋,则其迟速之间,必有不可以道里计者矣,贤能主义对於此点,亦有二论据。

第一,领导为普遍之自然的现象,莫福德详论之,以为係社会力之一。历察动物及人类之现象,如猿、如象、如鸟,皆有率领与服从之徵迹。[1] 他如小儿之群戏,亦必有率领者与随从者,[2]故莫氏认为社会上普遍之机能。[3] 盖率领之现象,起於天然,实为一种本能,即以自然淘汰与生存竞争而言,则此种本能,正由自然淘汰之法则,以适者生存之故,得渐以成立。详言之,即非有领率,不足以生存,以此为适,而不适者淘汰以去,是则率导者,实为群道必需之件,进化不外之则。

第二,不由率引,而取平等之齐进者,不过空想,永无实施之日。盖人类之天性,於一方有服从与追随之本能,於他方复倡导与率引之本能,不见夫小儿之游戏乎。一儿为首,群儿从之,故起于人类之模拟性,然可见人类之本能,本有二面,若尽消减其服从之本能,以去其模拟,趋於极端,必致群道涣散,不复有社会矣。此种空想,全背乎实际,然不尽有害,盖以此为提倡,於比较的程度以内,未尝不可得收几分自由之效。特此法仅能唤发几分之自由,决不能尽扑减其模拟与服从之性能。盖止能矫正率引现象之末流之弊,而不足根本上为之推翻也。

---

[1] E. Mumford, *The Origins of Leadership*, 第 10 页以下。

[2] Groos, *The Play of Man*, 第 338 页以下。

[3] Mumford 书第 3 页以下。

不宁惟是,今之民主主义,莫不趋赴於此倾向以行,然真之民主主义之社会,决不恃此齐进主义,对於率引,亟为注重。故有所谓社会中枢者,[①]盖谓众人中之俊者,负一世之舆望,初非限於一方面,乃各方面皆有此中枢之人以为表率也。如学问、技艺、政治、教育、实业等,各有其俊秀之士,且凡此各方面中,又有种种之分类,於学问中,则有医学、天文学、经济学等。有疾则叩诸医者,而医者与一班常人,又必皆唯医中之圣者之言是听。币制则叩诸经济学者,而经济学者与一班常人,又必视经济学大家之论为依违。故社会中枢者,於每一社会中,最得优厚之信用者也。夫在信用为服从,在得信用,则为率引矣。故社会学者谓社会之进化,端赖社会中枢,而社会中枢,大抵为天才,富於独创性,而一班常人,则止有模拟之本能,则一方面特创,他方模拟,於是进步生矣。

以言政治,亦有斯征。如政党鲜不有党魁。密启尔斯曾详论之。[②] 以为民主主义不能无组织,所谓多数参政者,乃属空想,事实上所不能有者也。既有组织,必有首领。密氏更推论政党与首领为一,无首领即无政党。密氏之研究纯自心理与社会方面,精微绝伦,启发良多,不佞此作,亦蒙其赐也。

加之,人类道德之发展,实以个人道德为远出於群众道德之上,克里斯丁逊曰:政治者,群众道德之实践的表现也,其视伦理,则瞠乎后矣。盖政治与伦理,本为相通,特个人道德,先进於群众道德数百年,故有前后之感也。又曰,群众道德不能与个人道德同其步骤者,以其无责任之感觉耳。[③] 虽克氏谓平民政治与专制政治,不过比较之词,要在发展群众道德,然於此实可知个人道德既高於群众,则个人自较为可恃矣。克氏之论,乃不啻於贤能主义加以反证也。

---

① 原语为 élite。详见 Giddings, *Elements of Sociology*, 第 110 页以下。
② Michels, *Political Parties*, 第 21 页以下及 226 页以下。
③ Christensen, *Politics and Crowd Morality*, 第 79 页以下。

　　吾人认定庸众主义为齐进主义,而贤能主义为率引主义,或保育主义。

11. 个人本位主义与社会本位主义

　　庸众主义,以个人为本位,以个人幸福为出发点,而视社会与国家,纯属个人之集合,为达个人目的之手段,其前提,以为个人固能独立而生存,由其主动,而构成社会与国家,则社会与国家者,纯为假象,而非实在也。其以为文明进化,皆为个人而设,个人有主我之自由,为生活之本位,推其极端,自轻视社会与国家,易流於无政府主义与社会主义,自其个人本位言之,易陷於唯我主义。

　　贤能主义则不然,其谓社会之起源,虽有种种异说,然社会终为有机之结合。[①] 既为有机之结合,当然为超越个人而存在之实在体,有其自性,不仅为个人之乌合,社会内之个人,各有向上发展之天职,而社会与国家之自身,亦有向上发展之天职,是以学者名个人为小我,而以社会为大我,则前者为小我之自我实现,后者为大我之自我实现。贤能主义,一方主张个人之个性之存在,而他方则又认超个人之大我之个性亦复存在,以为二者初不相悖。何以言之,个性之训,不限於个人,有小我之个性,有大我之个性,虽相因循,然其发展同属一途,实为互相補充。微小我之自我实现,则大我不能完成,微大我之自我实现,则小我不能确立。肤视之,必以为贤能主义既以社会为本位,似与前言个性,颇相矛盾,殊不知苟细按之,当即明其不然也。

　　贤能主义以为社会乃大精神也,於体制为有机之组织。濮申荆尝推论之,以为凡个人精神,皆为社会精神之一系,即个人精神之统觉,互相综错,以构成社会精神。此社会精神,乃不因个人而

---

① 详见 Groppali, *Elementi di Sociologia* 第二章。

异,乃别有其实在性也。[1]

贤能主义,所以注重少数之俊秀者,所以注重於个性之发挥,所以注重社会中枢之率引者,乃正主张所以完成大精神之机能。若庸众主义,以社会为漫然之乌合,或为平等之契约,则社会之机能尽失矣。

吾人因认庸众主义为个人本位主义,而贤能主义为社会本位主义。

12. 人民主义与国家主义

庸众主义以个人为本位,贤能主义以社会为本位,故前者为人民主义,后者为国家主义。

何谓人民主义?言积民成国,国家纯为手段,将来情势变迁,则国家亦未尝不可废弃。而国家主义不然,以为人类之进化,与国家不可须臾离。故国家虽为造福人民之具,然非纯为手段。盖手段者,迨目的既达,便可抛弃也。国家永无可以抛弃之一日,故不得目为手段,此国家主义之精义一也。[2] 复次,国家主义,以为个人各别福利之总和,并非为国家之福利。国家之目的,亦当然非各个人之目的之总和。盖个人目的在小我之满足,国家目的在大我之实现。然互相为用,初不相背,然亦非一物,是以应於人民以外,更充实国家之自性,此国家主义之精义二也。此外国家与人民实同时存在,断非先有散立之人民而后团结成国者。特莱启克谓国家如言语,一日不可离,[3]良有以也。

吾人因认庸众主义为人民主义,而贤能主义为国家主义。

---

[1] 见 Bosanquet, *The Philosophical Theory of the State*,第 170 页以下。

[2] Bluntschli, *Theory of State* 见第 305 页以下。

[3] Treitschke, *Politics*(Dugdale 译本)第一册第 3 页。

13. 功利主义与理性主义

凡政治上之原理，无不出於伦理之学说。庸众主义之基於伦理也，为快乐说与功利说。快乐说之诠生人宗趣，以为唯乐是求。而功利说则谓与人俱乐，胜于独乐。众人之所同乐，斯为善，亦正为一群之福利也，特人与人之间，不能无稍殊焉，亦不能无所似焉，於是综合其数，增加其量。易言之，集众人之苦乐之所同，而定其标准，则有最大多数之最高幸福之法则也。

贤能主义之基於伦理也，为理性说与人格说。以为生人宗趣，在自我之实现，发展其理性而已，不能以单简浅薄之快乐为旨归也。何谓自我实现，曰自强不息，以完全其人格，求合於至善，是已。其破快乐说之论据如下。

夫快乐为一种感觉，感觉初无一定之标准，纯为内的关系，如得意之人观月，起一种美感，益助其豪，患难之人，则兴凄叹，转滋其悲。故感情无恒，快乐与否，不关外物，此其一也。且感情有度量之分，如饿时得食，固为可乐，然饱食以后，若再进食，必引以为苦。可见苦乐无恒。纯属量度之适否，此其二也。外此，则人於困苦之时，亦有一种乐趣，人於富贵之际，亦常与苦痛相伴。如在狱中，虽苦矣，然在达观知命之士，未尝无悠悠自得之乐。如富翁显者，为境所驱，亦不能无苦痛之感，可知人之向上活动，不能以唯乐是求一语以说明之，此其三也。更以生物为证，如蛾之扑火，葵之向日，概为一种无意识之运动，初不知所求者为乐，及其一旦求得者，亦复不知果为乐否。则生物之活动，初非预知有乐而后求之也明矣，此其四也。他如勇士杀身，仁人殉国，其为求乐乎，虽欲曲解，终不可能。此等行动，纯属意志之决定，夫亦曰贯彻其意志而已。至於意志遂行之结果，是否为乐，初不之计，可见人生目的固不在求乐矣，此其五也。凡此驳论，本为伦理学上难解之题，争论颇多,兹不尽述。①

　　贤能主义,且以为众人之所同乐者,决非社会之福利与国家之目的,盖截然二物也。试举一例,如欧洲大战,各牺牲大多数之生命,以保其国家之福祉,若必以为牺牲者为少数,收益者为多数,方足定国家之目的。则於此例,将何说之辞,又如群盗杀一人,在被害者固为少数,而获赃之盗,实为多数,似牺牲与收益,正合比例。然决不能以盗为无罪。於是可知国家之福祉,与多数之乐利,本为二种范畴,虽有共同之点,而实非一物。在贤能主义,以为但祈求国家之福利,则多数之快乐,即寓於其中矣。即各为理性之发展,充实其自我之人格,则社会之大我,亦得藉而实现焉,不必以最大多数之最高幸福为悬鹄,而一群之福利,乃不期然而致也。

　　复次,所谓最大多数之最高福利,诉诸事实,殊难确定。第一,为多少人数之不易衡量。第二,为高低福利之不易测度。故此说纯为想像。若曰只可以想象得之,则以此法为之想像者,曷不可易以彼法耶。是则既同属想像矣,又安见此之优於彼乎。故贤能主义,不取此种方法,而另以理性为标准,合乎理性者,为国家之福福祉,而大多数亦必蒙其利焉。不合理性者否之。质言之,即不以数量为判定之准绳也。

　　吾人因认定庸众主义为功利主义,而贤能主义为理性主义。②

14. 旧进化主义与新进化主义

　　凡伦理上之主义,无不有哲学上之根据。盖一为人生观,一则

---

① 详见 Paulsen, *A System of Ethics* 第 251 页至 270 页。

② 本节所论之功利说与快乐说,参见 J.S. Mill, *Utilitarianism* 及 Bentham, *Principles of Morals and Legislation*。而理性说与自我实现说,参见 Kant, *Critique of Practical Reason* 及 Green, *Prolegomena to Ethics*,最近有 Wright, *Self-realization* 一书述之尤详也。

世界观耳。实则人生与世界,亦属强分,非有系统之浑一观不可也。庸众主义之基于伦理也,既如上述,其观於世界观,则以为世界之进化,唯自其微尘以观,各物之进化,始集成世界之发展,其视宇宙之浑一,非属有机作用。易言之,即止有万物之进化,而无宇宙之发展,宇宙为静止,而宇宙所容纳之万物,则有变迁,此庸众主义之宇宙观也。

贤能主义则反之。以宇宙之浑一体,其自身为进化之发展,宇宙有机有用,不仅为万物所占领之场所与实际,且其进化不可逆测。故贤能主义,为现代思潮之所产,其特点有三。

一曰,必为有机的调和,言对於各种方面为之统一也。二曰,必与生活相关切,言不陷於无益於人生之空想也。三曰,必为创造之进化,言不认世界为固定,而谓其进化必含有创造之意也。

是故贤能主义之世界观,适合於柏格森之创化论,[①]而其人生观,则又适合於欧肯之精神生活论也。[②]

吾人认庸众主义为旧进化主义,而贤能主义为新进化主义。

15. 空想主义与历史主义

庸众主义,忽视数千年之史迹,以为已往者,止限於已往,而不能影响於未来,故於未来之施设,另以理想为之,不必依据过去之事实也。贤能主义以为不然,过去现在未来,实为一系,不可判分,深究过去,即知未来,故欲於未来,为之措置,非熟考过去之事迹不可。所谓由已往而推知将来是也。是以庸众主义,忽视已往之历史,而贤能主义,则注重於昔时之陈迹,以为凡此历史,皆为表现一种原理之象征,苟能由此象征而窥得其原理,则得之矣。

---

① H. Bergson's Creative Evolution(Mitchell 所译),此书不佞将译为华文以饷国人。

② Gibson, *Eucken's Philosophy of Life* 第 85 页以下。但欧氏者书颇多,不佞惟读其 *Main Currents of ModernThought* (Booth 所译)一书,於 D.E.二节论之尤详。

吾人因认定庸众主义为空想主义,而贤能主义为历史主义。

16.　诸端之综合

第五节之多数主义与少数主义,与第六节之代表主义与自由意志主义,为属於政治制度问题之范围。第七节之平等主义与等级主义,与第八节之单调主义与复调主义,为属於社会制度问题之范围。第九节之非个性主义与个性主义,与第十节之齐进主义与率引主义,为属於文明原理与夫教育原则之问题之范围。第十一节之个人本位主义与社会本位主义,为属於社会学问题之范围。第十二节之人民主义与国家主义,为属於国家学问题之范围。第十三节之功利主义与理性主义,为属於伦理学问题之范围。第十四节之旧进化主义与新进化主义,为属於哲学问题之范围。第十五节之空想主义与历史主义,为属於观察方法问题之范围。以上则庸众主义与贤能主义所诠者之大较也,由对比以述之耳。

17.　庸众主义之由来

庸众主义之发生,可远溯於太古。希腊之雅典,自毗蘭克来斯以后,平民主义,已臻极度,遂致沦亡。盖毗氏在时,控制於上,率导全国,得致富强,毗氏逝世以后,平民主义之恶征,次第发现,贱民跋扈之风日甚,民会中常占多数,以死欲私利为旨趣,议决不利於国家之议案,日更从事於压制贵族与富者,使社会上高尚富华之气,优秀超越之风,一变而为卑劣猖獗之习,堕落苟且之行。当时尤时之学者,咸太息痛恨之,遂定有 Democracy 一词。所谓 Demos 者,此言贱民,即含讥贬之意,此平民主义一语之由来也。

18. 庸众主义与社会主义

庸众主义之趋於极端也,必为社会主义。然社会主义,亦有相反之二种。一曰有政府之社会主义,二曰无政府之社会主义。前者废私产制度,废家族制度,而於一切共同生活之事务,设立一共同之机关以掌管之,其权乃较现代各国之政府为大。后者废私产,废家族,唯不立共同机关,使人民返於原始之散立状态。故二种之说,乃截然相反,一者仍属於社会本位之思想,谓之曰国家主义,亦无不可。一者则纯係个人本位思想之所出。夫庸众主义,既与个人本位思想为缘,则精神上不能无矛盾,此言庸众主义与社会主义之关系也。

19. 庸众主义之实现

庸众主义,不过一幻想而已,历史上固未尝有完全之实现也,然亦不得谓无实现,特无完全之实现耳。於程度上亦曾有几分之几之实现。如现代之平民政治,概为庸众主义之程度的实现。故吾人分别观之,认事实上之庸众主义与理论之庸众主义为二物,兹分述之。

20. 理论上之庸众主义

夫庸众主义,虽曾为程度的实现,然即此程度的实现之中,亦百弊丛生矣。[①] 於是有"平民政治之弊,唯有更广之平民政治以救

① 详见庸众主义之正面一节。

济之"一语。① 然所谓更广之平民政治者何乎？非所谓总投票与直接立法乎，总投票之制，罗伟尔曾列表以明之，②其投票人百分中常有未满其半者，而可否亦於焉取决。於理论之民意，宁复相符，故罗氏之诠民意，仍袭卢梭之说。

吾以为理论之庸众主义，以卢梭为极轨，然其说在理想诚为充足，在实际则绝无实行之可能。兹略述之。

卢梭之民约论，有言曰："由此推知总意者，常正，而又属於公益者也。然非谓人民之意思皆无乖谬。夫人之所思索，为一己之利而已，而莫明其故，虽非自隳焉。要不免於自误，盖有时而倾於恶故也。是以众意与总意之间，有绝大之鸿沟焉。后者仅关乎公益，前者则惟私利是求，不过为个别意思之集成耳。特除此种意思互相加减外，而总意仍留为其总差也。苟人民得正确之报告，彼此毋交商，自表其所见，则微差之意见之总和，即总意是已。且此总意必常为善，若派别生，大群之中，复立小群，此种结合之意思，在结合固可谓为总，而在国家，则仍系个别也，盖其表示，非有若干票代表若干人，乃有若干票代表若干团结耳。差别愈少，其结果之为总也乃愈不可得。若一团结压制其他，其结果非微差之总和，不过一差别而已，於此则实非总意，乃一特殊之意思而独占胜利耳。要之，总意所能表现者，必於国内无特殊之团结，人民得自思其所是，此则兰寇葛斯所立之制度也。若有派别於此，则必使其意多愈善，且必阻其不等，此又琐伦诺马与塞维所立之制度也。微此设备，始能保总意之发现，而人民庶不致自欺。"

又曰："吾人各以其人身与权力共同置於总意之最高指挥之下，且在吾人之地位上，皆为其分子，即为全体中不可分离之部

---

① 此 Alexis de Tocqueville 之语。见所著书中 *Democracy in America*，一时未能检出其页数。

② Lowell, *Public Opinion and Popular Government* 之附录 A 与 B。

分"。又曰:"国家者,道德的人格也,其生命由集合其分子而成,其要务为自我保存,则必有普遍强制之力焉,由此以指挥其部分,使增进全体之福利。夫民约之赋政治体以绝对之权,俾得指挥其分子者,正尤天赋人以绝对之权,以指挥其官器也。此权於总意率引之下,故得而名之曰主权"。[1] 是则卢梭之旨,以为国家之意思,斯为总意,总意之内容为公善。凡此所论,纯属理想,当更端讨论。惟总意之果为存在与否,必以其实现为衡。夫以何法使总意得为之实现,在卢梭初无满足之答案,此则大可异者也。

卢梭於此只有二法,已如上述。一曰,使国内绝无丝毫党派之团结发生。二曰,如其不能,则使党派愈多愈妙,又必设法使各相平衡。试问此二法,於事实上果有实行之可能乎。吾知其必无也。不惟开明如今日之各国,未有无党会者。即远溯太古,虽民智未进,然所感不无异同,所交不无亲密,以自然的关系,而产生党派,殆亦不可逃避者。至於既有党派,而谓能禁其有大小强弱之殊,则又梦呓之谭。可知此二法者,於实际上皆无是处。

卢梭之方法虽有二,然其精神则一。夫亦曰保障各人之自由发表其意思,是已。盖其前提之义,以为苟人人而得自由发表其意思,而无外界之干涉,则其意思必常正而善,由是观之,卢梭纯以自律论为根基。即着眼於内部之良心,而漠视外围之影响,此其为论,在伦理上实有研究之余地。今简单述之。

近世伦理学,纯以科学为基础,自达尔文以降,比较心理之研究与社会心理之研究,日益发达,知所谓良心者,乃进化之结果,盖不徒良心为然。凡一切道德本能与伦理观念,率由进化以变易。此则历史之所示也。[2] 故全以自律为标准,而忽视他律者,不能说

---

① Rousseau, *Social Contract* (trans. By Cole.)第 25 至 27 页及第 15 页。

② 以历史事实,而比较研究伦理者,有 Sutherland, *Origin and Grown of Moral Instinct* 及 Westermarck, *Origin and Development of Moral Ideas.* 至於进化论派之伦理说,则有 *William, Evolutional Ethics* 一书。其第六章即第 423 页至 465 页论良心尤详。

明人间之伦理现象也。

准此以论,则对於卢说,不能不有非难。第一,人得自由发表其意思,固得谓近於正而善,然只得视为概然,不得认为必然。盖人类之道德不齐,修养不等,或以为此事之责任重大,慎重将事,竭其知能以赴之,或以为可不负责任,儿戏出之,即如选举,勿论何国,其国民之有权者中,知其责任,率天良以投票者,能有几人。以百分计之,不知成何比例。此诚不能不另人浩叹者也。第二,意思之发表,於道德问题以外,尚有知识问题,知识不齐,亦为不可避者。故有时非其道德有亏,乃系知识不足。若纯恃良心,而不问知识,谓其必得良效,恐无是处。第三,人之相互交际,亦为事实之所不能免,无法使其隔绝,夫既不能禁其交际,则外的影响及乎其意思者,亦必为不可免除。既有外的影响,则意思不能无变化,则所谓常正者,殊非必然。第四,人之为善,有时须恃他律,若谓免除外的影响,其自主的意思咸为正当,亦无是处。盖有时其外的影响,足导之於善。有时自主之意思,亦不免趋於恶故也。由是观之,不惟於历史上,卢梭从来未有实现之事实,抑且由理论上,卢说亦永无实现之可能也。

21. 有限的庸众主义

卢梭曰:"以严格言之,并无真之平民致治,且永不能有也。盖以多数为治者,以少数为被治者,与自然律相反故耳"。[①] 以故近世之平民政治皆为有限之平民政治。即前言庸众主义只有程度的实现之意也。然所谓程度的实现,实谓因限於事实,不能为完全之实现,此则因事实之制限,一变而为主张之有限,故有限的庸众主义者,盖指平民政治应加以限度,使不趋於极端而言也。虽然,

---

① 见前引卢书第58页。

所谓有限者,其限以何为界乎,其限界以何标准而定乎。在主张者,初无明晰之回答,不得已,则惟有各以本国之国情为标准,而定其限界,果尔,则庸众主义之精神,已失去泰半矣。

22. 庸众主义之正面

庸众主义之背面,固有独到之精义,容下节论之。然其正面,以近代采取平民政治之诸国之历史为证,则但见其弊,不见其利。

第一,议会制度,所以代表民意也。然果能代人民谋福利乎。先观国会政治之祖国英吉利,其近来政治大权,悉移於内阁,国会之作用大减。次如美,美之立法,盖取卢梭之论旨。先防立法部之腐败,其后各州议会与联邦议会之信用渐低,遂有总投票与直接立法之制度焉。① 德法学家耶律内克曾论代议制度之将来,②谓通观一世纪以来之历史,依宪政之经验,於一世纪以前,以极大之奋斗而争得之国会制度,今则已显生意料以外之变化。此勿论何人,未有不为之惊奇者也。其变化起於不知不识之间,逐日而愈甚。一言以蔽之,即对於国会制度之信念乃渐趋薄弱是已。而此种信念之淡薄,又成普遍之现象,勿问何国,概如是也。在耶氏之意,以为率此倾向而前,终必有一日致国会失其权威,於政治上隳其作用。其地位亦必摇动,或有他种制度起而代之,未可知也。德伦理学家包尔逊亦有"国会之衰颓"一文。③ 论旨与耶氏相似。其言曰:"五十年前热心仰望之国会,今则已失其光辉"。则国会因其信用渐低,已失其为重要也可知矣。④

---

① 前引 Lowell 书第 10 章,为"代议体信用之堕落"(即第 129 页至 151 页)论之颇详。

② Jellinek, *Verfassungsänderung und Verfassungswandlung*. 第 7 节,即第 43 页以下。

③ Paulsen, Das Sinken des Parlamentarismus, 载所著 *Zur Ethik und Politik*,第二册第 47 页以下。

④ 尚有德人伯鲁曼,亦主斯说,见 Blume, Bedeutung und Aufgabe der Parlamente 载 Laband, etc. *Handbuch der Politik* 第一册第 365 页以下。

国会以何故而失其威信乎。则曰：以私利为前提，措国事於腐败，或鲁莽灭裂焉，或费时偾事焉，或议决不利国家前途之法案，或打消福国利民之政策，自国家言，则不足以谋福利，自民德言，则奖励罪恶，风俗日媮。自民意言，则多数垄断，紊淆是非，政党操纵，无复自由，自政治言，则一切进行，必多停滞，此近世国会制度所以隳其信用者也。

第二，政党者，所以运用国会与内阁者也。然政党之弊，不可枚举，国会制度之失其信用者，其主要原因，乃在党弊，盖政党之存在，必须多数之金钱，其金钱之取得，勿问以何方法，要不离乎秘密与黑暗，故勿论何党，皆有背面，斯为一切弊窦之源，如猖獗、专擅、自私、轻率，凡此恶德，皆与党俱存。夫代议制度，既不能无党，则此种之弊，殆亦为不可免也。晚近以来，泰西学子反对政党之论，不一而足，其论政党之最详者，为俄人渥斯特露郭斯开，[1]专就英美之现状，详为叙述，加以评论。其言曰，以选举制度之必然结束，产生政党，孰意乃竟致与代议政治之最初目的相反也。如美国薄斯[2]之跋扈，英国前列议席[3]之专横，其压抑他人自由意思为何如。故政党之弊，亦为不可逃避者也。

第三，选举制度，所以宣达民意者也。然而选举之施行，果能悉依民意乎。如美国薄斯之强迫，英伦浮区[4]之买卖，不惟选举不足以代表民意。抑且反致民德日堕於卑劣也。他如近来比例选举之运动，既言此例，则选举之根本意思，不能不为之变化，即选举之代表，非以人民为本位，乃以政党为本位，其意义乃大殊矣。

选举制度所以不能免於弊者，以人性不完，民德不齐之故。其

---

[1] Ostrogorski, *Democracy and the Organization of Political Parties* 第二册之结论。即第607 页至 741 页。

[2] 原语为 Boss，见 Bryce, *American Commonwealth* 第二册第 111 页以下。

[3] 原语为 The Front Benches，谓议会中占前列议席之阁员。

[4] 原语为 Rotten Borough，谓历史上相沿袭之选民，而并无一定之区域，但有权可以投票，为一种游居之人民。

间不能无贿赂,不能无轻率,使一班选民,咸知负有重大之责任,即文明先进之国,亦有所难能,世界初无斯境耳。

要之,庸众主义所有之诸制度,皆不免于有弊,其弊乃与制度俱存,无法除免,马克开启尼谓平民政治之理想,与其实际,乃有鸿沟之分。[1] 是则近一世纪以降,世界各国无不痛心疾首於平民政治之流弊者,有自来矣。

23. 庸众主义之背面

庸众主义之正面,既如上述。为一种制度与弊害相伴者,然何以不能尽废此种制度耶。则其背后盖有至理存焉。其至理为何,则曰国内所有之各种意思必设法以宣泄之是已。何以必使各种意思皆得宣泄耶。则有原因二端,如下。

一曰,文明日益发展,教育日益普及,故人类知识日益扩充,凡昔之知识幼稚者,今皆得有满足之学艺,国内有知识者,逐渐增多,则此有知识者,对於政治不能无观感,不能无主张,然历史上所遗之制度,只适於曩昔之当时状态,对於此种新近增加之有知识者,杜其参政之途,此所以不能不变通者也。否则国家必受莫大之损失,且将不免于内乱,於是亟宜变更历史上所遗之制度,以求合於现势,广为容纳,使国内有知识者,悉数得发挥其意思,尽量得畅达其主张,此实因事实上知识增多之故,有不得不然者也。

二曰,生活日益复杂,交通日益便利,故经济状态日益进步,凡昔日历史上所遗之经济制度与社会组织,其实质已於事实上为无形之变化,则其形式必与之不相应符。於是生一种倾轧与竞争,欲弭此争,必使经济制度与社会组织,皆趋于开放,以生产要求者与社会活动者之增加,故新增之未得者,对於既在之已得者,提出平

---

[1]　Mckechnic, *The New Democracy and the Constitution*, 第15页。

等与开放之要求焉,此亦因社会与经济之状态变迁,不得不如是也。

要之,庸众主义之所由生,即庸众主义之所以不能逃避之原因,实为文化日开之结果。易言之,即社会状态变迁之结果,夫社会状态之变迁,既属自然之势,则庸众主义乃应运而生,同为不可免除者也。

24. 庸众主义为含有利害观念之信念

黎本告吾人曰:凡见诸实际者,必使理论变为感情,斯可矣。故庸众主义者,非高深之学理,乃浅薄之信念也。夫罗伯斯庇尔者,手造恐怖时代者也。当其为推事时,因不忍见死刑之判决而辞职,其仁慈为何如,迨后竟至月杀数百人,不稍恤,其性格之变,由信念之为之。此种浅显之信念,易於深入人心,虽世界各国,未有纯粹建立於庸众主义之上者。然勿论何国,鲜有不为庸众主义所侵,正职是故耳。

然庸众主义之为信念也,实夹杂利害之观念於其间。何以言之,凡信念之背后,皆为利害,如念佛者,佛教之一种信念耳,然其意在求往生乐土,则为一种利害问题之关切於己身者无疑矣。如祈祷者,耶教之一种信念耳,然其意在求上帝降福於其躬,则又显系利害观念矣。故勿论何种信念,无不挟利害之心与之俱存。庸众之为信念也,其背后之利害观念,即为上述之倾轧。质言之,乃系一种阶级竞争,即本来未参与统治权之阶级,与本来参与统治权之阶级,争平等,争开放。本来未享经济制度之利益者,与本来享受经济制度之利益者,争平等,争开放。换言以明之,即争政治之开放,争经济之开放,亦即平民与贵族争,贫者与富者争,其争之里面,无所谓是非,亦止有利害而已。故庸众主义者,不过平民与贫人向贵族与富者争斗之旗帜耳,非他物也。

法兰西大革命之起也。非源於民权之学说,乃生於经济腐败财政紊乱,巴黎贫妇数百人,击鼓而叩宫门。曰请皇给面馒,皇大惊出奔,秩序遂乱。此革命之始也,世人熟知之矣。故近世国家,无不採取几分庸众主义之制度者,即所以调节阶级竞争,容纳经济分配,盖亦不得不如是耳。

25. 实际上之庸众主义

勿论古今,未有纯粹建国於庸众主义之上者。如希腊自昆兰克来斯以来,宜可谓纯正之平民政治矣,则有特别原因二。一曰雅典为城市国家,夫以城市为国家,其范围甚小,统治自易。二曰有昆氏表率於上,乃恃少数杰出之士,非真听命於群愚也,有此二种特别原因,为其功成之要素,始得而维系焉。然不久毗氏逝世,百弊丛生,卒以沦亡,后之史家,不能不为之太息痛恨於当时之平民政治也。

次如法兰西,革命数次,求得民权,其发布之人权宣言书,学者谓徒仿英美之形式,而实际上初未尝取得如许之民权也。[1] 其后宪法数易,制度屡更,迨至。

第三,共和始行固定,而行政部之权,尤卓越如昔者,历史之所遗,不能遽改也。[2] 就中大革命以后之状态,足资研究。卡立耳之叙述,[3]虽不免於小说之性质,然当时之情形,藉窥一斑,其庸众主义之高潮,可以见矣。然所有文明学艺社会,皆蒙其破坏,人类所赖以存者,至此尽失,故不复能久,其后第三共和成立,庸众主义者,泰半已死,当时持政之人,皆属非平民主义者,故有"共和国而

---

① Jellinek, *Declaration of the Rights of Man and Citizens*(M. Farrand 所译)。

② Dicey, *Introduction to the Study of the Law of the Constitution*,第 252 页。

③ Carlyle, *French Revolution*.

无共和主义者"①之讥。然卒以此挽狂澜於既倒,法兰西卒有今日者,於庸众主义加以严格之限制,有以致之耳。设听其狂流,不加挽救,吾知法已早亡矣。

法兰西之革命,谓效法於美利坚之独立。实则美之立国,并非基於民权之学说,乃扩充旧有之规模耳。盖英之清教徒,不见容於祖国,遂相率而移居新大陆。有移民公司,其组织周密,有类国家,其后各州之宪法,即为公司章程之扩大,而联邦宪法,更为各州宪法之扩大也。清教徒素具高尚之人格,纯洁之思想,故其能出於善运用公司章程者,以运用州宪与国宪。详言之,其人民之权利,由社员之权利蜕变而来,其政府之权利,由董事之权利蜕变而来,其政府之制度,依公司组织之体型而成。故其成立非庸众主义之力也明矣。②

英吉利亦莫不然,盎格鲁撒克逊人种,本富于自治性,凡地方事业,皆以公议行之,此即议会之滥觞也。③ 其后虽渐趋於平民政治,其酝酿乃亘千年之久,国会与英皇争权者,凡数百年,顾降至今日,执政权者,仍属一定之阶级。④ 是则英伦之所以为英伦者,初非恃庸众主义之原理,乃就其历史上固有之民性而为之演绎以成耳。此后之变化,亦必以民性为准绳,自与庸众主义无涉也。

英与美之立国,与其谓基於庸众主义,毋宁谓基於贤能主义,试溯英之历史,则见其贤相之多,令人兴感。美之独立经营,纯属少数贤者,故曰亘古今,遍大地,未有纯粹建国於庸众主义者,凡历史之所示,成功者皆属贤能主义,失败者必为庸众主义。虽后之趋向不可知,然此种事实之证明,颇足与人以觉悟也。

---

① "Republic without Republicans",见 Bodley, *France*,第一册第 273 页。
② 详论见 Cleveland, *Organized Democracy*。
③ Masterman, *The House of Commons* 第 5 页以下。
④ Lowell, *The Government of England*,第二册第 508 页以下。

26. 庸众主义与庸众主义者之相反

夫庸众主义为多数主义,既如上述矣。然历史上,凡鼓吹庸众主义,提倡平民政治者,其目的不在多数之利益与平民之幸福,乃不过一种号召耳,藉此以博庸众之推戴,以为己身阶於显要之机会。故庸众主义,为多数主义,而庸众主义者,乃为少数主义也。盖其所提倡者,纯为谚语之敲门砖。门既开矣,砖便可弃。庸众主义,纯为庸众主义者之手段,以此达其个人利禄之目的,固与真之庸众无涉也。

是故世无真之主张庸众主义者,因亦无真之庸众主义。庸众主义者,为利己之野心家。庸众主义,为野心家竞权之敲门砖。一者为少数主义之变相,一者为空虚飘渺之符号,一者为投机人,一者为欺人语,其内幕与表面,乃绝不相侔也。

以历史证之。法兰西之例,世人皆知,即如俄,如日,如我国,皆有明切之事实,可以指证,特有程度之不同耳。若流於极端,则必陷於暴民专制,若不加限制,大都趋於此途。非惟与其本来之大多数福利之目的相反,抑且并於既有之大多数之福利而蹂躏之。听少数之暴徒,为自私自利之活动,有国如此,未或不衰,历史可鉴也。

密启尔斯之论德国社会民主党也,以为政党者,竞争国体耳。故勿论揭櫫若何之主义,终不能无组织。其组织又为专制之制度,是以近世各国之社会党,虽鼓吹社会主义,然仍为少数者争权之作用,有专制之党魁,有共利之党徒,则可知所谓主义者,不过一种手段耳。於此则有一疑问焉,曰:何以野心家揭櫫庸众主义之旗帜,而常得遂其志趣耶。则答之曰,是不难知也。第一,庸众主义以多数为言,闻之者最易入耳,且以利益分给於人,人孰不乐受。故以此为号召,必有数多之党徒,此等党徒,与其共害利,愿为之鼓吹,於是其人乃得争权之机会矣。第二，前不云乎，近世社会状态，已於实质上变化矣，而其历史上之制度，尤相沿而未改，势不得不生一种倾轧，鼓吹庸众主义之野心家，即乘隙而入，为投机之事业，此亦其易於有成之一因也。

然而一旦庸众主义者置身高显，则必将当时之主张，完全抛弃而后已，而其下之徒党，又必仍以庸众主义为手段，以倾其人而思代之，历史殊不乏此例也。

27. 庸众主义之综合观

综合上述诸点以观，吾人固不能於实际上，以所以产生庸众主义之原因，为之否认，然吾人实可於理性上，确定其并无根本原理之存在，不过以社会竞争之副因，而蒙以不相涉之信念，遂生动力。为一种假现，而非实在也。且夫社会竞争（即阶级竞争与政治经济之竞争）与此假现之信念，初无必然之联带关系，盖社会竞争，为人类所应解决之目前问题，而信念之庸众主义，即为解决此问题之方法，顾有不幸，即庸众主义，不惟不能解决此难题，且从而焚之，反以增其困难，故曰无必然之关系也。

28. 贤能主义之由来

凡一种思想，必为一种民族之特产物。如厌世思想，为印度之特产物。自由意志思想，为欧人之特产物。人本主义思想，为中国之特产物。故庸众主义，为希腊雅典人之特产物。希腊之雅典，为城市国家，人口甚稀，面积亦小，其公民历来本有参政之惯习，其下更有奴隶制度，以为经济上之协助，故能成功，中世纪以后，文艺复兴，专搜希腊之古训，希腊之思想，已浸入人心，其后如培根、洛克、孟德斯鸠、卢梭之流，无不承其绪余，以阐扬希腊思想之精髓焉。

贤能主义,为东方诸民族之固有思想,中国自有历史以来,所有之学说,虽历言为政在为人民谋幸福,然从无主张多数表决之制度者,盖以为为政之目的在庸众,而为政者不可属庸众也。罗马亦然。罗马帝国未成立以前,原为数小共和国。此诸小共和国,卒不能维持其国运,而并吞於罗马,遂建帝国,思想亦为之一变,有所谓 Pars Maior 和 Pars Sanior 之语。前者此言多数之部分,后者此言贤明之部分,凡事取决於后者①,其思想之一斑,可以见矣。

29. 贤能主义之先驱者

贤能主义之先驱者,夫人而知为柏拉图矣。吾人於此,请先述柏氏思想之概要。柏氏以为国家等於个人,非仅於体质然,且於精神亦然,即晚近国家为有机的人格之旨也。故与其谓国为人而设,毋宁谓人为国而生,即亚里士多德所谓国家先於个人而存在之意。所谓国家主义之精髓,即基於此。用是柏氏注重於教育,以为教育国民者,乃使国家完善圆满之道也。且更注重於分职教育,以为国家尤个人,其心理亦分三部,曰智、曰勇、曰和。治者正当其智性,故宜特教以智。军人正当其勇性,故宜特教以勇,工商正当其和性,故宜特教以和。合治者之智,军人之勇,与工商之和,而后国家之心理,始达完善。② 柏氏之论,精辟如是。五千年以来,无或易者。

故贤能主义,亦得名之曰柏拉图主义。诚以历史上所有论政之古德,虽咸趋於贤能主义,③然圆成周密,未有如柏氏者也。

降至近世,则以笪尔伯鲁克为巨擘。笪氏以为理想之国家,当如柏拉图之所拟,以具有特别高深教育之一阶级为中坚。常使其

---

① 见 Gierke, *Genossenschaftsrecht*, 第三册第 324 页以下。
② Jowett, *The Republic of Plato.*
③ 其间如 Machiavelli 为尤著,他如 Kant, Hegel 等旨皆属此类。

勿隳，严立登庸制度，以继其后，同时使此具有特别教育之中坚阶级，与军队合为一体。则有精悍忠勇者，以捍卫邦国，盖大凡一国政治之良窳，在国内是否有忠勇为国之一阶级。有之，则以此主持国是，支撑大同，国未有不强者也。设其此阶级已敝，而别无新者以代替之，则政治必至腐败，国家难与图存，有清其例也。清季皇室腐败，不足适应现代，故清室屋矣。尤其次也，而政事於冥冥之中隳焉。民国代兴，形同杂凑，无中坚阶级，忠勇为国，独负责任，致无起色。笪氏之论，岂不然哉，岂不然哉。[1]

要之，笪氏之论，其独到之点，在明国家之成立，必赖有一专以政治为职业之阶级。具特别教育，致有特出之才能，与独厚之操守，专以发扬国力为天职，百计以强其国，不暇他顾。盖国家之强，与其自身有密切之关系也。

其次，以科学原理说明贤能主义者，当推泰洛，泰洛之著书出於欧战发生以后，故对於政理，颇多发明，彼以达尔文之自然淘汰论诠释政治，以为生存竞争之外，尚有所谓卓异竞争焉，政治之进也，纯恃此。盖人有一种天性，即求为政治上之卓异是已，能使此卓异竞争常得实现，即为自然淘汰，致卓异者常得优胜，率此以进，而无中辍，则政治修明，国乃强盛。泰氏历述史绩，以证实之。且以为选举者，择优之谓也。政府之主要任务，不在立法，而在率导。使贤者得尽力於国事，其国必兴，故选举之观念，与代表大异。代表者，不过一种计画，使群中各种意见，皆得宣泄耳。近世政治，以选举与代表，混合为一，此大谬一也。议会政治，所以行卓异竞争之自然淘汰者也。故其职在督促而不再执行，英之政治所以得成功者，即以议会为试行卓异竞争之场所耳。卒能推举卓异者奉诸国家，使展其天才，竟其功业。反之，历史上之亡国者，鲜不为排斥此卓异於政治以外，一正一负，则原则可定矣。近世政治，以议会

---

① Delbrück, *Regierung und Volkswille*.

与政府混合为一,此大谬二也。泰氏之说,根据史乘,吻合科学,洵
贤能主义中最稳健者也。[1]

30. 政治之正轨

征诸历史,国家之所与立,在以贤能主义为正面,而以庸众主
义为背面。即於正面,务使一群所含有智能才力,得发展至最高
度,而於背面,又必谋群志之宣泄,使其情感可以召通,无雍塞之
弊。易言之,即一国政事之进行,恃贤能主义,而群众之安宁,则恃
庸众主义。故一为消极,一为积极。不能积极以行贤能主义,其国
必不治,以抑贤就愚,流於无识故。不能消极以行庸众主义,其国
亦必不治,以不能宣泄众人志,久压必爆裂,时生内乱故。是以今
日之国家,其所当务之急者,第一、在若何以焕发其贤能。第二、在
若何以宁息其庸众。决不使庸众被压,挺而走险,酿成革命。亦决
不使贤能受制,致不能发展其特长,为群愚所牵率。夫贤能导引於
上,群生安息於下,此盖郅治之极轨也。

是以贤能主义为正宗,而庸众主义,则为補偏救弊而生。故
採用庸众主义,当有量度,其量度又不妨因国而异。详言之,即
因其国之文明而异,即因其国之民性而异,惟近世文明开放,鲜
有不容纳几分之庸众主义者,奥相梅特涅之所以失败,正由未知
此理耳。

勃兰斯之论政力也,谓有向心力与离心力,一如物理之一迎一
拒,物之完成其作用者,在恃迎拒之适度,否则拒过於迎,则散,迎
愈於拒,亦不能支。为政之得以致善也。亦恃向离之适度。离重
於向,则分崩焉,不复成国。向超於离,亦积重难返,必自腐焉。[2]

---

[1]　Taylor, *Government by Natural Selection.*

[2]　Bryce, *Studies in History and Jurisprudence* 第一册第 255 页至 311 页。

然向心力者,由贤能主义而促成,离心力者,以庸众主义为导线。则国家不能无向心力,故贤能主义,并非创造之物,乃事实上自然而存在者,国家亦不能无离心力,故庸众主义,亦非创造之物,乃物理上必然之结果。特不过贤能主义者,为特别之鼓吹,则向心力可致较高於离心力,而庸众主义者为有力之提倡,则离心力可致超越於向心力,其结果纯为程度之比较,决非无有之问题也。

然程度分配上之所谓适度者,非普汎言之,亦非谓平均相等,盖必以向较重於离为原则。特可因地设宜,由国而异。即於甲国焉,以其国性民俗之殊特,因其向心力特重,而逾於甲国所需之向离相当比例,则应提倡庸众主义以矫正之。而於乙国焉,以其国性民俗之不同,因其离心力特高,而超乎乙国所需之向离相当比例,遂宜鼓吹贤能主义以救济之。其提倡鼓吹之结果,於甲国得以增加离心之力,於乙国得以促进向心之度。然而於甲固非尽灭其离力,在乙亦非全减其向心,终乃必保其向较高於离之适度比例。是贤能主义仍为正面,而庸众主义仍为背面,未尝稍变也。

31. 主义与国情

今夫贤能主义与庸众主义之施设,既以国情而生程度之别,则何种国家宜采贤能主义乎,何种国家宜采庸众主义乎。

自庸众主义言,本无极端施行之可能,要亦不过容纳其几分而已,且贤能主义,亦不能舍之而孤立。此即前言调和之义也。以例为言,如路易十四时代之法兰西,如革命前之俄罗斯,如前清时代之中国,尚有其他,不胜枚举。凡具有此等国情之国,非采纳适度之庸众主义,不足维持治安。苟在上之政治家,独具炯眼,毅然立开放之制度,则必可免於革命。避破坏而保平和。国运以隆,如日本之维新,德意志之统一,英吉利之革政,其好例也。反之,执政者才拙心蔽,不此之审,必酿成内乱,国之命脉,乃大受亏损,於此则国家隆替之机,可得而辩焉。

盖能由为政者自行开放,以容纳庸众主义於几分之几者,仍为保留贤能主义於其正面,而不过於背面,稍增高其庸众主义之量度而已。易言之,即仍取向心力较大於离心力之适度比例,不使离逾於向也。

不幸不能维持,致出决裂,则离心力高於向心力,即为庸众主义压倒贤能主义。以例言之,大革命后之法国,革命后之俄国,以及革命后之中国,所以皆内乱频仍,永无安谧者。盖缺中坚之力,足以维系统一也。在此等国家,庸众主义之观念,深中人心,往往流为暴民专制。如法之恐怖时代,尤其最著者也。下之,则庸众主义与固有之特别势力相激战,国家元气,人民幸福,皆於激战中消耗以去,必致沦亡。其庸众主义非徒不足救国,抑且反以贼之,如革命后之中国,又其适例也。

总之,庸众主义高压於贤能主义,则离心力逾於向心力,必越乎国家所以维持生存之适当比例。於此之际,除设法提倡贤能主义,以促进其向心力外,殆无他途也。盖国家之所与立,恃贤能主义为正面,而以庸众主义为於背面補其不足。今以庸众主义为正面,则贤能主义无所凭藉,未有不衰者也。

32. 现代之思潮

现代思潮,虽未趋於贤能主义之完成,然已有此倾向,则不容讳也。其反面,是为庸众主义之破产,故学者名十九世纪之末叶与二十世纪之初期,为平民政治之反动时代,现代思想家之代表者,如渥斯特露郭斯开、包尔逊、耶律内克、罗伟尔、赫斯拔黑、①马克

---

① W. Hasbach, *Die Moderne Demokratie*, 其结论(自 579 页至 607 页)论之尤详。

开启尼、比洛克、①迭更逊、②卫尔斯、③瓦拉斯、④赫尼斯。⑤ 无一不详揭平民政治之弊。虽有主张维持而加改善者,然於现在已有之弊,则从未有否认者也。故现代为庸众主义之破产时代,惜乎代之而兴者,尚未完成圆熟耳。

33. 贤能主义与国体

贤能主义与庸众主义,皆非单纯之法制,乃为社会组织之种类。其相关者,以有形言,为法律,为政治机关,为社会制度。以无形言,为国民性,为教育精神。夫既与法律有关,则自与国体,亦非漠不相涉矣。

然世人多谓庸众主义之国体为民主,贤能主义之国体为君主。此实误解之尤者也。有君主国体而採庸众主义者矣,如英人自称为平民政治,此其一例也。有民主国体而行贤能主义者矣,如美人自谓其为非平民政治,⑥又其例也。故谓贤能主义与国体有关,则可,若谓其必与君主国体相关,则大不可。

今论此题,非先阐明国体之义不可,吾以为世人喜为国体之言,实不知务之谈也。夫国体之殊,止限於形式,论其精神,鲜不从同。⑦ 故国体者,亦曰政体,非国家最重要之问题,不过一机关之形式的种类耳。⑧ 论其立国之精神,在贤能主义之下,自与庸众主

---

① Belloc and Chesterton, *The Party System.*

② G. L. Dickinson, *Justice and Liberty.*

③ Wells, *A Modern Utopia* 及 *Anticipatons* 二书。

④ G. Wallas, *Human Nature in Politics* 以第 199 页以后之论述为尤详。

⑤ Haynes, *Decline of Liberty in England.*

⑥ Kales, *Unpopular Government in the United States*, 第 7 页以下。

⑦ 此 Maine 之言,现在政治学、国法学上已成定论。

⑧ 拙作近世国家论之一节,可资证证,揭之如下:世人谓以统治权所有者为标准,而生国体之差别。以统治权行使之方式为区别,而生政体之分类。殊不知统治权所有者,止为国家之自身,不能属诸国家机关。盖国家,人格也。国家机关,（转下页）

义不同,然於形式,则初非差异,是则贤能主义,未尝不可於民主国体之下行之也。泰洛氏亦曾论此,其言曰:宪法之改革,并不致阻格贤者之高腾,此平民政治所以有益於国家者也。共和之所以有光荣者,即以使卓异之才,得居上为政耳。故平等之法律之所得奏功者,仅为废除特权,以助贤能之升,且抛其庸众政治之思想。质言之,即民主政治之有成,止限於採用自然淘汰之政治之原则也。① 於此则不惟贤能主义无碍於民主国体,抑且民主国体必待贤能主义而益彰。何以言之,为政之原则,在使贤者得以常升,不肖常以下降。如一室之中,必开窗以纳清气,且釜穴以泄浊气。则此室之空气,能保其常新,政治亦应如是。贵在流通,最忌板滞。② 故君主国体,虽能於一方阻遏不肖者之干政,然於他方亦复窒碍贤者之出。民主国体反之,於一方固能使贤者跻於显要,然同时於他方亦易酿成群愚之跋扈。此二种国体,其对於贤能主义,皆有过犹不及之感。故不得谓君主国体为较接近也。

34. 国体之改善与贤能主义

於君主国体之下,欲行贤能主义,必废历史上之阶级,而另以优秀列为阶级,为相当之开放,得竞争,盖无竞争,必自堕於腐败也。於民主国之下者,适得其反,必置相当之限制,以抑遏暴民,立

(接上页注⑧)则不得再为人格。凡权利之主体,当属人格,不能为机关所有。尤诸财产所有权,当属人格之人身,不当隶於其机关之手足。故统治权之主体,必为国家自身,若夫君主民主,皆为执行统治权之国家机关,乌得据统治权而私有之耶。此说不攻而自破也。盖与国家人格论於根本上相矛盾。国家人格之真理,既为近世所证,则此说当然归诸淘汰耳。至於谓政体之分为专制与立宪,其缪尤甚。夫专制者,决非政体之一,不过国家发育未臻完成之一境而已。譬诸幼童,谓幼童乃系人类之一种,可乎,是必不可也。夫人种有黄白之分,勿论黄白人种,咸由幼稚而成年,若竟并列幼稚与成年而为两种,则其为荒谬,又宁待论。

① 前引泰书第 158 页以下。
② 其详可参见拙作制治根本论。载《甲寅杂志》。

特权之制度,以保障贤能,俾得展其所长。总之,在君主之国,腐败之贵族居上,使平民之贤者,不克自効於国家,其为害也,等於暴民为政。使少数之才能,无以施展,而救济之道,亦复相同。在君主,则当力破贵族之专横,在民主,则当剪除暴徒之跋扈。苟能致此,民主之功用,亦等於君主。君主之效力,亦同於民主。初无优劣之分,唯视其国本属何种国体耳。如其为民主,自不必改弦更张,而易为君主,其为君主者,亦不必易辙而改建共和也。

35. 贤能主义之政治组织

夫中国既为共和矣,当就民主国体而加以改良,其改良之政治组织,将为何似,请得而论之。

吾人以为政治组织之最优者,莫若笪伯鲁克之两元组织论。笪氏以为君主国当采两元组织。吾以为共和亦然。何谓两元组织,曰,以专职政治与议会政治并行是已。详言之,即於一方,有以政治为专职之一阶级,隐然为社会之中心,国家之柱石,具殊特之经验,受独有之教育,自成一系,忠勇为国,而於他方,则设庶议之机关,使外此一切社会上之意见,得藉以宣泄,且收稽查之功,故於一方行议会制度,俾社会上各种意见得以发泄。他方确立一种势力,此势力受社会庸众之督责,常以自新,然不致为庸众所颠覆,而取以代之,於是政治常进,幸福日增,此吾人所悬揭之最良国家也。

36. 专职政治之养成

专职政治之要素有二。一曰官吏,二曰军人。苟全国之人才皆入此二途。政治未有不修明者也。盖近世各国蔽於庸众主义者,固由官僚政治之反动所产,然彼所见之官僚为腐败者,是官僚之不良,而非官僚政治之不足取,吾尝谓今日为庸众主义之破产期,故官僚政治亦逐渐实现也。如德意志,世人所熟知者,德之隆盛,率恃官僚政治,盖聚国中第一等人才咸入官署,或为军人也。次如英吉利,论者谓其独免於官僚政治,实乃不然。英之所以强,乃正赖专职政治也。英之各部总长,其职不在执行部务,而在督视部务之执行。① 其部僚皆属专职人员,自成一系,初入者无此熟练,局外人亦无从窥测。再次如美,专职政治之要求亦日甚,如市政之取委员制,其著例也。盖非专任,则责任不专,事权不一,矫合议之弊,则当以贤者赋予专责。一方既有才能,足以发展,他方付以权限,无所阻扰,法莫善於此也。开尔曾论美国之政治,谓仍在政客政治②之域,而未跻於平民政治,并陈其救济。③ 殊不知美之所以有今日者,纯恃此专职之政客,以政治为阶级,得展特长耳。罗伟尔则谓专职之需要,可视私家营业而明,近世私人营业,无不借重於专家,则政治之有待於此,亦从可推知,且政治之有待於专职也。初不限於一二事,凡一切职务,皆必延专家以司之。④ 此罗氏认为足挽平民政治之流弊者也。且罗氏之论英伦曰:英吉利之政权,迄今尤在上级人民之手,即国会之当选,亦多属显者,特其特重阶级。初非固定,时有新陈代谢之作用,行乎其间,故得勿承其弊。其所以然者,以人民无平等之妄想与嫉妒之恶德耳。⑤ 用是可知一国政事之进化,在恃有专职之一阶级,此阶级成一小社会,隐然为国家之柱石,忠勇奉公,以国为志,惟精惟一,无复他虑,即泰洛所谓之卓异竞争,各思於政治上展其抱负。继续竞争,乃有进步,如甲之措施,必求善於其前任,而代甲以兴之乙,又必求较善於甲,是谓卓异竞争,然此卓异竞争,必行乎有专职阶级之国,若无专

① George Cornewall Leweis 之语,见 Bagehot, *English Constitution* 第283页以下。
② 原语为 Politocracy。
③ 前引书第二篇以下。
④ 前引罗氏《舆论与民治》第17章,第18章,第19章。
⑤ 前引罗氏《英国政治论》第二册第508页至513页。

职,则竞争不立,特此阶级不可过於固定,必时得有新陈代谢之作用,以自竞於内部,庶不致流於腐败,此又为必要之属性也。

其次,则为军人,有所谓军国主义者①,精神即系於此。盖一国之兴衰,纯以军队之良楛为准绳。苟国内所有之精华,咸集於军队,则国未有不强者也。反之,军人恶劣,又无法以去,其国亦未或不衰。彼德意志之所以强者,即以全国一等人物集中於军队故耳。夫军人为国干城,必以国中最优秀者充之,然后乃足以尽捍卫之责。若近世之军国主义者,以全国之经济,於可能之限度,扩充於军实,以全国之才能,於可能之限度,集中於军队,即於国力民才,务以其最高度委付於武事,盖亦国家主义之必然结果也。

是故专职政治之养成,第一在有一定阶级之官僚,第二在造精炼之军队。而此二事之成,又必恃国内本有之特别势力,本此固有势力加以改善,足以造成善良之兵队,亦足以陶育专职之社会。是在此势力之自觉,苟此势力竟不知适应时代之要求,并无远大之目光,株守旧法,则必为其下潜滋之庸众主义所攻倒。而此取以代之之庸众,又必不足拄持国命,则有国至此,斯真亡矣。於此之际,使人不禁兴天命之感,盖历史上之国家,兴亡何算,其兴也无不以固有势力之自觉,其亡也亦无不以固有势力之不悟。是则兴亡之机,唯在固有势力之自觉与否而已,与庸众无涉焉。故推倒固有势力,乃谬计之尤者也。近世人民,乘庸众主义之妄想的狂澜,而思对於固有势力加以打击,固不为尽属无功,然其根本,实为舛误。何以言之,对於固有势力加以打击者,若其结果,并未颠覆此势力,不过加以警告,俾其自觉,幸而此势力亦因而醒悟,力自振作,趋於日新,则其功用固未可厚非,特此打击者之真目的,在推翻固有势力,取而代之也,不亦谬乎。虽然,此事之枢纽,仍在固有势力能应时代之趋势,而自行革新与否,即能因他人之攻击,而自行觉悟与否,亦不得纯责彼攻击之人也。

---

① 原语为 Militarism。

37. 议会政治之容纳

夫议会,在法律上并非人民之代表,既详述之矣。[①] 然其在政治上,实含宣泄社会上各种意见之作用。法律上之议会,吾人训至国家机关之一而止。而於政治上,则认此机关所以不可缺者,在宣达社会上之各种意见,使与政府以相见耳。是以议会之职守,在为社会陈情,使在上者与在下者常得沟通,而无隔阂。学者谓议会为社会之缩型,良有以也。

虽然,於此则议会之组织亦大有关系焉。如英之议会,不仅为社会之缩型,抑且为政治家出身必由之径,於此以锻炼其才能,以培养其名誉,即以所谓卓异竞争之法,必争得卓异之地位於议会,始能一跃而握政权,此英之例也。若夫德美则异乎是,而收功亦同。德之议会,诚足代表社会,然不足阻挠政府,其善良之点正在此,自有历史以来,师英者皆无良果,可知英制非可学而跻。故后进之国,当有觉悟,不可效英之成法,以议会为一切政治之源。而当以议会为政治之副动力,另以议会外之固有势力为主动力。即务使一等人物由固有势力继承而出,凡优秀之最者,悉入固有势力之系统下,为政治之中心。至於议会,则仅使其为社会陈情,俾执政者有所采纳,有所融洽,不致下情不能上达,致生横决,故为政治之镜鑑。以政治之镜鑑,補政治中心之不足,庶几完成无亏焉。此笪氏两元组织说之精髓也。

38. 选举与代表之意味

选举与代表之义谛,绝不相侔,选举者,贤能主义之精神所寄

---

① 见注四之所引(即本书页 229 注②)。

者也,即推举我所认为贤者,委以为政之重职。夫贤者立於社会,必有共同之承诺,故多数所推者必为贤,此其为说,虽有近於庸众主义,实则不然。盖庸众主义之选举,为代表主义,而贤能主义之选举,为委任主义,前者以为我不能躬自亲政,势不能不以我之意见,使人代表以执行,后者反之,以为我不能躬自亲政,则我委托贤者,听其措施,故在贤能主义,其选举之意味,纯为推贤尚能,而自行参与政事之涵义於其间也。且贤能主义,亦非尽废代表,特以为代表者,限於宣达意见,务使各种意思,皆有一机会得以发泄。由是观之,在贤能主义,选举与代表,乃截然二事,此又其与庸众主义相异之一点也。[①]

39. 贤能主义之社会

前不云乎,贤能主义与庸众主义,皆非仅属政治组织,乃实为社会制度之种类也。[②] 故贤能主义,当有贤能主义之社会。

贤能主义之社会,有必要之民德二。一曰於积极方面,人民必概有辨别贤不肖之识力,二曰於消极方面,人民又必率有让贤避能之谦德。由前之说,则人民能辨别贤不肖,故得以尚贤而抑不肖。由后之说,因有让贤之德,则自知安分守己,此二种民德,实相辅而行,不可或缺也。

盖无辨别贤不肖之智力,则是非紊乱,善恶不分,国本不立也。然无甘让之德,为无聊之竞争,其足阻扰贤者之上升、之施设,亦大矣。此庸众主义之流弊,於贤能主义之下,非排斥之不可,苟不加以制限,则必陷於暴民专制,而文化之精神,人类之福利,未有不蒙其损失者也。[③]

---

① 凡此所论,皆本泰洛说。详见其书第四章。

② 迭更逊亦持此说,见前引其书第 11 页以下。

③ 其详可参阅拙作"国本论",载《新中华杂志》。

　　所谓国有道,庶人不议者,实贤能主义之精神也。以近代之经验,始知此语含有真理,彼德意志之所以强者,即在人民有"纳税、服兵、守默"①之德耳。故浮嚣者,国家之大忌也。政治之进,即在力去浮嚣,虽白芝浩谓政事之进步在恃讨论,然讨论之事,仍属少数之贤者,若广为开放,必流为极议,是无益而有损也。

40. 贤能主义之教育

　　贤能主义之社会,既如上述,则所以造成此种社会者,端赖有特别之教育。

　　其特别教育之制度,当然为阶级教育,其教育之精神,当然为人格主义与精神生活主义。所谓阶级教育者,非於全国教育分别阶级而施行之,乃於公共教育以外,有私性的特别教育,如小学至大学,视为公共教育。大学毕业以后,如其人在特别阶级者,当再受特别教育也。至於教育宗旨,当取人格主义,使其自我实现②圆满向上,育成超人,③以为国家造福耳。

41. 结　论

　　政治上之有格言曰:人民之政府即为人民而设之政府,亦即由人民而成之政府。④ 此庸众主义之所诠也。而柏哲士易之,曰:人民之政府,即为人民而设之政府,亦即由人民之秀者而成之政府。⑤ 此贤能主义之所诠也。二者之不同,仅限于此。密启尔斯

---

① 原语为"Steuer zahlen, Soldat sein, Maulhalten"。

② 此格林之说,参见注 22。

③ 此尼采之说,参见 Lichtenberger, *The Gospel of Superman: The philosophy of Nietzsche*。

④ 原语为 Government of the people, for the people, by the people。

⑤ 即 Government of the people, for the people, by the best of the people. 见前引柏书第二册第 4 页。

亦曰:於近代政党现象之下,贵族政治以平民政治之名义而行,其平民政治乃混合贵族政治之元素,故於一方为贵族政治取平民政治之形式,他方则为平民政治取贵族政治之内容。[①] 其所以然者,盖以庸众执政,为事实之所不可能,而率导者之发生,且为事实之所不能免也。密氏之论,其精微蔑以加矣,吾即以其言用结吾篇。

自　跋

此篇,乃著者十年来思想上之产物也。辛亥之岁,曾函告友人,与相辩难。其后以民权论之狂澜日高,不愿以此挑战。迨至丙辰,审国人已饱受苦痛之教训,破迷知返,遂稍稍揭橥其旨於杂志日报。虽多反响,而颇见赞成。以为此乃适当机会,可以讨论矣。因更缀此篇,纯以朴实说理,不杂感情,夫真理以讨论而益明,当世明哲,倘有赐教,亦著者所最引为荣幸者也。

---

① 见前引密书第 10 页。

稿约和体例

宗　旨

《法哲学与政治哲学评论》(以下简称《评论》)以纯粹的学术为根本,旨在译介西方经验、反思自我处境、重提价值问题,以开放和包容之心,促进汉语学界有关法哲学和政治哲学的讨论和研究。

投稿方式

一、《评论》采双向匿名审查制度,全部来稿均经初审及复审程序,审查结果将适时通知作者。

二、本刊辟"主题"、"研讨评论"、"经典文存"、"书评"等栏目。"主题"部分欢迎以专题形式投稿,有意应征者准备计划书(一页)以电子邮件寄交《评论》编辑部,计划书包含如下内容:

1. 专题名称(以中外法哲学和政治哲学论题为主题,此主题应具有开放出问题且引发思考之可能性)。

2. 专题构想(简短说明专题所包含的具体研究方向,说明本专题的学术意义或价值)

3. 预备撰写论文人选与题目。提出 4-5 篇专题论文撰写者与论文(或译文)题目清单,另附加 1-2 篇专题书评之清单。

4. 预备投稿时间(本专题计划书经审查通过后,应能于半年内完成)。

三、凡在《评论》刊发之文章,其版权均属《评论》编辑委员会,基于任何形式与媒介的转载、翻译、结集出版均须事先取得《评论》编辑委员会的专门许可。

四、稿件一经刊登,即致薄酬。

五、来稿请提供电子档,电子邮件请投至 legalphilosophy@126.com。

体　例

一、正文体例

1. 文稿请按题目、作者、正文、参考书目之次序撰写。节次或内容编号请按"一"、"二"……之顺序排列。

2. 正文每段第一行空两格。独立引文左缩进两格,以不同字体标志,上下各空一行,不必另加引号。

3. 请避免使用特殊的字体、编辑方式或个人格式。

二、注释体例

1. (一)文章采用脚注,每页重新编号;编号序号依次为:①,②,③……

2. 统一基本规格(包括标点符号)

主要责任者[两人以上用顿号隔开;以下译者、校订者同](编或主编):《文献名称》,译者,校订者,出版社与出版年,第×页。

3. 注释体例

(1) 著作类

邓正来:《规则·秩序·无知:关于哈耶克自由主义的研究》,

生活·读书·新知三联书店,2004 年版,第 371 页。

康德:《实践理性批判》,邓晓芒译,杨祖陶校,人民出版社,2003 年版,第 89-90 页。

(2) 论文类

黄启祥:《斯宾诺莎是一个基督教哲学家吗?》,《世界哲学》,2015 年第 5 期。

(3) 报纸类

沈宗灵:《评"法律全球化"理论》,载《人民日报》,1999 年 12 月 11 日第 6 版。

(4) 文集和选集类

康德:《论通常的说法:这在理论上可能是正确的,但在实际上是行不通的》,载康德:《历史理性批判文集》,何兆武译,商务印书馆,1990 年版,第 202-203 页。

(5) 英文类

① 英文著作

John Rawls, *A Theory of Justice*, Cambridge, MA: Harvard University Press, 1971, pp.13-15.

② 文集中的论文

Niklas Luhmann, Quod Omnes Tangit: Remarks on Jürgen Habermas's Legal Theory, trans. Mike Robert Horenstein, in *Habermas on Law and Democracy: Critical Exchanges*, eds. Michael Rosenfeld and Andrew Arato (California: University of California Press, 1998), pp. 157-172.

③ 期刊中的论文

Jürgen Habermas, Reconciliation Through the Public Use of Reason: Remarks on John Rawls's Political Liberalism, 92(3) *The Journal of Philosphy*, Mar., 1995, p.117.

4. 其他文种

从该文种注释体例或习惯

5. 其他说明

（1）引自同一文献者，同样应完整地注释，不得省略为"见前注"或"前引"等。

（2）非引用原文，注释前加"参见"（英文为"See"）；如同时参见其他著述，则再加"又参见"。

（3）引用资料非原始出处，注明"转引自"。

编后小识

点点

1

《良好的政治秩序》付梓之时,巴黎传来了"法国的 9.11 事件",恐怖主义以一种"游击战"方式,挑战了现存的政治秩序。巴黎街头哀悼鲜花和蜡烛掩饰着人们的软弱和恐惧,政治家的抚慰和愤怒显得扎眼且廉价。康德的"永久和平论"像一个幽灵,在我们的星空飘荡了数百年,至今无法根植人心。是现存的政治秩序出了问题还是普世价值的错位所致,以至让政治家们忙碌得无法"分清敌我友"了。恐怖主义的滋生与现存的普世政治秩序究竟有何关联? 能否避免——作为一个问题再次被提出,汉语学界必须参与、寻找且给出答案。

2

一直试图与世界(西方)接轨的中国法学(思想)界,被林林总总的"口号"诱使,与形形色色的"主义"牵手,在功利主义的胡同里打转觅食已经许久了。法学作为理性的产物，先天地隐含着"计算"，或"狡计"。如今把控这种"计算"原则已经成了法律人炫耀自我的"价码"。然而这个世界许多根本性问题是理性永远难解的，一个"良好的政治秩序"更不是计算出来的。

3

　　吴彦和黄涛二位法学界新生代的素人，拒绝"主义"、"口号"的诱使，主持"法哲学和政治哲学"六点读书会，回归经典，重新开始。每每参加他们的读书会总会感受到一种"正能量"，本书就是这种能量的释放，这个法学牵手政治哲学的新生儿，是法学界新生代所思考的方向和线索。一个良好的政治秩序是建立在良善的人心秩序上的，良善的人心不能靠法律的规劝，而是靠教化。从这个意义上说，法学之轻，教化之重。我是这样想的。

图书在版编目(CIP)数据

良好的政治秩序 / 吴彦、黄涛主编.
--上海:华东师范大学出版社,2016.1
(法哲学与政治哲学评论·第1辑)
ISBN 978-7-5675-4045-3

Ⅰ.①良… Ⅱ.①吴… ②黄… Ⅲ.①政治制度-研究 Ⅳ.①D033

中国版本图书馆 CIP 数据核字(2015)第 199577 号

华东师范大学出版社六点分社

企划人 倪为国

本书著作权、版式和装帧设计受世界版权公约和中华人民共和国著作权法保护

法哲学与政治哲学评论·第1辑
良好的政治秩序

编 者	吴彦 黄涛
审读编辑	郑琪
责任编辑	彭文曼
封面设计	周娟 钟琛
出版发行	华东师范大学出版社
社 址	上海市中山北路 3663 号 邮编 200062
网 址	www.ecnupress.com.cn
电 话	021-60821666 行政传真 021-62572105
客服电话	021-62865537 门市(邮购)电话 021-62869887
地 址	上海市中山北路 3663 号华东师范大学校内先锋路口
网 店	http://hdsdcbs.tmall.com
印刷者	上海景条印刷有限公司
开 本	890 ×1240 1/32
印 张	8.75
字 数	200 千字
版 次	2016 年 3 月第 1 版
印 次	2016 年 3 月第 1 次
书 号	ISBN 978-7-5675-4045-3/D.197
定 价	45.00 元
出版人	王焰

(如发现本版图书有印订质量问题,请寄回本社客服中心调换或电话 021-62865537 联系)